피브케이 아보트

지혜자의 삶의 원리-사람은 어디로 부터 왔다가 어디로 가는가?

VOLUME 3

피르케이 아보트
지혜자의 삶의 원리 – 사람은 어디로 부터 왔다가 어디로 가는가?
RAV LAU ON PIRKEI AVOS

초판 1쇄 인쇄 2019년 3월 12일
초판 1쇄 발행 2019년 3월 20일

지은이　MEIR LAU
감　수　변순복
펴낸이　김정희

펴낸곳　하임(the 하임)
등록일　2017년 9월 14일
등록번호　816-91-00330
주소　서울시 마포구 성암로5길 12 101동 1301호
전화　02-307-1007
팩스　02-307-1009
이메일　chaim1007@hanmail.net

디자인　하연디자인
옮긴이　하임 편집부

ISBN 979-11-964614-2-3　94230
ISBN 979-11-962203-3-4　94230(세트 전 6권)

＊ 책 값은 뒤표지에 있습니다.
＊ 잘못된 책은 교환하여 드립니다.

이 책의 한국어판 저작권은 역자를 통하여 MESORAH와 독점 계약한 하임(THE 하임) 출판사에 있습니다. 신 저작권법에 의해 국내에서 보호를 받는 저작물이므로 무단 전재와 무단복제를 금합니다.

이 책은 뿌리와 가지교회 정관창 목사님과 모든 성도님들의 기도와 물질과 헌신으로 열매를 맺게되었습니다.

RABBI YISRAEL MEIR LAU

피르,케이

지혜자의 삶의 원리 - 사람은 어디로부터 왔다가 어디로 가는가?

VOLUME 3

아보트

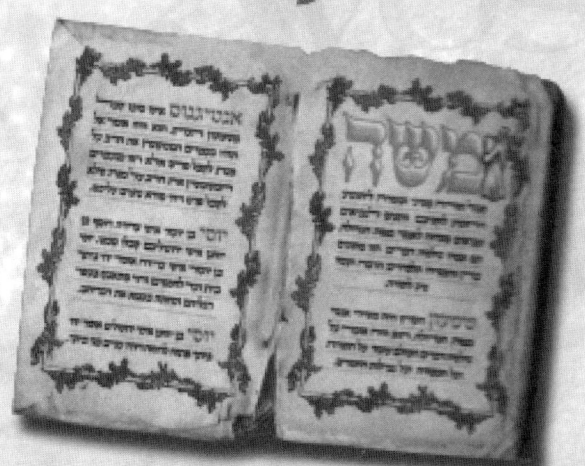

A COMPREHENSIVE COMMENTARY ON
ETHICS OF THE FATHERS

하임

목차

원전 출판사 서문 • 7
저자 서문 • 10
한글 출판사 서문 • 17
한글 감사의 글 • 20
영문 감사의 글 • 23

서문 왜 『아보트』로 불리는가? • 25

프롤로그 ………………………………………… 37
미쉬나 1절 ……………………………………… 39
미쉬나 2절 ……………………………………… 57
미쉬나 3절 ……………………………………… 67
미쉬나 4절 ……………………………………… 89
미쉬나 5절 ……………………………………… 109
미쉬나 6절 ……………………………………… 125
미쉬나 7절 ……………………………………… 141
미쉬나 8절 ……………………………………… 153
미쉬나 9절 ……………………………………… 169
미쉬나 10절 …………………………………… 179

미쉬나 11절 …………………………………………… 191

미쉬나 12절 …………………………………………… 211

미쉬나 13절 …………………………………………… 223

미쉬나 14절 …………………………………………… 237

미쉬나 15절 …………………………………………… 251

미쉬나 16절 …………………………………………… 269

미쉬나 17절 …………………………………………… 283

미쉬나 18절 …………………………………………… 311

미쉬나 19절 …………………………………………… 331

미쉬나 20절 …………………………………………… 341

미쉬나 21절 …………………………………………… 353

미쉬나 22절 …………………………………………… 373

미쉬나 23절 …………………………………………… 387

에필로그 ……………………………………………… 397

아보스트 주석 작업을 맡은 우리의 친구이며 랍비인 메이어 라우의 헌신에 찬사를 보냅니다. 그는 현대 유대인들의 삶을 주도하는 이상주의자인 지도자이며 교육자이며 랍비의 회장을 맡고 있습니다.

버나드 랜더 박사,
그는 꿈꾸었으나 잠이 들지는 않았습니다.
랜더 박사가 1971년, 35명의 학생들과 투로대학교를 처음 시작할 때, 2007년에 세 개의 대륙에 30개의 캠퍼스 안에 23,000명을 학생을 가질 것이라고 어느 누가 상상이나 했을까요? 그 이후에도 그는 더 많은 도시에 새로운 학교를 세우기 위해 쉬지 않고 일하지 않았나요?

전 세계를 모두 통틀어, 풍요로운 마음을 지닌 유일한 사람이 있었으니 그는 바로 버나드 랜더이다. 그는 모든 장애물을 극복하기 위하여 수년을 견뎌내고, 모든 장애물을 넘으며, 꿈을 꾸고, 또 새로운 꿈을 꾸고, 그 꿈을 현실로 만들어낸 것은 바로 그의 풍요로운 마음이었습니다.
그 누구와도 비교할 수 없는 특별한 영웅과 손에 손을 맞잡고

전 세계에 메코모트 토라와 파르나사를 세우도록 돕기 위하여 위원회 회를 걸립한 것 또한 우리의 영광입니다.

Zvi and Betty Ryzman and family
Los Angeles

원전 출판사 서문

우리는 지금 랍비 이스라엘 마이어 라우의 역작인 피르케이 아보트 주석 제 2권의 출판을 하는 영광을 가지게 되었다. 이 책은 3권으로 구성되어 있는데 빠른 시일 내에 마지막 3권 또한 출판 할 것이다. 무슨 주석이든 새로운 주석이 고전으로 인정받는 것은 매우 드문 일이지만 라우의 이 주석. 피르케이 아보트 히브리 주석은 새로운 것이지만 고전으로 인정받는 주석이다. 영문 판 또한 히브리어 주석과 같이 높은 평가를 받으리라 확신한다.

랍비 라우는 느타니아의 랍비 의장, 텔아비브의 랍비 의장, 더 나아가 이스라엘의 랍비 의장이라는 명망 있는 자리를 모두 경험한 위대한 랍비이다. 랍비 의장으로서 그는 수많은 유대인들뿐만 아니라 토라를 따르는 삶이 무엇인지 모르는 비유대인들에게도 유대교를 대표하는 인물이었으며 그들로부터도 존경받는 인물이었다.

본 저서는 그가 랍비로서의 활동을 시작하던 사역초기에 피르케이 아보트를 장별로 가르칠 때부터 시작되었다. 그의 가르침은 놀라울 정도로 인기가 있었으며, 그는 수년간 가르침의 범위를 계속 확장시켰다. 많은 사람들이 그의 교훈을 책으로 출판할 것을 권유하였으나, 영적 지도자, 즉 율법사(posek)로서, 더 나아가 한 나라의 대변인이자 전 세계의 대변인으로서의 의무를 수행해야 했기에 이를 출판할 여력이 없었다. 그럼에도 그는 오랜 시간과 많은 노력을 투자하여 야헬 이스라엘(yachel Yisrael)이라는 이름으로 히브리어 판 피르케이 아보트 주석을 출판하였다.

논리적으로 저술된 그의 저서가 누구에게나 매우 쉽게 받아들여질 수 있음은 당연한 일이다. 이러한 그의 놀라운 재능에 덧붙여, 이 시대의 위대한 선생으로써 탈무드와 미드라쉬, 고전 주석, 하시디즘 문학과 무사르 문학, 더 나아가 랍비의 길을 걸으며 그가 겪어온 인생까지도 저술을 위한 자료로 활용하는 그의 특별한 능력 또한 주목하여야 할 것이다. 이렇게 태어난 그의 저서는 단순히 '위대하다'라는 말로는 다 표현할 수 없는 것으로, 이 저서의 영문판 역시도 히브리어판과 마찬가지로 뛰어난 저서로서 찬사를 받을 것이며 계속되는 아보트 연구에 귀한 참고도서가 될 것이며 아보트를 연구하는 미래학자들로부터도 높이 평가 받을 것이다.

친애하는 LA의 랍비 쯔비 라이즈만 리즈만(Rabbi Zvi Ryzman)에게 특별히 감사를 표한다. 그는 랍비 라우를 우리에게 소개하였고, 그에게 히브리어 주석의 출판을 권하였을 뿐만 아니라 우리를 통해 그 저작의 영문판을 출판할 것을 제안하였다. 그와 랍비 라우는 수십 년간 오랜 친구로 우정을 쌓아온 사이이다. ArtScroll 시리즈 출판을 여러 차례 맡아온 레브 쯔비카(Reb Zvika)와 그의 아내 리즈만(Mrs. Ryzman)은 이 책을 헌정하였다. 레브 쯔비카는 '뛰어난 학자'(탈미드 하함[Talmid Chacham])라고까지 불리는 뛰어난 토라 학자로서 그 능력을 인정받았으며, 동시에 수많은 할라카, 아가다 시리즈의 저자이며 자기 자신의 저서 또한 여러 권 출판한 훌륭한 한 학자이다. 리즈만 부부는 LA에서 다양한 분야에서 다양한 사람들로부터 존경받았으며 실제로 존경받을 만한 인물이다.

랍비 라우의 6권으로 된 히브리어 도서를 세 권의 영어판으로 축약하는 작업은 매우 어려운 일이었다. 그럼에도 성공적인 결과물을 낼 수 있었던 것은 '야아쿠브 도비드 슈만(Yaakov David Shulman)'의 공로 때문이다. 그는 이 책을 세련되고 성공적인 책으로 완성하였다. 이 작업은 그가 ArtScroll 작가로서 처음 모습을 드러낸 것이다(물론 이것이 마지막은 아닐 것이다).

이토록 아름다운 주석 시리즈를 출판하는 데에 노력을 아끼지 아니한 모든 직원들에게 감사를 전한다. 저자가 감사의 글에 그들의 이름을 남기었다.

피르케이 아보트는 유대인의 인격을 형성하는 중요한 교과서이다. 이 새로운 작업을 맡게 된 것에 감사하며, 수많은 사람들이 새롭게, 더 넓게, 더 깊이 아보트를 배우게 될 것이며 동시에 그 가르침을 실천하도록 자극을 받을 것이다.

크라카우에서 뉴욕으로 이주한 그들의 자녀 랍비 모세 다비드와 골다 페렐 쿠퍼만, 그리고 보로브의 하시딤의 이름으로, 세 번째 판은 홀로코스트의 생존자들인 랍비 하임 즈비와 메이라브 비나, 그리고 그의 아들 므나헴 맨델 쿠퍼만에게 바친다.

다섯 번째 판과 여섯 번째 판은 익명을 요청한 두 사람에게 바치고자 한다. 마음을 아시는 하나님께서 그들의 인자함과 헌신에 보상하실 것이다.

랍비 마이어 츨로토비츠 / 랍비 노손 셔먼

2007년 3월

Rabbi Meir Zlotowitz / Rabbi Nosson Scherman

Iyar 5767 / May 2007

저자 서문

הַאי מַאן דְּבָעֵי לְמֶהֱוֵי חֲסִידָא – 사람이 참으로 신실하고 경건한 사람이 되기 위하여 무엇을 해야만 하는가? 탈무드는 '불법행위에 대한 율법과 축복에 대한 율법, 그리고 피르케이 아보트의 가르침들에 주의해야 한다'는 세 가지 방법을 제시한다(바바 카마[Bava Kamma] 30a). 주석가들은 현인들이 말하는 이 세 가지 접근 방법이 가르치는 것은 사람이 전인적 인간으로서 온전해질 수 있는 방법에 관한 것이라고 설명한다. 불법 행위에 관한 법은 사람과 사람 사이의 관계를 가르치고, 축복에 관한 법은 사람이 하나님과 함께하는 조화를 이룰 수 있도록 돕는다. 아보트의 가르침은 사람의 인격과 성격을 바르게 형성하여 날마다 자기 자신을 돌아보게 함으로 마음의 평화를 찾을 수 있게 만들어준다.

먼저 축복의 하나님이신 그분께 감사하고자 한다. 그분의 선하심으로 인해 지난 5년간 피르케이 아보트를 연구하고 가르치고 설명할 수 있었다. 15년 전, 미국에 거주하는 친애하는 선생님 '모세 골드슈미트'(Moshe Goldschmidt)의 권면으로 필자의 강의를 녹음하게 되었으며, 더 나아가 그는 강의를 녹음하고 그것을 필사하는 데에 필요한 금전적 지원을 아끼지 않았다. 이 강의 녹음테이프들은 이 책들의 기초 자료가 되었다.

토라에는 수많은 보물과 같은 내용들이 있지만, 나로 하여금 그 어떤 것들보다 피르케이 아보트에 관심을 갖게 된 계기는 무엇이 있을까? 본 주석의 히브리어판인 야헬 이스라엘(Yachel Yisrael)을 공부한 사람이라면, 이 책이 '슐한 아루크'의 네 부분의 가르침과 연관이 있음을 알 수 있을 것이다. 실제로 필자는 40년을 랍비로 살아왔으며, 탈무드와 할라카 문학 전체의 깊이와 너비를 끝없이 파헤쳐야 하는 의무를 가지고 있었음에도 아보트의 가르침에 특별히 마음이 끌렸다. 그 이유는 무엇인가?

아보트를 향한 필자의 이러한 끌림이 예시바에서의 경험으로부터 나온 것임은 두말할 나위가 없다. 무사르 운동의 아버지인 랍비 이스라엘 살란테르(Yisrael Salater)의 시대 이래로, 예시바의 학생들은 하루에 30분, 엘룰월 초부터 대 속죄일 전까지는 매일 45분씩 무사르(경건의 실천, 윤리, 토라 세계관을 다루는 고전들)를 배웠다. 뿐만 아니라 학생들은 자신의 감독관인 마쉬기아흐(Mashgiach, 학생이 음식 등 율법을 지키는 지 감독하는 감독관 – 역자 주)와 함께 무사르 강의를 수강하여야 하며, 그와 함께 그룹 토론에 참여하여야 한다. 청년 시절부터 나는 무사르 고전들과 하시드(18세기 우크라이나 서부에서 일어난 유대교 영적 회복운동 – 역자 주)의 사상을 자연스럽게 배우게 되었다. 이 둘은 나로 하여금 그분을 향한, 토라를 향한, 그리고 이스라엘을 향한 사랑에 거룩한 불을 지펴주었다. 이 모든 것들의 고향으로 가고자 하는 갈망을 가지게 되었고, 끊임없는 아보트 연구와 사색은 이러한 열망에 끊임없이 불을 지펴주었다.

아보트의 가르침들 중 하나는 바로 "לֹא הַמִּדְרָשׁ הָעִקָּר אֶלָּא הַמַּעֲשֶׂה" 즉 "연구

보다 실행이 중요하다"(1:17)는 것이다. 이 글에 계속 등장하는 구절이다. 수천 권의 책과 수천 마디의 말보다 한 사람이 친히 모범이 되어 실천하는 모습을 보여주는 것이 그것을 지켜보는 사람들에게 지대한 영향력을 준다.

"הוא היה אומר"라는 표현은 아보트 안에 반복적으로 나타나고 있는데, '그가 이르기를'이라는 뜻으로 해석하는 것이 정확할 것이다. 그러나 주석가들은 이 짧은 말에서 더욱 깊은 의미를 찾아내었다. 화자, 즉 본질적인 것이라고 할 수 있는 현자의 인격은 자기 가르침을 나타낸다는 것이다(hyh, 즉 히브리어 '하야'는 특별히 화자의 행위가 화자의 인격을 규정하는 행동을 한다는 뜻으로 사용된다 - 역자 주). 그의 가르침은 곧 그가 실천하고 있는 것으로, 그의 가르침은 자신의 내면의 반사이다. 다른 사람들의 행동을 지적하고 고치기 전에, 먼저 자기 자신이 온전한 사람이 되어야 한다. 마찬가지로, 내가 아보트를 연구하고 가르칠 때, 연구하고 있었던 무사르와 하시드 작품들뿐만 아니라, 내가 귀한 기회를 통해 알고 또 배웠던 위대한 사람들, 내 삶에 있어서 그들의 발걸음을 따라 걷고자 하게 했던 위대한 사람들에 대해서도 집중했다.

내가 연구할 기회를 가졌던 세 곳의 예시바 학교의 위대한 지도자들에게 먼저 특별히 감사의 마음을 전하고 싶다. 첫 번째로 예시바 콜 토라 지도자였던 랍비 '게달리야 에이즈먼 슐리타'는 50년간 학생들을 가르치신 분으로, 내가 성인식을 치를 나이가 되었을 때, 그와의 첫 만남 이후 그의 가르침뿐만 아니라 인격은 아직까지도 내 안에 남아있다. 그에게 배운 사람이라면 그의 가르침을 평생 잊을 수 없을 것이다. 전문적인 교사이자 심리학자로서, 선생님은 모든 학생들 한 명 한 명에게 필요한 것이 무엇인지, 그들의 잠재력이 무엇인지를 파악하는 특별한 능력을 가지고 계셨다. 현자들의 숭고한 사상을 분석하고 또 설명하는 자신의 능력과 토라의 위대함과 함께, 선생님은 아보트의 가르침을 실천하는 것이 무엇인지를 직접 보여주셨다.

나는 콜 토라에서 '크네세트 히즈키야후'로 가게 되었으며, 그 곳에서 당대 무사르 연구의 거장이신 랍비 '엘리야후 로피안 즈트쯜' 아래에서 배우게 되었다. 신학교 설립자인 랍비 '노아흐 쉬마노비쯔'가 '하존 이쉬'(Chazon Ish)에게 찾아가 혼자서는 예시바의 의무를 짊어질 수 없다고 슬픈 기색으로 말했을 때, 하존 이쉬는 그에게 랍비 엘리야를 찾아가라고 조언했다. 당시 랍비 엘리야는 은퇴 후 배움에 전념하기 위해 예루살렘에 거주하고 있었다.

"랍비 엘리야를 데려오면 모든 문제가 해결될 것이네. 랍비 엘리야를 찾아가 학당의 마시기아흐를 맡아달라고 부탁하게. 하존 이쉬가 제안했다고 하면 될 걸세." 랍비 엘리야는 하존 이쉬가 직접 그에게 개인적으로 부탁한 후에야 그 자리를 받아들였고, 그 후 예시바는 크게 발전하였다.

하존 이쉬는 당대에 위대한 무사르 세 분을 손으로 꼽았는데, 사상으로는 포니베흐의 지도자인 랍비 '엘리야후 엘리에제르 데슬러'(Rabbi Eliyahu Eliezer Dessler)의 신앙을, 마음으로는 랍비 엘리야의 신앙을 꼽았다. 마지막으로 랍비 '에헤즈켈 레벤슈타인'의 신념은 너무나도 분명하여 신앙이 그의 행동 하나하나에 면면히 나타났다고 하였다.

랍비 '슐로모 잘만 아우르바흐'(Rabbi Shlomo Zalman Auerbach)는 말하

를 우리 모두는 "하존 이쉬에 비하면 그의 발바닥 아래 먼지와 같으며, 그는 누군가의 증언이 필요치 않은 사람이다"라고 하였다. 그럼에도 불구하고 나는 세 명의 무사르 거장들에 대한 평가가 얼마나 징확한 판단이있는지 감히 증언할 수 있다.

랍비 데슬러(Rabbi Dessler)는 개인적으로 알지는 못하지만, 그의 '미흐타브 메엘리야후'(Michtau MeEllyahu)를 연구한 사람이나, 그의 제자들이었던 랍비 '하임 프리에드랜더'(Rabbi Chaim friedlander)와 같은 사람들을 연구해본 사람이라면, 그가 제시한 날카로운 분석과 그의 신앙의 기초에 대한 깊은 통찰을 보고 놀라지 않을 수 없었다.

레브 '엘리야 로피안'은 조금 달랐다. 그는 특별히 뛰어난 수사학적 능력을 가지고 있었으므로 그의 나이가 90살을 넘었을 때에도 그는 그의 연설을 듣는 사람들의 마음을 움직일 수 있었다.

육체와 영혼이 하나가 된 것을 사람이라고 보았던 랍비 데슬러에 반해, 랍비 엘리야는 우리의 육체적인 특성(physicality)이 하나님이 내려주신 아름다운 영혼을 짓밟도록 놔두어서는 안 된다고 열변을 토했다. 우리 학생들은 불같이 뜨거운 그 선생님의 강의에서 큰 영감을 받았고, 그의 말은 아직까지도 내 귀에 울리고 있다. 랍비 엘리야 로피안은 보네베즈 예시바를 하존 이쉬와 랍비 이쎄르 잘만 멜쩨르(Rabbi Isser Zalman Meltzer)를 향해 찬사를 마지않게 만든 사람이었고, 그 찬사는 50년이 지난 아직까지도 내 마음 속에 자리 잡고 있다. 그가 하이파에서 했던 강의는 너무나 깊은 인상을 남겼으므로, 네 명의 키부쯔 공동체 구성원이 매주 안식일 마지막 때마다 방문하여 그의 강의를 들었다. 아보트의 모든 미쉬나를 볼 때, 나는 아직도 이 계명들을 자기 삶으로 실천하였던 그 사람을 마음속에 그린다. 그 사람은 따뜻한 마음으로, 카리스마 넘치는 인격으로, 하나님과의 관계와 사람들과의 관계로 계명을 실제로 실천한 사람이었나.

내가 아직 콜 토라를 배우고 있을 때, 랍비 에헤즈켈 레벤스타인(Rabbi Yechezkel Levenstein)은 예루살렘의 미레르 예시바에서 지도자로 섬기고 있었다. 그는 매주 금요일, 저녁 예배 전 무사르에 대한 강의를 하였으며, 우리의 지도자 레브 게달리야(Reb Gedaliah)도 참석하곤 하였다. 게달리야를 따라 나도 그 자리에 가곤 했는데, 당시 나는 히브리어를 잘 하지 못했으므로 모든 내용을 이해하지는 못했다. 그러나 강의에 집중하는 랍비 게달리야의 모습을 보며 듣는 방법을 배웠다. 나는 그에게서 "현인들의 발밑에 앉아 그들의 말을 목마른 듯 마셔라"(1:4)를 이해했다.

그의 강의에 참석하면서 레브 하스켈의 믿음에 대한 하존 이쉬의 평가가 얼마나 정확한지를 배우게 된 순간이 있었다. 그는 단어 선택에 매우 신중한 사람이었다. 그 날, 유난히 어두운 방을 잔잔히 밝혀주던 등잔이 기억에 선명하다. 그때 랍비 하스켈은 "영혼은… 영혼은…" 이러고는 말을 멈추었는데, 이는 그가 언제나 단어 선택에 신중했기 때문이었다. 그러던 중 그가 갑자기 눈을 뜨고는 등불을 바라보았다. 그가 마침내 적절한 단어를 생각해냈다! 그렇게 갑자기 그는 말을 이어나갔다. "영혼은 우리 몸의 어둠을 밝히는 램프이다"라고 말했다. 빛과 어둠의 대비를 보고 그는 육체와 영혼의 차이를 표현할 말을 생각해낸 것이다. 이 말을 할 때 그의 믿음은 그가 뻗었던 손으로 잡을 수 있을 만큼 너무나 선명하였고, 또 뚜렷하였다.

가돌 하도르(gadol hador), 즉 그 세대의 위대한 거장들에 대해 위에서 말한 대로, 랍비 데슬러는 '영혼', 랍비 로피안은 '마음'으로, 랍비 레벤스타인은 '신앙'을 실천함으로서 위대한 사람으로 평가를 받게 되었다. 네브 게달리야의 영향은 이 무사르의 세 장르를 이해하는데 아주 적절한 통로를 만들어주었다.

텔아비브의 남 북부, 네타니아, 텔아비브 야포를 거치면 마침내 랍비장(Chief Rabbinate)이 되기까지 매번 내 인생의 계단을 오를 때마다 하나님께 "여호와 내 하나님이여 내가 주께 부르짖으매 나를 고치셨나이다(시 30:2). 창조주시여, 내가 당신의 유산을 이해하여 전할 수 있도록 도와주소서"라고 기도했다. 한 걸음 한 걸음, 계단을 오를 때마다 필자는 하나님께 드렸던 이 기도를, 내 평생의 목적을 이룰 최고의 길은 곧 피르케이 아보트의 길이라고 믿었다. 지금까지 믿어왔고 또 지금도 믿고 있는 바, 이 책이 지렛대가 되어 하나님을 향한 사람들의 믿음을 키워주고 하나님과의 관계, 더 나아가 사람과의 관계를 발전시켜줄 것이다. 토라의 빛이 사람들로 회개하도록 한다고 전하였던 현자들의 말을 기억한다. 그 빛의 스펙트럼에는 피르케이 아보트가 함께 들어있다고, 더 나아가 피르케이 아보트가 그 빛줄기의 중심이라고 믿어 의심치 않는다. 교사들과 학생들이 나의 저서를 읽고 그 속에서 지혜를 발견한다면, 그것이 곧 나의 보상이 되리라. 특별히 '하나님을 경외하는 것이 지혜의 근본'이라는 것을 깨닫게 된다면, 그것은 나에게는 가장 귀한 보상이 될 것이다.

한글 출판사 서문

독자들에게

하나님의 한량없는 은혜로 우리나라 독자들에게 귀한 책을 소개할 수 있는 기회를 주신 하나님께 감사드립니다. 우리 출판사가 독자들에게 소개하려는 책은 구전 토라 63권의 책 가운데 한 권으로, 유대인 선조가 후손들에게 들려주는 삶의 지혜서입니다.

전 세계에 디아스포라로 흩어져 살고 있는 유대인들은 그들이 어느 나라에 살고 있든지 모든 가정에서 자녀들에게 이 책을 가르치고 있습니다. 책 제목은 '피르케이 아보트'이며 5장의 본문과 1장의 부록으로 구성되어 모두 6장으로 이루어진 책입니다.

이 도서에 관심을 가지게 된 것은 CBS TV 덕분입니다. CBS TV에서 '변순복의 탈무드 여행'이라는 이름으로 2005년부터 3년여 동안 주 2회의 본방송과 주 2회의 재방송을 방영하는 것을 통하여 귀한 도서를 알게 되었습니다. 212회에 걸쳐 방송된 '변순복의 탈무드여행' 프로그램을 매주 시청하고 함께 나누는 시간을 가졌습니다. 또한 그때 방송 교재로 도서출판 정금에서 최초로 출판한 '피르케이 아보트' 히브리어 한글 대역본을 만나게 되었습니다.

그 이후 우리 출판사 편집위원들은 탈무드에듀아카데미가 주최하는 토라연구반을 알게 되어 매주 '성문토라'와 '구전토라' 가운데 한 권인 '피르케이 아보트'를 공부하는 즐거움을 누리고 있습니다. 매주 공부 시간에 만나는 선생님은 한국인으로서는 유일하게 랍비대학원에서 '토라'를 연구한 백석대학교 변순복 교수입니다. 또한 변순복 교수는 탈무드에듀아카데미의 성경 앤 탈무드 연구소 소장으로 봉사하고 있습니다.

변순복 교수가 CBS TV '변순복의 탈무드여행' 방송교재로 편집하여 출판한 피르케이 아보트는 미쉬나 본문과 미쉬나 한글번역을 대역으로 편집하고 약간의 해설을 첨가하였습니다. 이처럼 CBS TV 방송교재로 출판된 도서 '피르케이 아보트'는 2006년 2월 13일 초판을 발행한 이후 도서출판 탈무드에듀아카데미로 출판사를 옮겨 탈무드 공부의 가장 기초적인 교재로 지금까지 계속하여 출판되고 있습니다. 백석대학교를 비롯한 몇 대학교에서 '탈무드의 교훈'이라는 과목의 교과서로 이 책을 사용하였습니다.

우리는 이런 과정 속에서 미쉬나에 대한 충분한 해설과 설명이 있는 피르케이 아보트를 출판할 수 있기를 간절히 소망하였습니다. 하나님께서는 마침내 우리의 기도를 들으시고 우리의 소망을 이룰 수 있도록 길을 열어 주셨습니다.

하나님께서 우리 출판사의 기도에 응답하셔서 피르케이 아보트를 자세하게 해설한 귀한 주석서를 발견하게 되었습니다. 이 책은 히브리어 6권으로 출판된 도서인데 마소라 출판사에서 영어로 번역하여 3권으로 출판하였습니다. 우리 출판사는 영어로 번역 출판한 마소라 출판사에 연락하여 한글로 번역하여 출판 할 수 있도록 허락해 줄 것을 요구하였습니다. 마소라 출판사는 우리의 번역 출판 요구를 흔쾌히 받아들여 한글번역본 출판을 허락하였기에 이처럼 귀중한 결실을 맺게 되었습니다.

이 귀한 책을 우리 출판사에서 출판할 수 있도록 기도와 물질과 헌신으로 온전히 후원해 주신 뿌리와 가지교회 정관창 목사님과 모든 성도님 여러분께 이 지면을 빌어 감사드립니다. 특별히 히브리어를 입력하며 교정하신 송은영 전도사님과 또한 교정보느라 수고하신 유지영 전도사님께 감사드립니다.

이 도서가 세상에 사는 모든 사람들에게 사람다운 삶을 사는 지혜와 방법을 찾는데 작은 도움이나마 되기 원하는 심정으로 이 책을 세상에 내어 놓습니다. 이 귀한 책이 한글로 번역되어 나올 수 있도록 도와주신 하나님께 다시 한 번 감사드립니다.

도서출판 하임 편집부

감사의 글

이 기회를 빌어 본 시리즈의 출판을 현실로 이루는 거룩한 작업에 도움을 준 이들에게 감사를 표하고자 한다. 예루살렘의 하예이 모세 학당 학장인 나의 사위이자 랍비인 베냐민 칸민츠는 지혜롭게, 또 열정적으로 처음부터 끝까지 히브리어판을 구성하고 또 이끌어주었다. 또 한 명의 조카인 랍비 애리얼 하코헨 슈바이처는 이 저서의 편집을 총괄하였으며, 기력을 다하여 나의 강의를 호흡 한 번 까지도 모두 녹음하고 또 필사하고 자료를 수집하는 데에 자기 능력을 발휘하기를 아끼지 아니하였다. 그의 노력은 이 저작의 근간이 되어주었다.

다양한 모습으로 나의 짐을 나눈 내 자녀들에게 특별히 감사의 말을 전한다. 네타니아 랍비회의 회원이자 콜렐 토라스 하임의 수장인 나의 장남 랍비 모세 하임에게 감사하며, 가온이자 차디크였던 나의 아버지 랍비 하임과 장인인 랍비 이츠코크 여디디야 프렌켈을 추모한다. 내 딸 레베친 미리암 소로츠킨, 테힐리야 네하마 칸민츠, 레베친 쉬라 슈바이처에게도 감사를 표한다. 또 하루도 빠짐없이 하나님께 감사함은 그분께서 내 아들들과 딸들, 사위와 며느리, 토라의 장막에 들어가 토라를 온 이스라엘에 전파한 이 의로운 세대를 내 곁에 두시는 크나큰 영광을 허락하셨기 때문이다. 내가 이러한 기쁨을 맛볼 수 있음은 나의 조상들이 남긴 기업이요, 자기 삶을 바쳐 이 아이들에게 올바른 정신을 가르치고 또 기쁜 나의 아내 레베찐 하야 이타의 삯품이라 믿어 의심치 아니한다.

프로젝트를 처음 시작할 때에 지원을 아끼지 아니한 유대문화기념회(the Memorial Conference for Jewish Culture)와 회장 야코브 호크바움 박사에게 감사를 표한다. 특별히 나의 친구 랍비 니산 모르겐슈테른에게 감사함은 그가 제일 처음으로 이 저작을 위한 "원자료"를 편집하고 또 추가하여준 사람이기 때문이다. 최종적으로는 랍비 아브라함 슈테른이 나의 히브리어판과 초기 세 권의 할라카 문답서(responsa)를 출판하여주었음에 감사한다. 그의 무한하고도 이타적인 헌신에 하나님께서 보상하시리라.

나의 친구, 랍비 즈비 리즈만에게 진심을 담아 감사를 전한다. 어릴 적부터 친구였던 랍비 리즈만은 수년간 공동체의 유익을 위해 이 저작을 쓰도록 나를 설득하였고, 또 헌신하였으며, 작업 전체를 편집할 수 있도록 해주었다.

나의 친구들이자 이웃들, 슐로모와 메이라브 맨델바움은 그들의 부모이자 보로프의 존경받는 하시드였던 랍비 느헤미야 맨델바움을 추모하며 두 번째와 네 번째 히브리어판의 저작에 헌신을 아끼지 아니하였다. 랍비 느헤미야 맨델바움은 아내 사비나와 함께 홀로코스트의 참상 속에서 생존하였으며 이토록 아름다운 가정을 이루고 자기 능력을 다하여 구호사업과 거룩한 상을 좇음에 자신의 가진 것을 헌신하였다. 그가 소천할 때, 우리는 전쟁 전 크라카우에서부터 이어진 우리 가족의 강한 유대를 새롭게 하였다. 네 번째 판은 메이라브의 아버지인 여호수아 비츠르에게 바친다. 그는 비엔나에서 태어났으나 평생을 예루살렘에서 살았으며, 그의 아내는 예루샬미 베르트하임 가문의 사람이었다.

크라카우에서 뉴욕으로 이주한 그들의 자녀 랍비 모세 다비드와 골다 페렐 쿠퍼만, 그리고 보르브의 하시딤의 이름으로, 세 번째 판은 홀로코스트의 생존자들인 랍비 하임 즈비와 메이라브 비나, 그리고 그의 아들 므나헴 맨델 쿠퍼만에게 바친다.

다섯 번째 판과 여섯 번째 판은 익명을 요청한 두 사람에게 바치고자 한다. 마음을 아시는 하나님께서 그들의 인자함과 헌신에 보상하실 것이다.

영문판 감사의 글

나의 가장 친애하는 친구이자 가장 오래된 친구인 랍비 즈비 리즈만은 오늘날 '한 사람에게서 토라와 위대함이 나온다'(תוֹרָה וּגְדֻלָּה בְּמָקוֹם אֶחָד)고 칭할 만한 사람이다. 랍비 즈비카는 내게 히브리어판의 저술과 동시에 영문 번역판의 출판을 허락하도록 권하였다. 그와 그의 아내 베티는 LA 유대인 공동체의 기둥이다. 그들의 집은 토라와 헤세드(사랑)의 중심지로, 그의 토라 강의는 뛰어나면서도 유명하였다. 그는 토라를 사랑하였으며, 사업을 번창시키면서도 동시에 토라를 마스터할 수 있던 몇 안 되는 사람들 중 하나였다. 그와 베티는 토라와 헤세드의 롤 모델이며, 이러한 사람들이 이 세 권의 책을 출판하는 데에 헌신해 줬다는 데에 크나큰 감사를 표하지 않을 수 없다.

야코브 다비드 슐만은 히브리어판의 핵심을 고급스럽고도 유창한, 그러면서도 깔끔한 영어로 번역해주었다. 이토록 위대한 작업을 이룬 그에게 깊은 감사를 표한다.

오래 전에 히브리어로 쓰인 이 저작의 영문판 출판을 요청하였던 랍비 마이어 쯜로토비츠와 랍비 노손 셔먼에게 감사를 표한다. 토라의 풍요로움을 셀 수 없이 많은 사람들에게 전해준 사람들로서, 그들을 통해 ArtScroll/Mesorah 시리즈를 쓴 많고 많은 위대한 서사들 중 한 녕에 내가 참여하게 됨을 자랑으로 여긴다.

본 시리즈의 디자인을 맡은 디자인계의 전설적인 인물, 랍비 셰아 브랜더에게 감사한다.

훌륭하고도 아름다운 커버 디자인은 엘리 크로엔의 창의력에서 탄생한 작품으로, 그의 노력에 감사를 표하는 바이다. 더 나아가 이 책을 쓰는 데에 노력을 아끼지 아니한 패기 웨인바움, 민디 스턴, 슈미 리프시츠, 슈리 라인홀드, 그 외 멘디 헤르츠베르그와 함께한 모든 사람들에게 감사를 표한다.

랍비 이스라엘 마이어 라우
2007년 4월
Rabbi Yisrael Meir Lau
Iyar 5767/April 2007

| 서문 |

왜 『아보트』로 불리는가?

현인들은 민족의 아버지

일반적으로 탈무드 각 책의 명칭은 그 내용을 대변하지만, 때로는 첫 번째 단어나 주제가 명칭이 되기도 한다. 예를 들면, '베이짜'(Beitzah)는 절기를 다루는 책이지만, 첫 번째 단어가 그 책의 명칭이 되었다(beitzah= 계란).

그러나 '아보트'의 문자적 의미는 '선조들'(fathers) 또는 '족장들'(patriarchs)이라는 뜻으로 쓰여져 앞에서 언급된 일반적인 원칙을 따르지 않는다. 그 이유를 추론하기로는, 이 책은 선조들인 '아보트'에 의해 전수된 토라를 위하여 헌정되었기 때문인 것으로 보인다.

물론 이 추론도 이해하기가 쉽지는 않다. 왜냐하면 '아보트'라는 단어는 유대교의 세 명의 창시자인 아브라함과 이삭과 야곱을 일컫는 말인데, 이 책에는 아브라함만이 언급되어 있으며, 그것도 오직 제 5장에만 간략하게 언급되어 있기 때문이다.

람밤은 '아보트'가 넓은 의미에서 유대인들의 영적인 아버지인 유대 민족의 지도자라고 주장함으로써 이 난제를 해명하였다. 이는 타나크(Tanach, 유대인의 성경)와 구전 토라(Oral Torah)의 수많은 사례에서도 그 당위성을 인정받는다.

예를 들면, 엘리야 선지자가 승천했을 때, 그의 제자 엘리사가 그를 "내 아버지여, 내 아버지여"(왕하 2:12)라고 불렀으며, 훗날 이스라엘의 왕 요아스는 엘리사를 "내 아버지여, 내 아버지여"(왕하 13:14)라고 불렀다.

탈무드에서는 힐렐과 샴마이가 '세상의 아버지들'(에듀요트[Eduyos] 1:4)이라고 불렸으며, 이전 세대의 현인들은 '첫 번째 아버지들'(토세프타[Tosefta], '테블 욤'[Tevul yom] 1:4)이라고 불렸다. 랍비 타르폰(Tarfon)은 '이스라엘의 아버지'('예루샬미 요마'[Yerushalmi Yoma] 1:1)로 불렸으며, 랍비 이쉬마엘과 아키바(Yishmael and Akiva) 또한 '세상의 아버지들'('예루샬미 셰칼림'[Yerushalmi Shekalim] 3:1)이라 불렸다고 한다.

마지막으로, 현인들은 모세를 가리켜 '모든 선지자들의 아버지'(드바림 라바[Devarim Rabbah] 3:9)라고 불렀으며, 대법관은 오늘날까지 '아브 베이트 딘'(Av Beis Din) 즉, 문자 그대로 '법정의 아버지'라 부르고 있다.

* * *

아보트 1-2장에서 현인들은 우리의 스승 모세로부터 미쉬나의 편집자 랍비 '예후다 하나시'(Yehuda Hanasi)에 이르기까지 스승에게서 제자로 이어지는 전통의 고리에 따라 연대순으로 나열되어 있다.

이는 토라의 스승들이 그 원천이 되는 말씀에서 끊어지지 않았다는 것을 보여준다. 더불어 이 책에 자신의 지혜를 기록했던 현인들은 시내 산에서 주어졌던 토라를 신실하게 전수하였다. 바로 그들이 우리가 지금 걷는 길의 기반을 닦은 것이다.

아버지와 아들

스승이 아버지라고 불린다면 학생은 아들이라고 불려야 한다. 현인들의 가르침에 의하면, 이웃의 자녀에게 토라를 가르치는 사람이 그 아이의 아버지가 된다고 한다. 후마쉬(Chumashe)에 있는 구절이 언급하길, '아론과 모세가 낳은 자는 이러하니라'(민 3:1) 구절 다음에는 '아론의 아들들의 이름은 이러하니'(민 3:2)라는 구절이 따라온다고 지적한다. 이는 모세의 제자들이 그의 아들로 인정되었다는 점을 암시한다는 것이다('얄쿠트 쉬모니'[Yalkut Shimoni], 바미드바르[Bamidbar] 688).

'시프레이'(Sifrei, 얄쿠트 시모니, 바에스하난[Va'eschanan] 841에서 인용)는 '네 자녀에게 부지런히 가르치며'(신 6:7)라는 구절에서 자녀가 제자들을 가리킨다고 말한다. 시프레이는 제자들이 아들로 불린다는 또 다른 증거를 제시한다. 열왕기하 2장 3절에 의하면 '선지자들의 아들들이 나아왔다'라는 구절이 있는데, 여기서 '아들들'은 선지자의 자녀가 아니라 그들의 제자였다는 것이 분명하다는 것이다.

그뿐 아니라, 유대인들에게 토라의 모든 것을 가르친 유다의 왕 히스기야는 제자들을 '아들들'이라고 불렀다(대하 29:11). 마지막으로, 솔로몬 왕은 '내 아들아 네 아비의 훈계를 들으며'(잠 1:8)라고 말한다.

'피르케이 아보트'는 민족의 영적인 아버지들의 이름과 가르침의 교훈을 담고 있다. 우리는 아버지들의 걸음을 비추던 빛을 따라 걸어가고, 그들로부터 흘러나오는 물을 마시며, 그들의 발에서 나오는 먼지 속에서 구르며 살고 있다. 그들이 우리의 아버지였듯이 우리는 그들의 아들이었다.

좋은 성품은 지혜의 아버지이다

주석가들은 '아보트'가 책의 제목이 된 것에 대한 추가적인 근거를 제시한다.

'아보트'가 제목으로 지정된 이유는, 이 책에서 논의되는 주제들이 멀리까지 영향을 미칠 '자손'(offspring)을 가지고 있기 때문이라는 것이다. 이 책에서 주제들을 분류할 때 '아보트'라는 용어가 사용된 곳(안식일에 금지된 일의 종류나 배상의 내용 등)을 보면, 그 주제들마다 '자손'(offspring)이라고 하는 하위 항목이 있다('바바 카마'[Bava Kamma] 2b).

그렇다면 이 책에서 논의되는 주제들의 '하위항목'(자손)은 무엇일까?

파르케이 아보트는 구전 토라의 방대한 문헌에 수록된 셀 수 없이 많은 윤리적 가르침의 원천 지식들로 구성되어 있다. 그들의 교훈의 원천이 모두 여기에 있다는 것이다. 메이리(Meiri)는 "이 책에 들어있지 않은 고상하고 훌륭한 성품은 찾지 못할 것이다"라고 하였다.

무엇보다도 중요한 것은 이 책이 토라 연구의 근거를 이룬다는 것이다. 우리의 현인들은 그 영혼이 온전하여 이를 받아들일 준비가 된 사람만이 토라를 얻을 수 있다고 반복적으로 가르쳐 왔다. 그들은 토라가 있기 전에 '데레크 에레쯔(Derech eretz, 땅의 길)가 먼저 생겼기 때문에 데레크 에레쯔가 없었다면 토라 또한 없었을 것'(3:21)이라고 가르친다. 이 가르침을 삶으로 구체화할 수 있는 사람만이 토라의 멍에와 그 계명(Mitzvos)을 받아들일 수 있다.

* * *

티페레트 이스라엘(Tiferes Yisrael)의 랍비 '이스라엘 리프쉬쯔'(Yisrael Lifschitz)는 미쉬나에 대한 그의 주석에서 '데레크 에레쯔가 생겨난 지 26세대가 지난 후에 토라가 생겼다'라는 미드라쉬의 구절('바이크라 라바'[Vayikra Rabbah] 9:3)을 인용하여 '아보트'를 소개하였다. 이 세상은 정확하고 논리적인 순서로 기초부터 창조되었다. 식물과 동물들이 세상이 창조되기 전에는 존재하지 못했던 것과 같은 이치로 데레크 에레쯔가 없이는 토라도 존재할 수 없었다는 것이다. 따라서 우리의 현인들은 모세가 오직 그의 뛰어난 인품으로 인해 토라를 받을 수 있었다고 가르쳤다는 것을 티페레트 이스라엘은 지적한다.

베르디체브의 랍비 '레비 이쯔하크'(Levi Yitzchak)는 사람의 성품이 토라를 배우는 태도에 영향을 미친다고 가르친다. 한 사람의 정신과 성품은 그가 토라를 배우는 태도 즉, 그가 어떻게 분석하고 배우는지, 그가 어떻게 추론하고 결론에 이르는 것까지 지대한 영향을 미치기 때문이다. 그러므로 토라 연구자는 악한 성품이 그의 생각을 흐리게 하고 토라의 빛을 그의 눈에서 가려버릴 수 있기 때문에 그러한 성품을 피해야 할 책임이 있다. 연구자는 토라가 인생의 독약이 아니라 특효약이 될 수 있도록 반드시 주의를 기울여야 한다.

하지만 좋은 성품은 토라를 받아들이는 데 필요조건을 넘어서는 의미가 있다. 이는 좋은 성품 자체가 토라이기 때문이다. 고요한 정신으로 얻은 토라와 주의가 산만한 사람이 얻은 토라, 그리고 겸손한 사람이 배운 토라와 오만한 사람이 배운 토라는 비교조차 할 수 없다.

더불어 다른 좋은 자질들 또한 연구자에게 좋은 성품과 다른 영향을 끼칠 수 있다. 예를 들면, 천성적으로 선한 사람이 배우고 내린 결론은 타협을 모르는 강직한 사람이 배우고 내린 결론과 같을 수가 없다는 것이다. 이것이 시대를 거치면서 현인들 사이에 일어난 많은 논쟁의 이유이며, 탈무드는 이것을 '두 의견은 모두 살아계신 하나님의 말씀'(에이루빈 [Eiruvin] 13b)이라고 한다.

마하랄(Maharal)은 하나님이 현인들의 가르침들을 먼저 인용하고 난 뒤에 이것들을 모두 동일시한 이유가 바로 여기에 있다고 한다. '그러므로 내 아들 에비아살이 이렇게 말하였다 … 내 아들 요나단이 이렇게 말하였다 …'(기틴[Gittin] 6b). 각 현인이 생각하는 토라는 그의 지능, 성품, 그리고 인격에 따라 서로 다를 수밖에 없다(아보트 6:7에 대한 '데레크 하하임'[Derech Hachaim]의 주석).

아보트의 위치

그렇다면 올바른 행위와 도덕을 주제로 한 이 책의 위치가 주로 금전에 관한 법을 다루는 '너지킨'(Nezikin)에 자리를 잡은 이유는 무엇인가?

메이리는 그의 '베이트 하베히라'(Beis Habehirah)의 서문에서, 원래 '아보트'는 할라하에 대해서는 논하지 않는 책으로써 탈무드의 제일 뒷부분인 '타하로트'(Taharos)에서도 결론부에 등장했다고 한다. 그러나 유대인의 추방과 함께 탈무드 연구는 사람의 일상에서 부딪치게 되는 세 개의 법(모에드, 나쉼, 너지킨)을 중심으로 진행되었기 때문에 피르케이 아보트가 너지킨의 끝자락으로 이동하게 되었다는 것이다.

그러나 람밤은 '아보트'의 위치에 대한 이유를 주제와의 관련성에서 찾았다. 그는 이 책의 많은 내용들이 현인들과 사사들을 염두에 두고 기록되었기 때문에 산헤드린과 관련된 법을 논의한 뒤에 배치되어야 하는 것이 적절하다고 주장한다. 그래서 '아보트'의 첫 번째 가르침인 "판단을 내릴 때에는 신중히 하라"는 당연하게도 법률사건을 판단할 사람들에게 하는 교훈인 것이다.

더욱이 판사가 자신의 윤리와 인품을 다스리는 책임(그의 데레크 에레쯔)은 일반 유대인보다 비교할 수 없을 정도로 막중하다. 뛰어난 인품을 가지지 못한 판사는 주로 자기 자신에게만 해를 끼치게 될 나쁜 성품을 가진 일반인보다 더 많은 사람들에게 해를 끼칠 수 있기 때문이다. 따라서 '아보트'는 산헤드린의 법률 뒤에 위치함으로써 판사들에게 일반인보다 더 높은 윤리성과 인품을 가져야 한다는 자신의 의무를 일깨워 주는 것이다. 판사의 인품은 공동체에서 매우 중요한 역할을 감당해야 하는 사람이 갖추어야 할 필수조건이기 때문이다(람밤은 미쉬나에 대한 그의 주석을 소개하면서 이에 대해 길게 이야기 한다.)

* * *

랍비 '쉬므온 바르 쩨마흐 두란'(Shimon bar Tzemach Duran[Rashbatz, 라쉬바쯔])은 그의 '마겐 아보트'(Magen Avos)에서 '아보트'의 위치에 대해 다른 이유를 제시한다.

바바 카마(30a)에서 현인들은 경건한 사람, 즉 한 사람의 기본적인 의무 너머 스스로 온전한 개인으로 인정받기 위해서는 세 가지 자질을 겸비해야 한다고 가르쳤다.

첫째, 하나님이 베푸신 모든 선한 것에 감사하는 기도를 하는 것이고, 둘째, 이웃의 경제적 안정에 대하여 세심한 관심을 보이는 것이며, 마지막으로는 '아보트'에 기록된 윤리적 가르침에 따라 행동하는 것이다.

라쉬바쯔는 감사 기도문을 마음을 담아 낭송하게 되면 하나님과의 관계에서 더욱 더 경건해지고 감성이 풍부해진다고 설명했다. 이웃의 경제적인 상황에 세심한 주의를 기울이는 사람은 대인관계에서 경건해진다. 하지만 '아보트'의 윤리적 교훈의 지시를 따르는 사람은 앞선 두 분야에서 뛰어난 사람이 된다. 동일한 역량을 가지고도 하나님과 사람에게 동일하게 헌신할 수 있는 진정한 인품을 갖춘 사람을 일컫는 것이다.

라쉬바쯔는 탈무드가 감사의 복과 금전에 관한 법에 대해 논의를 마친 뒤에 사람을 가장 완전한 형태의 경건함에 이르게 하는 '아보트'의 가르침을 제시했다는 것이다. 그러한 사람은 하나님뿐만 아니라 이웃들과의 관계에서도 좋은 관계를 맺을 수 있다.

왜 피르케이 아보트는 여름철 안식일에 배워야 하는가?
피르케이 아보트-토라를 받아들이기 위한 준비

유대인 학자인 '게오님'(geonim)[1]이 언급한 바에 따르면, '피르케이 아보트'는 일반적으로 유월절과 오순절 사이에 배우게 되는데, 주된 이유는 오순절에 토라를 받기 위한 개인적인 준비 기간이 바로 이 여섯 주이기 때문이라는 것이다.

특별히 매우 소중한 선물을 받아들일 때, 우리는 그것을 받고 보존할 준비를 해야 한다. 특별하고 소중한 선물인 토라를 받아들이기 위해 우리에게 필요한 것은 무엇인가? '여호와를 경외함이 지혜의 근본이라'(시 111:10)가 암시하듯이 좋은 성품이다. '데레크 에레쯔'가 토라보다 먼저 생겨났기 때문이다.

토라를 받기 위해, 한 개인을 준비하고 교육시키는 데 '피르케이 아보트'에 비견할 수 있는 책은 없다. 따라서 '피르케이 아보트'를 읽는 것은 토라를 받아들이기 위한 영적인 준비 단계라고 할 수 있다.

* * *

본래 피르케이 아보트는 다섯 장(chapter)으로 이루어져 있었다. 얼마 후에 토라 연구에 관한 주제를 다룬 '바라이쇼트'(Baraishos) 편집본이 여섯 번째 장에 추가되었다(Baraisa[바라이사]는 랍비 예후다 하나시가 편집한 미쉬나

---

[1] 탈무드에 대한 지식과 지혜가 탁월한 유대인 학자를 일컫는다.

와 비슷한 가르침이지만 오늘날의 미쉬나에는 포함되지 않았다). 이 여섯 번째 장이 토라 연구의 가치와 바른 길, 그리고 토라 연구자에 대한 중요성을 주로 다루기 때문에 '토라의 습득'이라는 뜻의 '킨얀 토라'(Kinyan Torah)라고도 불린다.

유월절과 오순절 사이에는 여섯 번의 안식일이 있기 때문에 매 주마다 한 장씩 읽게 되면, 우리는 현인들의 가르침을 통해 온전한 성품에 대해 배우고, 토라를 받기 직전인 마지막 안식일에는 '킨얀 토라'의 장으로 막을 내리게 된다.

역사를 되돌아보면, '세피라트 하오메르'(Sefiras Ha'omer)의 나날들은 랍비 아키바의 제자들이 죽임을 당한 우울한 날이었다(슐한 아루크, '오라크 하임'[Orach Chaim] 493). 탈무드에 의하면, 랍비 아키바는 12,000 쌍의 연구 동역자를 제자로 두었는데, 그들은 유월절과 오순절 사이에 전부 죽었다. 그 이유는 그러한 능력을 가진 사람들에게서 기대할 수 있는 예의로 서로를 대하지 않았기 때문이다(예바모트 62b). 그 결과 그들은 '데레크 에레쯔가 토라보다 먼저 생겼기 때문에'(바이크라 라바 9:3), 그리고 '데레크 에레쯔가 없으면 토라 또한 없다'(3:21)라는 이유로 토라의 습득까지 닿을 수 없었다.

그들이 겪은 끔찍한 형벌은 토라를 받는데 적절한 준비가 필요하다는 것을 강조한다. 현인들은 세피라(sefirah) 기간에 몇 가지 추모의 행위를 하도록 지시하여 무엇이 일어났는지를 회상하고, 토라를 받기 전에 '데레크 에레쯔'를 배우고 익히는데 열심을 다해야 한다는 점을 가르쳤다.

결혼과 여러 즐거움을 금지하는 엄숙한 분위기는 사람이 자기 자신을 돌아보게 한다. 이런 자기반성의 분위기는 윤리적인 가르침과 책망을 받아들이는 것을 수월하게 한다. 이런 때에 무엇보다 적절한 행동은 '피르케이 아보트'를 연구하는 것이다.

이 기간에 '피르케이 아보트'의 가르침들은 연구자에게 깊은 깨달음을 주게 된다. 예를 들면, '이 세상은 미래에 오게 될 세상에 들어가기 위한 대기실과 같다. 그러니 스스로를 준비하여 연회장에 들어갈 수 있도록 하라'(4:21), 그리고 '네가 어디서 와서 어디로 가는지를 알고, 너에게 판결과 심판을 내리게 될 존재가 누구인지를 알라'(3:1)라는 이 세 가지를 기억하고 있으면 죄의 손에 떨어지지 않을 것이다.

여름은 자기반성의 시간이다

몇몇 유대인 공동체들은 세피라 기간뿐만 아니라 신년절(Rosh Hashana) 까지 여름 내내 피르케이 아보트를 배우기도 한다. 이 관습은 '투르'(Tur[오라크 하임 282])와 '레마'에도 언급되어 있다(Rema[슐한 아루크 ibid. 2]).

봄과 여름은 자유를 상징하는 계절이다. 자연과 인간이 겨울의 혹독한 제약에서 풀려나는 것이기 때문이다. 비가 그치고 추위는 지나갔으며, 만물이 싱그럽게 소생하고 꽃이 피어난다. 사람들은 제한되었던 일상에서 벗어나 밖으로 나아가 기지개를 켜며 오감으로 기쁨을 맛본다.

그렇기 때문에 이 풍족한 시기에 악한 성향이 사람들의 영적인 결단력을 약화시키려 하는 것은 당연한 것이다. 따라서 우리는 악한 영향력으로부터 자신을 지키기 위해서 피르케이 아보트를 연구해야 한다. 이 책은 '우리가 누구인지', '우리가 무엇을 하는지', '네 위에 어떤 존재가 있는지를 아는 것' 그리고 '계명과 죄를 통해 얻은 것과 잃은 것'이 무엇인지를 깨닫게 하는데 도움을 줄 것이다(2:1).

* * *

피르케이 아보트를 봄과 여름에 묵상해야 하는 또 다른 이유가 있다.

겨울은 땅을 갈고 씨를 뿌리는, 즉 투자하는 계절이다. 하지만 봄은 이 투자가 열매를 맺기 시작하는 계절이기 때문이라는 것이다("지면에는 꽃이 피고 … 무화과나무에는 푸른 열매가 익었고 포도나무는 꽃을 피워 향기를 토하는구나."[아 2:12-13]).

이른 봄, 유월절은 보리를 수확하고, 그 뒤 따라오는 오순절에는 밀을 수확한다. 그 이후에는 포도와 무화과, 그리고 올리브 등의 수확이 뒤따른다. 이런 수확에는(오늘날에는 돈을 모으는 것) 전적으로 사람이 참여해야만 한다.

＊ ＊ ＊

그러나 사람이 이와 같은 육체적 노동에 전념하여 성공했을 때 '내 능력과 내 손의 힘으로 내가 이 재물을 얻었다'(신 8:17)라고 생각하게 되어 그 성공이 오히려 그를 타락하게 할 수 있다.

이런 때에 '네 위에 어떤 존재가 있는지를 알라'고 하는 현인들의 가르침을 되짚어 보아야 한다. 돈을 모으는 것만이 존재 혹은 인생의 전부가 아니고, 궁극적인 목적도 아니라는 것을 깨달아 알아야 한다. 이 세상은 일시적이며 덧없는 것이다. 우리는 대기실에 서 있고, 연회장인 영원한 생명의 땅에 입장하기 전에 회개와 선행으로 잘 준비해야 한다.

프롤로그   קודם הלימוד

다음은 피르게이 아보트의 각 장을 읽기 전에 낭독해야 한다.
(산헤드린 10:1)

כָּל יִשְׂרָאֵל יֵשׁ לָהֶם חֵלֶק לְעוֹלָם הַבָּא,
שֶׁנֶּאֱמַר:
וְעַמֵּךְ כֻּלָּם צַדִּיקִים,
לְעוֹלָם יִירְשׁוּ אָרֶץ,
נֵצֶר מַטָּעַי מַעֲשֵׂה יָדַי לְהִתְפָּאֵר.

모든 이스라엘 백성에게는 성경에 기록된 바와 같이 내세에 그들의 몫이 있다.

"네 백성이 다 의롭게 되어
영원히 땅을 차지하리니
그들은 내가 심은 가지요
내가 손으로 만든 것으로서
나의 영광을 나타낼 것인즉"
(사 60:21).

미쉬나 1절　　　　　　　　　　משנה א

עֲקַבְיָא בֶּן מַהֲלַלְאֵל אוֹמֵר,
הִסְתַּכֵּל בִּשְׁלֹשָׁה דְבָרִים וְאֵין אַתָּה בָא לִידֵי
עֲבֵרָה.
דַּע, מֵאַיִן בָּאתָ, וּלְאָן אַתָּה הוֹלֵךְ, וְלִפְנֵי מִי אַתָּה
עָתִיד לִתֵּן דִּין וְחֶשְׁבּוֹן.
מֵאַיִן בָּאתָ, מִטִּפָּה סְרוּחָה,
וּלְאָן אַתָּה הוֹלֵךְ, לִמְקוֹם עָפָר רִמָּה וְתוֹלֵעָה.
וְלִפְנֵי מִי אַתָּה עָתִיד לִתֵּן דִּין וְחֶשְׁבּוֹן,
לִפְנֵי מֶלֶךְ מַלְכֵי הַמְּלָכִים הַקָּדוֹשׁ בָּרוּךְ הוּא:

아카브야 벤 마할렐은 말한다.
세 가지 일을 주의하라. 그리하면 너희는 죄에 사로잡히지 않을 것이다.
⑴ 어디로부터 너희가 왔는가?
⑵ 어디로 가는가?
⑶ 누구 앞에서 너희가 의로움과 보답, 행위를 설명할 것인가?
를 알아라.
(이 질문에 대한 대답은)
'어디로부터 너희가 왔는가?' 악취가 나는 물방울로부터,
'어디로 가는가?' 흙과 벌레와 구더기의 장소로,
'그리고 누구 앞에서 너희의 의로움과 보답,
즉 행위를 설명할 것인가?'
왕들을 통치하시는 왕이시며,
거룩하신 분이시고,
복을 주관하시는 분 앞에.

미쉬나 1절

아카브야 벤 마할렐이 말하길

　아카브야 벤 마할렐은 다섯 쌍의 현인들의 시대, 곧 힐렐과 샴마이와 동시대의 사람이었다(혹자는 그보다 더 전 세대의 사람이라고 주장하기도 한다). 그 시대의 다른 현인들과 마찬가지로, 그의 이름에는 별다른 칭호가 붙지 않았는데, 이는 그 어떤 칭호일지라도 그에게 부족하였기 때문이다.

　현인들은 아카브야 벤 마할렐의 탁월한 성실성을 보여주는 몇 가지 사건들을 우리에게 소개해주고 있다. 언젠가 그가 현인들과 율법에 대하여 네 가지 주제로 논쟁했는데, 그는 다른 현인들의 주장에 동의하지 않았다. 그때 현인들은 그에게 말했다. "아카브야, 당신이 주장을 철회하고 우리에게 동의하면 당신을 아브 베이트 딘(산헤드린의 두 번째 위치 – 역자 주)으로 세워주겠소." 그러자 마할렐은 이렇게 대답했다. "잠시 하나님께 악인으로 보이느니, 차라리 평생 바보로 놀림을 받겠소."
　즉, 그는 현인들의 주장이 진리에서 벗어난 것이라고 이해했다.
　그런데 그는 세상을 떠나기 직전, 아들을 불러 이렇게 말했다고 전해진다. "내 아들아, 일전에 논쟁이 있었던 네 가지 주장에 대한 입장은 나의 의견을 따르지 말거라." 그러자 아들이 물었다. "그 이유가 무엇입니까?"

아카브야는 이렇게 답하였다. "나는 이전 세대의 현인들 대부분이 나의 관점에 동의했다고 생각했다. 때문에 나의 주장을 굽히지 않은 것이다. 다른 현인들도 역시 나같이 생각했겠지. 이전 세대의 현인들 대부분이 자기 생각과 같다고 말이다. 하지만 내 아들아, 너는 나로부터 나의 개인적인 관점만을 들으며 자라지 않았느냐. 아카브야 벤 마할렐 단 한 명의 생각 말이다. 그러니 한 명의 주장을 고수하지 말고 다수의 의견을 받아들이라는 할라카의 원칙에 순종해야 한다."

그러자 그의 아들은 이렇게 부탁하였다. "아버지와 함께 한 현인들에게 저 대신 말씀을 해주십시오. 그리하면 제가 학당에 갈 때 사람들이 제 말에 특별한 관심을 줄 것입니다." 하지만 아카브야는 이를 거절했다.

아들은 괴로워하며 물었다. "제가 아버지를 속상하게 한 일이 있어서 그러십니까?" 아카비아는 대답했다. "아니다, 아들아. 내 동료 랍비들이 너를 반겨 받아들이는 것은 문제가 아니다. 그들이 너를 거부해도 상관없다. 결국 네 행위에 모든 것이 달려 있단다."

**세 가지 일을 주의하라,
그리하면 너희는 죄에 사로잡히지 않을 것이다.
어디로부터 너희가 왔는가, 어디로 가는가,
누구 앞에서 너희가 의로움과 보답, 행위를 설명할 것인가?**

이 미쉬나는 두 부분으로 나누어 볼 수 있다. 그 전반부에서는 세 가지 질문을 제기하고 있다. 그리고 후반부에서는 위에서 말한 세 질문에 답을 제시하고 있다. 그렇다면 이 구절은 왜 똑같은 질문을 두 번이나 반복하는 것인가? 그리고 질문 뒤에 바로 답이 오지 않는 이유는 무엇인가?

미드라쉬 슈무엘[Midrash Shmuel]은 그 이유를 본 구절의 전반부와 후반부가 각각 인간의 다른 측면에 대해 말하고 있기 때문이라고 설명하고 있다. 질문만을 제기하는 전반부는 영혼에 대해 다루고 있으며, 그 답은 우리 스스로가 찾아야 한다는 것이다.

그러므로 본 구절은 이렇게 시작한다고 해석할 수 있을 것이다. "너의 영혼에 주의를 기울이라. 어디서 왔는지, 어디로 가는지, 또 네가 누구 앞에 서서 심판과 판단을 하게 되어 있는지를 먼저 알아라."
어디서 오는지 알라: 너의 영혼은 영광의 보좌 아래에서 조각되어졌고, 하나님 그분 자신의 숨결로부터 나왔다. 하나님의 일부와 같은 너의 영혼은 생명을 얻고 영원히 살 것이다. 그러므로 어디로 가는지 생각해 보라. 너의 영혼이 이 땅에서의 자신의 역할을 다한 후에 도착할 마지막 장소는 영원한 세계, 곧 영혼의 세계이다. 마침내 그 세계가 올 때, 육체와 연합하여 했던 일들에 대하여 심판과 판단을 하게 될 것이다.

적용하기

이 말은 우리로 하여금 잠시 멈추어 생각해보게 한다.

우리의 영혼은 순결하고, 그 생명은 영원하며, 이 세상에서는 받을 기업이 없다. 그렇다면 어떻게 감히 이 순결한 영혼을 죄로 더럽힐 수 있을까? 또한, 우리의 영혼은 육신의 정욕과 어떤 관계가 있는 것인가? 현자들은 다음의 구절로 이를 표현하고 있다. '영혼은 만족함이 없다.'(전 6:7) 이에 영혼은 다가올 세상에서 기쁨으로 누릴 보상을 위하여 고생해야 한다는 것을 알고 있다. 그러므로 토라를 배우는 양이나, 선한 행위의 양은 결코 영혼을 만족스럽게 채울 수 없다.

영혼은 마치 마을 촌부와 결혼한 공주와 같아서, 남편이 그녀에게 자기가 생각할 수 있는 최고의 것을 준다 할지라도 정작 아내에게는 그 선물이 아무런 의미가 없다. 왜냐하면 그의 아내는 공주이기 때문이다. 이처럼 사람이 이 세상의 아름다운 것들을 모두 가져다준다 한들 영혼에게는 아무런 의미가 없는 것이다. 왜냐하면 그의 영혼은 하늘에 속한 것이기 때문이다.(전도서 라바[Koheles Rabbah] ibid.) 영원한 세계에서는 우리 영혼의 양식만이 우리와 함께 존재한다. 토라와 선행과 같은 오직 영적인 음식만이 우리의 영혼(공주)을 위한 삶의 양약과 같은 역할을 할 수 있다.

따라서 아카브야는 영혼의 위대함을 인식하도록 교훈하고, 영혼의 순결함을 더럽힐 때에 그 고통이 얼마나 큰 지에 대한 경고로 그의 가르침을 시작하고 있다. 영혼에 대한 교훈 이후 그는 우리의 육체에 대한 주제로 시선을 돌려, 여기에 또 세 가지 질문들을 건넨다.

세 가지 것들

아키브야 벤 마할렐이 제기하는 세 가지 질문은 다음의 구절에 암시되어 있다. '너는 너의 창조주를 기억하라.'(전 12:1, זְכֹר אֶת בּוֹרְאֶיךָ) 이 구절에서 '너의 창조주'라는 뜻의 단어인 마지막 단어 '보르에이카(Bor'echa)'에 요드(י)가 들어가 복수형 명사를 의미한다고 읽을 수도 있다. 즉, 이 구절은 우리가 기억해야 할 것이 하나가 아니라 여러 개라고 말한다는 것이다.

그렇다면, 우리가 기억해야 할 것들은 무엇인가? '보르에이카'라는 단어는 두 개의 다른 단어가 합성되어 있다. 하나는 '비이르카(b'eircha)'로, '너의 근원', '원천'이라는 뜻으로써 곧 위의 구절엔 냄새가 진동하는 구덩이에서 언급된다. 또 하나는 '보르카(borcha)'로 '너의 구덩이', 벌레와 구더기가 가득한 장소를 뜻한다. 이것들은 처음 두 가지 질문에 연결된 것이다. 마지막으로 '보르에이카'는 하나님을 의미하며, 마지막 질문에 연결된다(바이크라 라바[Vayikra Rabbah] 18:1, 예루샬미 쏘타[Yerushalmi Sotah] 2:2).

후마쉬에 나온 미쉬나 주제의 암시

우리의 조상 아브라함에게 하나님께서 하신 말씀들 중 '너는 본토와 친척집과 아비 집을 떠나라'(창 12:1)는 말씀은 가장 먼저 명령하신 것이다. '떠나라'(히브리어로 '레크 레카[lech lecha]')는 문자 그대로 '네 스스로에게 가라'는 뜻으로, 라쉬의 해석에 따르면 '네 자신의 유익과 네 자신의 선함을 위하여'라고 이해할 수 있다고 한다. 이 해석을 염두에 두고 위 창세기의 말씀을 읽어본다면 이 구절이 단순히 아브라함에게 하는 말이 아니라, 모든 세대에게 하시는 말씀이라는 사실을 발견할 수 있다. 하나님께서는 우리 모두에게 "네 자신의 이익을 위해, 다음 세 가지를 기억하라"

고 말씀하신다.

'너의 고향' 네가 어디서 왔는지, 네가 어디서 태어났는지 기억하라.

'너의 땅' 네가 어디로 가는지 명심하라. 네가 마지막으로 닿게 될 곳, 네가 가게 될 곳이 어디인지 명심하라. 곧 그곳은 땅 아래, 벌레와 구더기가 가득한 곳이다.

'너의 아버지의 집' 하늘에 계신 너희 아버지 앞에서 심판과 판단을 받을 것이라는 것을 기억하라.

초기 하시디즘 운동의 거장들 중 하나인 니콜스버그의 랍비 슈멜케 호로비츠[R' Shmelke Horowitz of Nikolsburg]는 후마쉬에서 이 구절의 또 다른 암시를 찾아냈다. '보다'라는 뜻의 히브리어 동사 '우르이템'(וראיתם)은 후마쉬에 총 세 번 나오는데, 모두 명령형으로 이루어진 구절에서 사용되고 있다.

첫 번째 구절은 바로가 히브리 산파를 불러 '너희는 히브리 여인을 위하여 해산을 도울 때에 그 자리를 살펴서…'(출 1:16)라고 말한 것이다. 두 번째 구절은 모세가 열두 명의 정찰대를 가나안 땅으로 보낼 때 했던 말이다. 모세는 그들에게 '그 땅이 어떠한지 정탐하라'(민 13:18)고 지시했다. 마지막으로는 찟찟트(유대교에서 기도할 때에 기도복 탈릿에 다는 끈으로, 이를 보며 하나님과 하나님의 말씀을 기억한다 – 역자 주)에 대해 말하는 부분이다. '이 술은 너희가 보고 여호와의 모든 계명을 기억하고 준행하라.'(민 15:39)

이 세 가지 명령들은 아카브야 벤 마할렐의 세 가지 주장과 연관이 있다.

　1. '출산의 장소를 살펴보라'는 네가 원래 어디에 있었는지를 알라는 뜻으로, 어디서 왔는지 알라는 말과 연결된다.

　2. '그 땅을 정탐하라'는 우리가 결국 땅 아래로 갈 것이라는 것을 기억해야만 한다는 뜻이다.

　3. 마지막으로, '(이 술을)보아라'라는 뜻은 우리가 모든 계명을 바라보고 또 언젠가 우리가 왕 중의 왕이신 거룩하신 그분, 축복의 그분 앞에서 심판과 판단을 하게 된다는 것을 기억해야 한다는 뜻이다.

아카브야의 관점

　이 구절의 앞 구절에서는 '세 가지를 심사숙고 하라. 그러면 너희는 죄에 속박되지 않을 것이다. 너희의 위에 있는 것이 무엇인지 알라. 주의 깊은 한 눈과 경청하는 한 귀와 너의 모든 행동을 기록한 한 책.'(2:1)이라는 랍비 예후다 하나시의 가르침이 나온다.

　그러나 아카브야의 관점에서 이 구절만으로는 충분하지 않다. 이전 구절에서는 하나님의 위대하심에 대해 말하였다면, 아카브야는 이제 우리 자신의 연약함도 고려해야 한다고 주장하는 것이다. 더 나아가 우리가 어디에서 왔으며 또 어디로 가는지를 기억해야만 한다는 것이다. 자신이 더럽고 냄새나는 물방울에서 왔음을 기억할 때에 자기 자신만을 생각하는 이기주의의 뿌리 꺾이고, 마지막으로 갈 곳, 즉 구더기가 들끓는 땅으로 갈 것을 생각할 때에 육체의 정욕에 대한 혐오감을 느끼게 된다.

악의 '손아귀'

악의 '손아귀'(לידי עבירה)가 의미하는 바는 무엇인가? 히브리어에서 '손'이라는 단어는 '손잡이'를 뜻하기도 한다. 말하자면 인간의 특성, 즉 자아와 정욕과 같은 인간의 특성이 타락한 사람의 그릇이 되고, 그 안에 악이 채워진다는 말이다. 이토록 타락한 특성들이 고개를 들면 들수록, 사람은 더욱 악에 빠지기 쉽다. 악에 빠지지 않는 길은 바로 그 악한 손잡이를 놓는 것이다.

미드라쉬 슈무엘은 다른 해석을 제시하고 있다. 사람이 진심으로 회개하면 죄가 그를 잡으려 손을 뻗을지라도 잡히지 않고 그는 그 자신을 구할 것이다. 즉, 악한 길로 다시 빠지지 않게 하는 것이 진정한 회개라는 것이다. 람밤은 "완벽한 회개란 이전에 저지른 것과 같은 죄를 저지를 수 있는 상황에서 다시 반복하여 죄를 범하지 않는 것이다"(힐코트 테슈바 [Hilchos Teshuvah] 2:1, based on Yoma 6b)라고 말했다.

**너는 어디로부터 왔는가? 악취가 나는 물방울로부터,
너는 어디로 가는가? 흙과 벌레와 구더기의 장소로.**

사람이 자신의 자만심을 뿌리째 뽑기 위해서는 '어디에서 왔는지'를 알아야 한다. 우리의 육신이 어떻게 만들어졌고, 또 그 근원이 어디인지 (악취가 진동하는 물방울)를 묵상한다면, 우리의 외모와 능력, 부유함으로 인해 스스로 자만에 빠질 수가 있겠는가? 다른 사람보다 조금 더 많이 가진 것으로 우리 자신을 자랑할 수 있을까? 결국 우리를 덮은 피부의 안쪽은 모든 사람과 모든 피조물이 다 똑같다. 결국 모든 피조물들이 같은 곳

에서 나왔으며 또 같은 곳으로 간다.

정욕을 뿌리째 뽑기 위해서는 우리가 '어디로 가는지'를 알아야 한다. 우리의 마지막을 생각한다면, 우리의 육신이 생명을 잃고 썩어 없어지고, 우리가 지금 가진 모든 것을 결국 다른 사람들이 가지게 될 것이며, 결국 우리의 육체가 무덤에 묻히고 분해되어 벌레들이 파먹고 굴을 파 들어갈 것임을 안다면, 과연 우리는 육체의 정욕을 계속해서 쫓아갈 수 있겠는가?

죽음을 생생하게 경험해볼 때, 그가 과연 재물을 모으거나 명예를 얻고 명성을 얻는 일에 시간을 쏟을 수 있겠는가? 그렇지 못할 것이다. '그가 비록 생시에 자기를 축하하며 스스로 좋게 함으로 사람들에게 칭찬을 받을지라도.'(시 49:18) 우리가 우리의 마지막을 기억하고 살아간다면 쾌락적이고 피상적인 것들에 대한 관심을 끊게 될 것이다. 반대로, 육체의 기쁨을 위해 자기 멋대로 살아간다면, '자기 정욕을 키우고 벌레를 키우는'(2:8) 것과 같음으로 결국 마지막에 남는 것은 슬픔뿐일 것이다.

인생은 짧고 문제로 가득하니

자신이 악취가 나는 물방울로부터 왔으며 결국 벌레들의 먹이가 될 것이라는 것을 기억하는 사람은 결국 자기 스스로 영적인 욕구와 도덕적인 욕구를 채울 수 없음을 깨닫게 될 것이다. 어떻게 육체가 물질의 본성을 거부할 수 있겠는가?

그러나 우리는 단지 육체적인 창조물이 아니며, 결국 우리의 영혼은 마지막에 하나님 앞에 서서 심판과 판단을 받게 될 존재이다. 그러나 이 사실에서 우리는 피와 살로 이루어진 피조물이기에 정상참작의 여지가 있다고 할 수 있다. 때문에 우리는 하나님께 "왕이신 우리 아버지여, 우리가 먼지라는 것을 기억하소서."(Tachanum, 기도책)라고 간구하는 것이다. 우리는 육신에 갇혀 있으므로, 하나님을 전심으로 섬기지 못하게 우리를 방해하는 육신의 정욕과 뗄 수 없는 존재이다. 그리하여 다윗 왕은 '내가 죄악 중에서 출생하였음이여 어머니가 죄 중에서 나를 잉태하였나이다'(시 51:5)라고 노래한 것이다. 인간의 창조는 불가피하게 육체의 정욕과 연결되어 있으므로, 자기 자신의 힘으로는 이 육체로부터 벗어날 수 없다.

욥은 다음과 같이 비통하는 마음을 담아 인간의 삶에 대하여 '여인에게서 태어난 사람은 생애가 짧고 걱정이 가득하며 그는 꽃과 같이 자라나서 시들며 그림자 같이 지나가며 머물지 아니하거늘'(욥 14:1-2)이라고 설명하고 있다. 다음으로 그는 하나님께 '이와 같은 자를 주께서 눈여겨 보시나이까 나를 주 앞으로 이끌어서 재판하시나이까'(욥 14:3)라고 간구한다. 어떻게 하나님께서는 우리에게 부적당한 영적인 예배에 대하여 심판하실 수 있는가? '누가 깨끗한 것을 더러운 것 가운데에서 낼 수 있으리이까 하나도 없나이다.'(욥 14:4) 결국 육적인 것(불결한 것)에서 영적인 것(정결한 것)을 나오게 하실 수 있는 분은 오직 하나님뿐이다. 그렇다면, 어떻게 인간에게 하나님과 같은 것을 요구하실 수 있겠는가?

그럼에도 불구하고 이 미쉬나에서는 우리에게 '심판과 판단을 할 것'이라고 말하고 있다. 하나님께서는 우리의 능력을 이미 알고 계신다. 각 사람의 정욕과 욕망은 고쳐질 수 있고, 저급한 본성은 그 저급함에서 벗어날 수 있다. 하나님께서는 우리에게 생명과 죽음을 주시고, 또 선과 악을 주셨다. 그리고 우리는 선한 삶과 악한 삶을 선택할 능력을 충분히 가지고 있다.

다모클레스의 검

하시드 야베츠[Chasid Yaavetz]는 향락에 빠져 방탕한 동생을 둔 어느 왕에 대한 비유를 이야기 한다. 그 왕은 그의 동생에게 가르침을 주기 위하여 동생을 자신의 연회에 초대했다. 그리고 식탁에 맛있는 음식들을 가득 차리고, 오케스트라에게 수많은 악기들로 아름다운 연주를 하게 했다.

그런데 왕은 동생이 앉을 자리 바로 위의 천장에 큰 칼을 걸도록 했다. 게다가 그 검을 매단 끈은 말총 한 가닥뿐이었다. 연회 도중에 자기 머리 위에 칼이 매달려있음을 알아차린 동생은 결국 음식을 마음 놓고 먹을 수 없었다. 오히려 음식에 손을 대기는커녕 자기 머리위에 대롱대롱 매달린 검이 떨어지지는 않나 천장을 계속 쳐다보기만 할 뿐이었다.

왕이 그에게 물었다. "왜 음식을 먹지 않느냐? 음식이 마음에 들지 않느냐?" 동생이 답하였다. "제 머리 위에 검이 매달려있는데 어찌 음식을 먹고 연회를 즐길 수 있겠습니까?" 그러자 왕이 답하였다. "죽음의 천사들이 든 검이 네 머리 위에 놓였음에도, 너는 수년간 놀고먹고 마시지 않았더냐? 네가 영원히 살 수 있을 줄 아느냐?"

육과 영

왜 영혼은 심판과 재판을 받아야 하는가? 이 세상에서 자기 마음대로 즐거움을 쫓은 것은 육신이거늘, 죄는 왜 영혼에게 돌아가는가?

반대로 우리는 왜 육체가 영혼을 다치게 했다는 이유로 심판을 받아야 하는지도 반문할 수 있다. 육신은 그저 죽음을 알게 해주는, 잠시 입는 옷일 뿐이데 말이다.

이것은 바로 마커스 아우렐리우스 안토니누스[Marcus Aurelius Antononus]가 랍비 예후다 하나시에게 던진 도전이었다. "육체와 영혼은 심판을 받을 이유가 없소. 육체는 말하길, '영혼의 죄입니다. 그 증거로, 영혼이 내게서 떠날 때 저는 길바닥의 나뒹구는 돌처럼 아무 것도 할 수 없었습니다.'라고 변호할 것이요, 또 영혼은 말하길, '아닙니다, 육체의 죄입니다. 그 증거로, 제가 육체에게서 떠날 때 저는 새처럼 날았기 때문입니다.'라고 변호할 수 있을 것이오."

이에 대해 랍비 예후다 하나시는 이렇게 설명했다. "왕이 과수원을 세우고 두 명의 관리인을 세웠다고 해봅시다. 한 명은 다리가 불편하고, 또 한 명은 앞이 보이지 않지요. 다리가 불편한 관리인은 눈이 안 보이는 동료에게 이렇게 말했다오. '나를 자네의 등에 업어주면, 과일나무 앞으로 안내해주겠소.' 그래서 그들은 그렇게 했소. 며칠 후, 왕이 그 과수원에 방문하여 관리자들이 과일을 멋대로 따먹었다고 화를 내었소. 그러자 다리가 불편한 관리인이 이렇게 변호했소. '제가 과일을 어떻게 따다 먹겠습니까? 제가 이 다리로 나무까지 걸어갈 수나 있겠습니까?' 앞이 보이지 않는 관리인도 스스로를 변호하였소. '제가 과일을 어떻게 따다 먹겠습니까? 저는 과일이 어디에 있는지도 찾을 수 없습니다.' 그러나 왕은 바보가 아니었다오. 왕은 다리가 불편한 관리인을 앞이 보이지 않는 관리인의 등에 태워 나란히 감옥으로 보내버렸다오."

랍비 예후다 하나시는 이야기의 결론을 다음과 같이 맺었다고 한다. "마찬가지로, 하나님께서도 영혼을 육체의 등에 태워 함께 심판하신다오. 기록된 바, '하나님이 자기의 백성을 판결하시려고 위 하늘과 아래 땅에 선포하여.'(시 50:4)라고 한 바와 같소. 또 '위의 하늘을 불러 영혼을 증인하게 하시고, 또 아래의 땅을 불러 육신을 증인하게 하신다.'(산헤드린 [Sanhedrin] 91a-b)라고 한 바와 같소."

아담은 왜 죄를 지었는가?

죄에 대한 유혹을 피하기 위하여 우리는 이 미쉬나의 세 가지 것들을 인식해야 한다. 빌나의 랍비 엘리야후[R' Eliyahu of Vilna], 즉 빌나 가온 [Vilna Gaon]은 '아담은 두 가지만 보고 세 가지까지는 보지 못하였기에 죄를 지었다'라며 난해한 미드라쉬를 해석하고 있다.

'아담은 두 가지만 보고'라는 말은 곧 본 구절에 나온 두 가지, 즉 그가 어디로 가는지를 알고 있었으며 또한 하나님 앞에 심판과 판단의 순간에 서게 될 것을 알고 있었다는 뜻이다. 그러나 그는 세 가지 모두를 알지는 못했다. 즉 그는 더러운 물방울이 아닌, 하나님의 손으로 창조되었으므로 '어디에서 왔는지'는 생각하지 못했다는 것이다.(콜 엘리야후[Kol Eliyahu])

> 그리고 누구 앞에 너희가 의로움과 보답,
> 즉 행위를 설명할 것인가?
> 왕들을 통치하시는 왕이시며, 거룩한 분이시고,
> 복을 주관하시는 분 앞에

하늘의 심판대로 사람이 올라오면, 하나님께서는 그를 심판하실 뿐 아니라 그 심판의 결과에 당사자가 동의하기를 원하신다. 그러므로 하나님께서는 죄의 심각성에 대하여 깊이 이해할 수 있도록 기회를 주시고, 여러 가지 죄에 대하여 어떠한 형벌이 주어져야 하는지 그에게 물으신다. 그리고 당사자가 자기 생각을 말하면, 하나님께서는 그제서야 그가 자기 스스로의 행동을 심판했다고 말씀해주신다. 즉 자기를 정당화할 여지를 일소해버리시는 것이다. 그렇다면 사람은 하나님께 이렇게 말할 것이다. "우주의 주인이시여, 당신의 판결은 옳습니다. 당신은 무고한 죄를 입증하시고 악인을 위해서는 게힌놈을, 의인을 위해서는 에덴동산을 만들어 공평하게 판결하십니다."(에이루빈[Eiruvin] 19a)

결국 판단은 자기 스스로 하는 것이다. 바로 본 구절이 '심판과 판단'이라는 말을 반복하는 이유이다. 이후에, 자기가 자기 죄를 직접 가려내고 판단한 후에야, 그 모든 판결은 그의 앞으로 이끌려간다.

(심판은 사람이 지은 악한 행실에 대한 징계를 뜻하며, 판단은 사람이 행한 선한 일들을 참작하는 것이라는 해석도 있다. Vilna Gaon and Ruach Chaim을 참고하라, 또 4:22를 참고하라)

이런 해석은 본 구절(후에 심판과 판단을 하게 되리라는 구절)에서 사용되는 특이한 어법을 설명하는 근거가 된다. 심판과 판단을 '받으리라'고 하지 않고, 심판과 판단을 '하게 되리라'라고 말한 이유가 바로 여기에서 나오는 것이다. 심판의 대상은 심판을 하지 않는다. 심판을 받아들이는 입장이다. 그러나 이제 우리는 사람이 실제로 자기 죄를 판단하고 심판의 결과를 선고하는 입장임을 알게 된다.

과거와 현재, 그리고 미래

본 미쉬나는 과거와 현재, 미래시제를 모두 사용한다. 어디에서 왔는가?(과거) 어디로 가는가?(현재) 누가 앞에서 심판과 판단을 내릴 것인가?(미래) 하지만 두 번째 절은 현재보다는 미래 시제로 적힌 것으로 보인다. 즉, '어디로 갈 것인가?'라고 해석될 수 있다는 것이다.

그러나 죽음의 때는 그 누구도 알지 못한다. 솔로몬 왕은 '죽는 날이 출생하는 날보다 나으며'(전 7:1, 한글/영문 성경 번역과 다름 – 역자 주)라고 했고, 이에 맞추어 현자들도 "사람은 태어남과 동시에 죽음이 정해져있다"(전도서 라바[Koheles Rabbah] 7:1)라고 했다. 우리의 인생은 모래시계 속 모래와 같아서 쏜살같이 지나가버린다. 뿐만 아니라, 영원한 삶을 얻기 위한 노력을 저버린다면 그 짧은 삶은 더 짧아지고 만다. 바로 현자들이 "그들의 세계에서조차 악은 죽음이라 불리운다"(Tanchuma V'zos Habrachah 7)라고 한 이유이다.

이와 관련하여, 경건한 사람들이 사는 어느 도시에 살기로 결심한 한 의로운 사람에 관한 한 이야기가 있다.

그는 그 도시를 둘러보다가 도시의 변두리에 위치한 묘지에 도착하게 되었다. 이 도시의 사람들이 세상을 떠난 사람들에게 어떻게 대하는지를 보고 그들이 무엇을 중요하게 여기는지를 보기 위함이었다.

묘비를 본 그는 마을의 대부분의 많은 사람들이 유년기와 청년기에 죽었다는 것을 발견하고 충격을 받았다. 몇몇 사람들은 30세나 40세까지 살다가 세상을 떠났고, 50세까지 살다가 세상을 떠난 사람은 매우 드물었다.

그는 이토록 끔찍한 곳으로 이사하지 않겠다고 다짐했다. 하지만 이미 해가 지고 있었으므로, 그는 그 근처에서 하루를 묵을 수밖에 없었다. 마을에 들어가자마자 그는 회당으로 향했다. 그 마을의 회당은 토라를 배우기 위한 사람들로 가득했다. 사람들은 시편을 읊조리고, 랍비의 토라 강해를 들었다. 그 누구도 잡담을 하거나 웃지 않고 진지하게 강해에 집중했다.

놀랍게도 아이부터 백발의 노인까지 모든 연령대의 사람들이 모두 회당에 모여 있음을 보았다. 강해가 끝나고, 마을 사람들은 그에게 묘지에서 보았던 이상한 일에 대해 설명해주었다. 그 마을에서는 아이가 태어나면 부모가 아이에게 일기장을 선물해 주었다. 아이가 글을 쓸 수 있는 나이가 되면, 아이는 매일 자기가 그 날 한 선행과 그 선행에 얼마나 많은 시간을 쏟았는지를 일기에 기록하였고, 이것을 그의 평생 동안 한다는 것이었다.

마침내 그 사람이 세상을 떠나면, 장례를 집도하는 마을 사람들이 그 일기장을 가져가 그가 일기장에 쓴 시간, 즉 그가 살면서 계명을 지킨 시간을 정확히 계산하고 그 시간을 연수로 계산하여 묘비에 기록한다는 것이었다. 하나님의 계명을 실천한 시간이 진정으로 그 사람의 인생을 나타내기 때문이다.

미쉬나 2절   משנה ג

רַבִּי חֲנִינָא סְגַן הַכֹּהֲנִים אוֹמֵר,
הֱוֵי מִתְפַּלֵּל בִּשְׁלוֹמָהּ שֶׁל מַלְכוּת,
שֶׁאִלְמָלֵא מוֹרָאָהּ, אִישׁ אֶת רֵעֵהוּ חַיִּים בְּלָעוֹ.

부제사장인 랍비 하니나는 말한다.
정부의 안녕을 위해 기도하라,
왜냐하면, 만약 백성들이 정부를 두려워하지 않았다면,
사람은 그들 서로서로를 산채로 삼켜버릴 것이다.

미쉬나 2절

부제사장인 랍비 하니나는 말한다

랍비 하니나는 랍반 요하난 벤 자카이와 동시대의 인물이었다. 그의 직함이 암시하듯이, 그는 성전에서 봉사한 제사장이었으며(불행히도 성전은 그의 생전에 파괴되었다), 탈무드에서 그에 관한 대부분의 기록은 성전 봉사를 언급하고 있다.

마하랄은 랍비 하니나가 아카브야 벤 마할렐과의 동시대 사람이기도 했다고 주장하고 있다. 때문에 랍비 하니나와 랍비 아카브야의 가르침이 유사하다고 지적하고 있다. 같은 이유로, 그들과 동시대에 살았던 랍비 하니나 벤 트라드욘의 가르침 역시 그들과 유사한 것을 확인할 수 있다.

평화는 위대한 것이다(Great Is Peace)

랍비 하니나의 시대에, 유대인들은 서로 분열되어 마찰을 빚고 있었을 뿐만 아니라 사두개파나 에세네파 등(이상주의적 열성분자들이나 구쉬 할라브[Gush Chalav]의 요하난, 예루살렘의 엘아자르 벤 쉬므온[Elazar ben Shimon]

과 같은 폭력단체들로서, 로마에 대항하여 반란에 찬동하여 현자들의 희망을 무시했다) 여러 이단 집단들로 인해 발생한 긴장 상태가 오래 동안 맞물려있었다.

이런 혁명적인 사상들을 랍비 하니나는 냉혹하리만큼 백안시하며 "평화는 위대하다. 모든 창조물은 동등하기 때문이다"(시프레이[Sifrei], 나쏘[Nasso], 42, 얄쿠트 쉬모니[Yalkut Shimoni] ibid. 319)라고 말했다.

랍비 하니나가 말한 평화는 곧 개인의 삶의 평화, 즉 빈곤하지 않고 충분히 생계를 이어감으로서 얻는 삶의 평화였다. 동일하게 랍비 하니나는 제사장의 축복기도의 마지막 구절인 "평강 주시기를 원하노라"(민 6:26)라는 구절이 곧 "당신들의 집에 평화를 주시기를 원합니다."를 의미한다고 해석하고 있다"(얄쿠트[Yalkut] ibid.).

애석하게도 랍비 하니나는 로마인들에게 죽임을 당했다. 그는 대제사장 랍비 이슈마엘과 라반 쉬므온 벤 감리엘이 순교했던 시반월(그레고리우스력으로는 5월에서 6월 - 역자 주) 25일 순교했다(투르[Tur], 오라흐 하임[Orach Chaim], 타니스[Taanis] 580). 그러나 그는 '10인의 순교자들' 중 한 명으로 받아들여지지 않았다. 그는 아들 랍비 쉬므온 벤 하사간[R` Shimon ben Hasagan]을 남겼다.

정부의 안녕을 위하여 기도하라

성전에서 부제사장은 대제사장의 역할을 대신했다. 랍비 하니나의 칭호는 '제사장들의 부제사장'으로서, 그가 한 명의 대제사장보다 더 많은 일로 섬겼음을 나타내고 있다.

루블린의 랍비 메이어 샤피로[R' Meir Shapiro of Lublin]에 따르면, 두 번째 성전 시대의 초기에 쉬므온 하짜디크[Shimon Hatzaddik], 대제사장 하난[Chanan], 이슈마엘 벤 파비[Yishmael ben Pavi], 랍비 엘라자르 벤 하르솜[R' Elazar Ben Charsom] 등 당대의 위대한 지도자들이 수십 년간 대제사장의 자리를 섬겼다. 그러나 대제사장으로서의 임직 기간은 로마가 정해준 것이었다. 300명가량의 제사장들이 임명되었으나, 대부분은 뇌물로 제사장의 자리를 얻은 것이었다.

이런 자들은 위엄있는 제사장으로서의 자리에 어울리지 않았고, 심지어 그들 중 몇몇은 사두개파와 이교도의 사람도 있었다. 이토록 자격 없는 자들이 제사장으로서 임직을 받았으므로, 그들 중 그 누구도 한 해를 다 채우지 못하고 그 역할도 다하지 못했다.

비록 랍비 하나나는 이런 사람들을 대신하여 섬겼으나, 정작 그 자신은 단 한 번도 대제사장을 맡지 않았다. 로마 정부에서 차기 대제사장을 지명하기 전 잠시 대리를 맡은 것이 전부였는데, 이는 그가 경건함과 동시에 하나님을 경외하는 토라 학자였기 때문이었다. 그는 로마의 헤게모니가 지향하는 인물상과는 정반대의 사람이었다. 그러나 그는 사람들 중에서도 지식과 경험이 풍부했고 권위가 있었기 때문에 로마는 그가 부제사장으로서 직책을 유지할 수 있도록 허락했다.

랍비 메이어 샤피로는 말하길, 사람들은 랍비 하나나가 자신을 박대하고 성전 예배의 거룩함을 더럽힌 로마 정부에 깊은 분노를 품었을 것이라고 생각했다고 했다.

그럼에도 불구하고 그가 다른 이들에게 정부의 안녕을 위해 기도하라고 한 것은 명백한 사실이다. 이런 사실은 랍비 하니나가 남긴 다음의 말에 힘을 더욱 실어주고 있다. "너희를 압제하고 때로는 핍박하더라도, 정부가 있는 편이 더 나을 것이다"(세페르 하요벨[Sefer Hayovel] L'R' 메이르 샤피로[Meir Shapiro], 루블린[Lublin] 5690).

이방 위정자의 지배 하에서

랍비 하니나는 성전이 파괴된 때도, 유대인들이 이스라엘 땅에서 추방당한 때에도 '정부의 안녕을 위해 기도하라'라고 지시했다. 성전이 파괴된 이래로 유대인들은 자기 고향에서 멀리 떨어진 낯선 땅에서 이방인의 통치아래 살게 되었다. 그 곳에서 랍비 하니나는 고향을 잃은 사람들에게 정부는 잘 정비된 사회에서 가장 유일한 보증이 되어 주기 때문에 그들에게 충성스러운 시민이 되어야 한다고 말했다. 랍비 하니나의 이런 가르침은 바빌로니아로 끌려간 유대인들에게 전했던 예레미야의 말로부터 온 것이었다.

느부갓넬살 왕이 예루살렘을 정복한 후, 그는 수많은 유대인들과 함께 유다의 왕 여호야긴을 사로잡았다. '그가 또 예루살렘의 모든 백성과 모든 지도자와 모든 용사 만 명과 모든 장인과 대장장이를 사로잡아 가매 비천한 자 외에는 그 땅에 남은 자가 없었더라'(왕하 24:14) 느부갓네살 왕은 11년 후 유다가 완전히 멸망하기 전까지 그 땅에 남은 소수의 사람들을 시드기야의 통치 아래 두었다.

이처럼 유대인들은 이집트를 떠나 이스라엘 땅으로 출애굽 한 이후 처음으로 외국의 통치 아래 외국 땅에 살아야 했다. 예레미야는 낯선 땅에서 살게 된 유대인들에게 편지를 보내어 용기를 심어주는 한편 어떻게 살아가야 할지를 지도했다. '너희는 집을 짓고 거기에 살며 텃밭을 만들고 그 열매를 먹으라 아내를 맞이하여 자녀를 낳으며 너희 아들이 아내를 맞이하며 너희 딸이 남편을 맞아 그들로 자녀를 낳게 하여 너희가 거기에서 번성하고 줄어들지 아니하게 하라 너희는 내가 사로잡혀 가게 한 그 성읍의 평안을 구하고 그를 위하여 여호와께 기도하라 이는 그 성읍이 평안함으로 너희도 평안할 것임이라 만군의 여호와 이스라엘의 하나님께서 이와 같이 말하노라 너희 중에 있는 선지자들에게와 점쟁이에게 미혹되지 말며 너희가 꾼 꿈도 곧이 듣고 믿지 말라'(렘 29:5-8).

랍비 하니나의 메시지가 예레미야의 편지와 비슷한 것은 사실이다. 그러나 랍비 하니나의 메시지는 전혀 긍정적이지 않다. 예레미야의 메시지는 '그 성읍이 평안해야, 너희도 평안할 것'이라고 하는 반면, 하니나의 '정부를 두려워하지 않는 자는 자기 이웃을 산채로 삼키는 것이니'라는 메시지는 신랄하리만큼 부정적이다.

두 번째로, 랍비 하니나의 기도문 중 하나인 '헤우에이 미스팔렐'[heuei mispallel]은 특별히 강력한 명령문으로써 우리가 항상 기도해야 함을 나타내고 있다. 말하자면, 끊임없이 정부의 안녕을 추구하여야 한다는 것이다.

이 땅의 튼튼한 토대

본 구절이 피르케이 아보트에 기록된 이유는 무엇인가? 즉, 이 구절이 도덕적으로 전달하고자 하는 것은 무엇일까?

초기 많은 주석가들은 이 구절이 건강한 사회와 안정된 정부, 체계적인 사회 구조가 뒷받침되지 않는다면 하나님을 바르게 섬기는 것이 불가능하다는 것을 가르친다고 설명하고 있다. 천국으로 올라가기 위하여 우리는 먼저 이 땅에서 튼튼한 토대를 디뎌야 하는 것이다(라베이누 바흐야[Rabbeinu Bachya], 메이리[Meiri], 라베이누 이쯔하크 벤 랍비 슐로모[Rabbeinu Yizchak ben R'Shlomo] 등).

라베이누 요나 게론디[Rabbeinu Yonah Gerondi]는 여기에 우리가 공동체 전체의 안녕을 위하여 기도해야 할 도덕적 의무가 있음을 덧붙여 말하고 있다.

왜냐하면, 만약 백성들이 정부를 두려워하지 않는다면, 사람은 그들 서로서로를 산채로 삼켜버릴 것이다.

수많은 동물들조차 자연 속에서 그들의 사회를 이루며 살아간다. 그렇다면 인간이 더 큰 인간 공동체의 일부로 살아가지 못할 이유는 무엇인가?

마할랄[Maharal]은 설명하기를, 사람은 개인으로 창조되었다고 한다. 예를 들어, 동물과 달리 첫 번째 사람인 아담과 하와는 각각 따로 창조되었다. 각 개인은 스스로에게는 곧 하나의 세계이며, 이 세계에는 그의 재능과 능력이 숨어 있다. 두 명이 서로 같지 않으며, 아무도 다른 사람을 대신 할 수 없다.

그럴 경우, 각 사람은 태어날 때부터 자기 본성을 드러내고자 하는 갈망을 가지고 있으며, 그것은 집단화의 압박에 저항하는 것이다. 때로는 이런 갈망이 자기 의지와 관점을 다른 사람들에게 강요하고자 하는 열망으로 표출되기도 한다. 이는 사람과 다른 모든 피조물들을 구별하는 차이인데, 동물은 자기 자신이 특별하다고 인식하지 않기 때문이다.

그러므로 분명히 인간은 자기 본성을 따라서는, 아무런 갈등 없이 사회 구조의 일부로서 살아갈 수 없다. 따라서 사람이라면 의식적으로 사회 속에서 살아가도록 스스로 결정을 내려야 하며 정부의 안녕을 위하여 기도해야 한다는 것이다.

조류 떼

바그다드의 랍비 요세프 하임은 그의 저서 하스데이 아보트[Chasdei Avos]에서 넓은 지역을 돌아다니며 많은 곡식을 먹어치우는 조류 떼로 고통 받는 어느 나라의 이야기를 들려주고 있다.

왕은 새를 사로잡아 왕궁으로 가져오는 사람에게 큰 상을 주겠다고 선포했다. 그러자 그 땅에 사는 대부분의 사람들이 왕의 명령을 따랐고 곧 그 지역은 깨끗하게 되어 전염병으로 인해 고통 받지 않게 되었다.

그러나 왕의 호소에 귀를 기울이지 않은 사람들이 있는 지역이 있었고, 그들은 새들이 돌아다니도록 내버려두었다. 그러자 모두가 놀랄 만한 일이 그들을 기다리고 있었다. 농사가 잘 되어, 실제로 전 해보다 더 많은 수확을 할 수 있게 되었던 것이다. 이 일을 조사해본 사람들은 그 새

떼가 사실 많은 곡식을 먹어 치우기도 하지만 동시에 농사를 망치는 해충들도 함께 먹어치우는 것을 깨닫게 되었다.

이 이야기에서 새떼는 부당하게 사람들을 압제하는 정부, 즉 시민들에게 많은 노역과 무거운 세금을 부과하는 정부를 뜻한다. 하지만 이런 정부도 긍정적인 측면을 가지고 있다. 바로 무정부 상태에서 늘어날 수 있는 범죄자들과 그 외의 다른 사람들을 통제할 수 있도록 법과 질서를 유지하고 있다는 것이다. 무법의 상태를 유지할 수 있는 정부는 다른 어떤 정부보다도 바람직하다.

평안의 시대에

이 계명은 '정부가 안녕한 동안 기도하라'고 번역될 수도 있다.

우리는 하나님의 선함을 당연한 것으로 여겨서는 안 되며, 끊임없이 기도해야 한다. 그러므로 평화의 시대에도 우리는 이 평안이 지속되도록 기도해야 한다. 대체로 사람들은 고통을 받거나 필요한 것들이 충족되지 못하는 등 문제가 있을 때만 들고 일어서는 경향이 있다. 평화의 시대에는 군대나 많은 경찰이 필요한 이유를 이해하지 못하는데, 곧 평화를 당연한 것으로 받아들이기 때문이다. 이에 '평안의 시대에 기도하라.'는 구절은 경종을 울린다. 고요한 때에 평화와 안녕이 계속되도록 기도해야 한다.

코츠크의 랍비 메나헴 멘델[R' Menachem Mendel of Kotzk]은 다른 견해를 제시한다. 즉 '정부가 안녕한 동안 기도하라'는 구절은 곧 정부가 이 평화의 순간을 유대인을 압제할 기회로 삼지 않도록 기도해야 한다는 것을 의미한다(에메트 미코즈크[Emes Mikotzk] 453).

마찬가지로, 랍비 아브라함 예슈아 카렐리츠[R' Avraham Yeshayah Karelitz, 하존 이쉬]는 마야노트 하네자흐[Mayenos Hanetzach]를 인용하여 주장하기를, '악인에게는 평강이 없다'(사 48:22)라는 구절을 하나님께서는 악한 지도자에게 평화를 허락하지 않으셔서 유대인들을 학대할 수 있는 돈을 가지고 있지 못하도록 하신다는 뜻이라고 설명하고 있다.

하나님의 왕국의 안녕을 위하여 기도하라

랍비 욤 토브 이븐 아세빌리[Rabbi Yom Tov ibn Asevilli](약어로는 '리트바[Ritva]'라 한다 - 역자 주)와 다른 주석가들은 정부(문자 그대로의 의미는 '왕국')의 안녕을 위하여 기도하라는 랍비 하니나의 명령이 하나님의 왕국을 언급한다고 말했다. 하나님의 왕국은 곧 그분께서 이 땅에 거하시는 처소이다. 즉, 유대인이 어디로 가든지 하나님의 왕국이 그들과 함께 한다. 우리는 하나님의 왕국을 위하여 기도해야 한다. 말하자면, 하나님께서 우리와 함께 하시기를 기도해야 하며 동시에 그분의 영광이 이 땅에 밝히 드러나기를 기도해야 하는 것이다. 이 모든 것이 이루어질 때, 유대인들의 진정한 평안이 이루어질 것이다.

하나님께서는 유대인들이 포로가 되었을 때에도 그들과 함께 하셨다. 기록된 바 '그들의 모든 환란에 동참하사'라 함과 같다(사 63:9). 그러므로 우리는 우리 자신과 민족을 위하여 기도함과 동시에 하나님께서 이방 땅에서도 우리와 함께 하시기를 기도해야 하며, 하나님의 영광이 열방 중에 더럽혀지지 않기를 기도해야 한다(루아흐 하임[Ruach Chaim]).

미쉬나 3절 משנה ג

רַבִּי חֲנַנְיָא בֶּן תְּרַדְיוֹן אוֹמֵר, שְׁנַיִם שֶׁיּוֹשְׁבִין וְאֵין בֵּינֵיהֶן דִּבְרֵי תוֹרָה, הֲרֵי זֶה מוֹשַׁב לֵצִים, שֶׁנֶּאֱמַר (תהלים א׳:א), וּבְמוֹשַׁב לֵצִים לֹא יָשָׁב. אֲבָל שְׁנַיִם שֶׁיּוֹשְׁבִין וְיֵשׁ בֵּינֵיהֶם דִּבְרֵי תוֹרָה, שְׁכִינָה שְׁרוּיָה בֵינֵיהֶם, שֶׁנֶּאֱמַר (מלאכי ג׳:טז), אָז נִדְבְּרוּ יִרְאֵי יְיָ אִישׁ אֶל רֵעֵהוּ וַיַּקְשֵׁב יְיָ וַיִּשְׁמָע וַיִּכָּתֵב סֵפֶר זִכָּרוֹן לְפָנָיו לְיִרְאֵי יְיָ וּלְחֹשְׁבֵי שְׁמוֹ. אֵין לִי אֶלָּא שְׁנַיִם, מִנַּיִן שֶׁאֲפִלּוּ אֶחָד שֶׁיּוֹשֵׁב וְעוֹסֵק בַּתּוֹרָה, שֶׁהַקָּדוֹשׁ בָּרוּךְ הוּא קוֹבֵעַ לוֹ שָׂכָר, שֶׁנֶּאֱמַר (איכה ג׳:כח), יֵשֵׁב בָּדָד וְיִדֹּם כִּי נָטַל עָלָיו:

랍비 하난야 벤 트라드욘은 말한다.
만약 두 사람이 함께 앉아 있고,
그들 사이에 토라의 말씀이 없다면,
성경에 쓰인 바와 같이 그것은 오만한 자의 자리다.
'오만한 자들의 자리에 앉지 아니하고'(시 1:1).
그러나
만약 두 사람이 함께 앉아 있고,
그들 사이에 토라의 말씀이 있다면,
성경에 쓰인 바와 같이 신적 존재가 그들 사이에 임재한다.
'그때에 여호와를 경외하는 자들이 피차에 말하매
여호와께서 그것을 분명히 들으시고
여호와를 경외하는 자와 그 이름을 존중히 여기는 자를 위하여
여호와 앞에 있는 기념책에 기록하셨느니라'(말 3:16).
이 구절로부터 우리는 두 사람에 대해 오직 이것을 알 수 있을 것이다.
만약 한 사람이 앉아서 토라에 열중하고 있다면,
거룩하시고 복 받으실 그 분이 그를 위한 보답을 결정하실지를
어떻게 우리가 알 수 있는가?
성경에 쓰인 바와 같기 때문이다.
'혼자 앉아서 잠잠할 것은 주께서 그것을 그에게 메우셨음이라'(애 3:28).

미쉬나 3절

랍비 하난야 벤 트라드욘은 말한다.

랍비 하난야 벤 트라드욘(혹은 하나니야)은 탄나임 시대의 세 번째 세대에 속한 사람이다. 갈릴리 남부의 사히니(Sachini)에서 법정을 담당했다(산헤드린[Sanhedrin] 32b).

랍비 하난야는 그 신실함과 어려운 이를 지혜롭게 돕는 것으로 유명했다. 때문에 랍비 엘아자르 벤 야아코브는 "자선을 하려거든 랍비 하난야 벤 트라드욘과 같은 현자의 지도 아래에서 하라"라고 말했다(아보다 자라[Avodah Zarah] 17b). 그러나 정작 그 자신은 자신의 선행이 충분하지 못하다고 여겼고, 자기 자신이 잔인하게 죽임당한 것도 이토록 선행이 부족한 탓이라고 하였다 한다.

바르 코흐바[Bar Kochba]의 반란을 진압한 후, 하드리아누스 황제는 토라의 연구를 금지하는 칙령을 발표하였으며 이로 인해 랍비 아키바가 잔인하게 죽임을 당했다. 랍비 요시 벤 키스마와 같은 그의 동료들의 격

렬한 반대에도 불구하고, 랍비 하난야 또한 그 결과를 생각하지 않고 오직 토라를 전파하고 가르치는 데에 평생을 바치겠다고 결심했다.

랍비 하난야는 자신의 목숨을 잃을 수 있음을 알았음에도 불구하고 계속해서 토라를 가르쳤다. 그는 랍비 요시에게 물었다. "내가 장차 올 세상에서 받을 몫이 있겠습니까?" 그러자 랍비 요시가 답했다. "선생님께서는 선행을 해오지 않았습니까?" 이에 랍비 하난야는 이렇게 말했다. "나는 한때 부림절에 사용하기로 한 돈과 어려운 이들을 위해 사용하기로 한 돈을 모아 놓았었습니다. 나중에는 그 돈이 모두 섞여 서로 구분할 수 없게 되었지요. 결국 그 돈을 모두 가난한 이들에게 주었습니다." "만약 그렇다면" 랍비 요시가 대답했다. "선생님께서 자기 재산을 이토록 후하게 사용하셨기 때문에, 저의 몫이 선생님의 몫과 같을 것입니다."

랍비 하난야의 순교 – "글이여, 올라갈 지어다!"

랍비 요시 벤 키스마가 세상을 떠날 때, 그의 장례식에 많은 수의 로마 관리들이 참여했다. 장례식이 끝났을 때, 로마 관리들은 랍비 하난야 벤 트라드욘의 무릎 위에 놓여 있던 것이 바로 토라 두루마리였다는 것을 깨달고는, 그가 공개된 자리에서 토라를 가르쳤던 것을 알게 되었다. 그 당시 토라를 가르치는 것은 엄격하게 금지되어 있었으므로, 랍비 하난야는 곧 체포되어 재판을 받게 되었다.

재판관이 그에게 토라를 가르치고 법을 어긴 이유를 묻자, 그는 간단히 이렇게 대답했다. "우리 주 하나님께서 저에게 명하신 것이기 때문입니다." 로마인들이 그에게 화형을 선고하는 데에는 그리 오랜 시간이 걸리지 않았다. 뿐만 아니라 그의 아내에게도 사형이 선고되었고, 그의 딸은 수치스러운 생활을 하게 되었다.

자신들이 처하게 될 운명을 알게 되자, 랍비 하난야와 그의 가족들은 하나님의 공의를 찬양하는 토라의 구절을 읊었다. 하난야는 "그는 반석이시니 그가 하신 일이 완전하고"(신 32:4)라 하였고, 그의 아내는 "그의 모든 길이 정의롭고 진실하고 거짓이 없으신 하나님이시니"(동일 구절)라 하였으며, 그의 딸은 "주는 책략에 크시며 하시는 일에 능하시며 인류의 모든 길을 주목하시며 그의 길과 그의 행위의 열매대로 보응하시나이다"(렘 32:19)라고 했다.

랍비 하난야는 판결 즉시 화형대 위로 끌려 올라갔다. 토라 두루마리와 덩굴 줄기가 그를 감쌌다. 로마인들은 그가 최대한 오래 고통을 받도록 물에 적신 천을 그의 가슴에 둔 후 불을 붙였다.

"아버지, 정녕 아버지께서 이렇게 되시는 모습을 봐야 한단 말입니까?" 그의 딸이 울부짖었다. 즉, 그가 토라에 충성한 대가가 결국 고통스러운 죽음이냐는 뜻이었다.

그러자 랍비 하난야가 대답했다. "내가 혼자 불에 타는 것이라면 정말 힘든 일이었을 것이다. 그러나 나는 토라 두루마리와 함께 한단다. 토라에 대하여 보상해 주실 하나님께서 나의 고난을 잘 아시고 보상해주실 것이다."

그러자 그의 제자들이 말하였다. "선생님, 무엇이 보이십니까?" 이에 그가 대답했다. "양피지가 불타는 걸 보고 있으나 양피지에 적힌 글들은 하늘로 올라가고 있다네." 제자들은 그에게 소리쳤다. "선생님, 입을 열고 불이 입 안으로 들어오게 하십시오!" 빨리 죽음을 맞이하고 고통을 끝낼 수 있도록 입을 열라는 말이었다. 하지만 랍비 하난야는 이를 거부했다. "스스로 빨리 죽기보다, 내게 영혼을 주신 분께서 내 영혼을 거두어 가시는 편이 더 낫다네."

그 대화를 들은 로마 사형집행인이 그에게 물었다. "랍비여, 당신의 가슴에 붙은 적신 천을 거두고 불길을 더욱 거세게 한다면, 당신은 장차 올 세상에서 나의 삶을 보증해 주시겠습니까?"

"그렇소." 하난야가 대답했다.

"약속하시오." 사형집행인의 말에 랍비 하난야는 약속했다.

그 즉시 집행인은 적신천을 거두고 불길을 올렸으며, 랍비 하난야는 이내 죽음을 맞이하게 되었다. 그가 죽자 그 집행인도 바로 불길로 뛰어들었다. 그러자 하늘에서 목소리가 들려왔다. "랍비 하난야 벤 트라드욘과 저 사형 집행인은 장차 올 세상에서 살 것이다"(아보다 자라[Avodah Zarah] 17b–18a).

랍비 하난야가 세상을 떠난 날은 시반월 27일이다. 때문에 이 날은 금식하기 좋은 날로 여겨진다(슐한 아루흐[Shulchan Aruch], 오라흐 하임[Orach Chaim] 580).

랍비 하난야의 딸은 감옥에 갇혔음에도 그녀의 매부인 랍비 메이어에 의해 구출되기 전까지 정결을 유지했다. 랍비 메이어는 그녀의 여동생 베루리아[Beruria]의 남편이었다. 이 일로 인해 랍비 메이어는 바알 하네이스[Baal Haneis](기적의 주인)로 알려지게 되었다(아보다 자라[Avodah Zarah] 18a-b).

랍비 하난야에게는 아들이 있었는데, 현자들이 전하는 바로는 그의 아들은 '도적'이 되었다고 한다. 대부분의 주석가들은 그의 아들이 로마와 싸우는 열심당(젤롯당)에 들어갔으며(앤씨크로페디아의 모세 체치크의 르'초크메이 하탈무드[Encyclopedia L'chochmei Hatalmud에서 랍비 Moshe Chechik]를 참고), 봉기 도중에 죽었다고 해석한다(스'마코트[S'machos], Chapter 12 마지막 부분, 에이하 랍바[Eichah Rabbah] 3:6).

토라는 우리의 사악한 성향을 극복한다.

토라를 배우는 행위는 사악한 성향을 극복하는 우리의 능력을 강화시킨다. 그러므로 현자들은 가르치기를, 하나님께서 유대인들에게 "나는 악한 마음을 창조하였다. 그리고 나는 토라를 그 구제의 수단으로 창조하였다. 그러므로 토라에 사로잡힌 자는 악의 손아귀로 끌려가지 않을 것이다"라고 말한다(키두쉰[Kiddushin] 30b).

때문에 현자들은 우리에게 이렇게 권하고 있는 것이다. "더럽고 흉악한 자가 악한 마음을 가지고 너를 공격하거든, 그를 데리고 토라를 배우는 학당으로 가라"(ibid.). 또한 토라는 말하길 '곧 지혜가 네 마음에 들어가며 지식이 네 영혼을 즐겁게 할 것이요 악한 자의 길과 패역을 말하는 자에게서 건져 내리라'(잠 2:10, 12)(야베쯔[Yaavetz]).

이토록 토라를 배우는 것을 의지하는 것이 '세 가지를 기억하라'(3:1)는 아카브야 벤 마할렐의 엄숙한 권면보다 우선한다. 현자들이 말하길,

"사람은 항상 그의 악한 성향에 대항하여 항상 좋은 성향을 세워야 한다...(중략) 이 정도면 충분하다 생각지 말고 토라를 배워야 하며...(중략) 이 정도면 충분하다 생각지 말고 슈마[Shuma]를 암송해야 한다." 이후에, "그 어떤 방법도 소용이 없다면" "그는 그의 죽는 날을 마음에 새겨야" 한다(버라호트[Berachos] 5a). 악한 성향을 물리치기 위해 처음에는 토라를 배우고 선행에 헌신해야 한다. 그럼에도 불구하고 악한 성향이 당신을 파고들면, 그때에 아카브야 벤 마할렐의 조언을 기억하고 인생의 마지막 종착지에 대하여 심사숙고해야 한다.

우리의 몸과 마음을 지켜주는 토라의 보호는 부제사장이었던 랍비 하난야의 진술에서 강조되어 있다. '어떤 사람이 토라의 말씀을 마음에 새기면, 그는 전쟁과 굶주림을 걱정하지 않을 것이다. 어리석음을 염려하지 않는 자는 악한 것을 생각할 것이요, 그의 생각은 악한 성향에게 이끌릴 것이며, 결혼한 여자와 헛된 것들에 마음을 빼앗기고 핍박과 탄압을 걱정하게 될 것이다'(아보트 데랍비 노쏜[Avos Derabbi Nosson] 20:1).

토라를 배우는 것은 우리를 죄악의 길로 빠지지 않도록 지켜줄 뿐만 아니라 압제자가 우리의 어깨 위에 지우는 멍에를 벗기기까지 한다. 무릇 사람이란 자기중심적인 경향이 있다. 그 누구도 외부와 단절된 섬과 같지 않으며, 모든 사람이 거대한 대륙의 일부와 같다는 것을 깨닫게 되는 순간이 바로 죽음을 눈앞에 둔 때가 될 수도 있다. 이 구절의 첫 부분에 나온 대로, 정부가 폭정을 일삼아 죽음의 사자가 우리를 찾아오게 될 수도 있다.

그럼에도 불구하고 사람들이 서로 조화를 이루는 또 다른 길이 있다.

바로 함께 모여 토라를 배움으로써 친밀한 관계를 이루는 것이다. 토라를 배우리라는 하나의 목표를 가지고 두 사람이 서로 마주앉을 때, 토라의 말씀이 절대로 끊어지지 않는 끈이 되어 두 사람을 하나로 묶어서 이어 줄 것이다. 그 유대감은 하나님의 임재가 그들 가운데에 있게 될 때까지 사랑과 우정으로 성장한다.

**만약 두 사람이 함께 앉아 있고,
그들 사이에 토라의 말씀이 없다면,
성경에 쓰인 바와 같이 그것은 오만한 자의 자리다.**

현자들의 가르침에 따르면, 오만한 자는 하나님의 임재를 경험하지 못한 네 부류의 사람들 중에서도 가장 최악의 부류라고 한다(쏘타[Sotah] 42a).

랍비 하난야가 '오만한 자들'에 대하여 유일하게 부정적으로 말한 것은 그들이 토라를 토론하지 않는 것에 대한 것이었다. 이것은 그들에게 토라를 토론하는 것이 허용되어 있다는 것을 암시하는 것이다. 그들은 남을 모함하거나 토라를 조롱하지도 않으며, 비웃는 말을 입에 담지도 않는다.

그렇다면, 무엇이 그들을 오만한 자로 만드는가?

라베이누 요나는 이에 대해 두 종류의 오만한 자가 있다고 해석한다.

첫 번째 부류는 다른 사람들을 조롱하고, 귀한 가치를 모욕하며, 냉소적인 태도로 영적이고 거룩한 목표를 거부하는 자다. 이런 사람들은 '무례하고 교만한 자를 이름하여 망령된 자라 하나니 이는 넘치는 교만으로 행함이니라.'(잠 21:24)는 것이 적용된다.

하지만 또 다른 종류의 오만한 자가 있는데, 바로 시간을 헛되이 사용하고 자기 인생을 낭비하는 자다. 이런 사람은 악한 일을 저지르는 것은 아니지만, 역시 오만한 자로 여겨진다. 토라를 가치 있게 여기지 않는다는 것이 그의 행동에서 나타나기 때문에 토라에게 그 이상의 더 큰 모욕은 없다.

바로 이런 이유로 현자들은 '여호와의 말씀을 멸시하고.'(민 15:31)라는 가르침은 토라를 배울 수 있음에도 배우지 않는 자를 일컫는 말이라고 한 것이다(얄쿠트 쉬모니[Yalkut Shimoni], 셀라[Shelach] 749). 하시드 야베쯔[Chassid Yaavetz]는 이런 부류의 오만한 자를 왕의 금고에 들어간 사람에 비유했다. 왕이 보물이 가득한 자기 창고에 그를 들여보내 한 시간 동안 원하는 만큼의 금화와 보석을 챙길 수 있도록 허락하였음에도, 그 '황금 같은' 기회를 낭비하고 그저 황홀한 보석들 사이에 앉아 시간을 죽이며 앉아 있는 사람 말이다. 이런 사람이 바로 자기 인생 일대의 귀중한 기회를 경멸하는 오만한 자이다.

앉아서 토라를 나누는 두 사람들의 사이에는 하나님께서 임재하시므로, 그들이 토라 학자일 필요는 없다. 그저 마주 앉아 토라를 나누는 것이면 된다. 그 대화가 철학적이고 복잡하지 않아도 상관없다. 랍비 오바디야 스포르노[R' Ovadiah Sforno]는 이에 더하여 말하길, 그들이 토라의 말씀만을 전적으로 나누지 않더라도, 즉 그들이 잠깐 토라의 말씀을 나누는 정도라 하더라도 하나님께서 그들 중에 임재하신다고 말하고 있다.

성경에 쓰인 바와 같이 그것은 오만한 자의 자리다.
'오만한 자들의 자리에 앉지 아니하고'(시 1:1)

이 구절의 어법은 다소 특이하다. 그저 단순하게 '그들이 토라를 배우지 않으면'이라고 하거나, '그들이 토라에 속하지 아니하면'이라고 하지 않고, '그들 사이에 토라의 말씀이 없다'면(직역하면 '두 사람이 앉았으며 그 중에 토라의 말씀이 없으면' – 역자 주)이라는 어법을 사용하고 있는 것이다.

이것은 혼자 토라를 배우는 것으로는 충분하지 않다는 것을 암시하고 있다. 두 사람이 반드시 토라의 말씀을 나누어야 한다는 것이다. 그렇지 않으면, 그들은 서로 마주 앉아서도 그저 각자 자기의 생각에 몰두하며, 서로 대화에 관심을 두지 않을 것이고, 서로 친교를 나누지 않게 될 것이다. 그 이유인즉, 두 사람이 모두 '오만한 자'이기 때문인데, 곧 두 사람은 서로를 하찮게 여기며 상대방에게서 아무것도 배울 필요가 없다고 과소평가한다는 것이다(미드라쉬 슈무엘[Midrash Shmuel], 루아흐 하임[Ruach Chaim], etc.).

이런 점에 비추어 랍바 바르 바르 하나[Rabbah bar bar Channah]는 '나무 한 조각만으로 불을 피울 수 없듯이, 토라의 말씀도 고립된 개인에게서는 지탱될 수 없다'(타니스[taanis] 7a)고 했다.

코츠크의 랍비 메나헴 멘델은 랍비 하난야의 말을 교훈적인 의미로 받아들여 다음과 같이 해석하고 있다. 만약 두 사람이 앉아 있고, 그들이 스스로 '아무것도 아니다'라고 생각한다면, 즉 두 사람 모두가 자기 자신을 상대보다 낫다고 여기지 않는다면, '그들 사이에 토라의 말씀이 있다'는 것을 의미한다.

하지만 두 사람이 서로 오만하여, 자기 자신이 '바로 그 사람'(הרי), 즉 자기 자신만을 생각하여 스스로를 중요한 사람이라고 생각하면, 바로 오만한 사람의 자리에 있다는 것이다(에메트 미코쯔크 티쯔마흐[Emes Mikotzk Titzmach], 641, 마야노트 하네짜크[Mayanos Hanetzach]를 인용).

마찬가지로, 보르키의 랍비 메나헴 멘델은 이 구절을 다음과 같이 읽는다. '만약 두 사람이 앉아있고 거기에는 ....이 없다' 만약 그 두 사람이 서로 사랑하는 동료로서 자리에 함께 앉아있고, 그들 사이에 그 어떤 허물도 없다면, '토라의 말씀은 그들 사이에 있다.' 이 사실 하나만으로도 우리가 토라의 가르침을 배워야 하는 이유는 충분하다(시아흐 사르페이 코데쉬[Siach Sarfei Kodesh], 보르키의 랍비 메나헴 멘델[R' Menachem Mendel of Vorki]을 인용, 미마야남 쉘 아보트[Mimayanam shel Avos], 사디거의 에드모르[Admor of Sadigur]의 이름으로 기록된 프'니네이 아보트[P'ninei Avos]의 말씀을 인용).

> 만약 두 사람이 함께 앉아 있고, 그들 사이에 토라의 말씀이 있다면,
> 성경에 쓰인 바와 같이 신적 존재가 그들 사이에 임재한다.
> '그때에 여호와를 경외하는 자들이 피차에 말하매
> 여호와께서 그것을 분명히 들으시고
> 여호와를 경외하는 자와 그 이름을 존중히 여기는 자를 위하여
> 여호와 앞에 있는 기념책에 기록하셨느니라(말 3:16)'

현자들은 22,000명 이상의 유대인이 모이는 자리가 아니면 하나님께서 임재하지 않으신다고 가르친다(광야에서의 레위인의 장막에 있던 유대인들의 수, 예바모트[Yevamos] 64a). 더 나아가 이 장에서 어떤 구절은 하나님께서 '앉아서 토라를 배우는 열 명의 사람'에게 임재하신다고 가르치며, 그 다음에는 다섯 명, 세 명, 두 명, 심지어 한 명의 유대인이 있더라도 그 자리에 하나님께서 임재하신다고 가르친다(3:6).

하지만 하나님의 임재에 대한 다양한 단계가 있기 때문에 위 구절들이 모순된 것은 아니다. 모든 조건이 그대로라면, 더 많은 유대인들이 모여서 하나님의 말씀을 지킬수록, 하나님의 더 큰 임재를 체험할 더 많은 기회가 있다는 것이다.

하나님의 거룩하심은 사람의 수가 많지 않을 때, 두 명이나 심지어 한 명만 있을지라도 나타날 수 있다. 이런 상황에 있는 사람은 하나님의 섭리에 의해 축복을 받은 것으로, 하나님과 직접 소통하는 것을 느끼게 된다. 하나님과 그분의 토라에 접붙임을 받은 바 되어 하나님께서 그에게 임재하신다는 것이다. 하지만 더 많은 사람들이 모임으로써 얻을 수 있

는 체험과 비교하면, 이런 체험은 하나님의 가려진 계시에 불과하다.

야곱이 이집트로 내려갔을 때, 하나님께서는 '내가 너와 함께 애굽으로 내려가시겠고(창 46:4)라고 말씀하셨다. 하지만 이것이 현자들의 주석과 함께 받아들여지는 것은 어려워 보인다. 현자들은 당시 이집트는 우상으로 가득한 나라였으므로 하나님께서 그 자리에 임재하시지 않으셨을 것이라고 전하고 있다(셰모트 라바[Shemos Rabbah] 12:5).

랍비 하임 이븐 아타르(R' Chaim ibn Attar, 거룩한 '오르 하카임'으로도 불림)는 이를 하나님의 존재의 무한한 수준의 숫자가 있다는 것을 가르침으로써 설명한다. 즉 시내산 그 다음으로 성전, 예언적 경험, 회당, 토라를 배우는 학당, 토라를 배우는 열 명의 사람, 기도하는 열 명의 사람 순으로 하나님의 임재를 체험할 수 있다는 것이다. 뿐만 아니라 하나님의 길을 걷고 그분의 토라를 배움으로써 스스로를 정결케 할 때, 마치 이집트에서 야곱에게 하나님께서 임재하셨던 것과 같이 하나님께서는 단 한 사람에게도 임재하실 수 있다는 것이다.

**이 구절로부터 우리는 두 사람에 대해 오직 이것을 알 수 있을 것이다.
만약 한 사람이 앉아서 토라에 열중하고 있다면,
거룩하시고 복 받으실 그 분이 그를 위한 보답을
결정하실지를 어떻게 우리가 알 수 있는가?
성경에 쓰인 바와 같기 때문이다.
'혼자 앉아서 잠잠할 것은 주께서 그것을 그에게 메우셨음이라(애 3:28)'**

랍비 하난야 벤 트라드욘은 두 사람이 함께 앉아 토라의 말씀을 나눌 때, 하나님께서 그들 중에 임재하시는 보상을 받는다고 설명한다.

그는 여기서 말라기 3장 16절을 그 근거로 제시하는데, 이 구절은 두 사람이 토라와 하나님 나라를 경외하는 것에 대하여 토론한다면, 하나님께서 그들의 말을 들으시고 그들의 이름을 하나님을 경외하는 자들을 기록하는 특별한 책에 기록하시고 그들을 그분의 앞으로 부르신다는 것이다.

그렇다면 그들 중에 하나님께서 임재하시는 것만이 그들이 받을 보상의 전부인가? 다른 구절은 '이것을 사람이 이 세상에서 과실로 먹을 것이며 장차 올 세상에서도 충분히 남으리라. 토라를 공부하는 것은 이 모든 것과 같다'(피크[Peak] 1:1)라 전하고 있다. 그렇다면 토라를 나눔으로써 얻을 약속된 보상은 어디에 있는 것인가?

또한 랍비 예후다 하나시는 '보는 눈과 듣는 귀, 네 모든 행동이 기록될 책'이 있다고 가르친다(2:1). 이처럼 모든 인류의 모든 행동이 보이고 들리며 또 기록된다면, 위 구절에서는 왜 특별히 '하나님을 경외하는 자들'을 언급하고 있는 것일까?

그 대답은 이 구절의 문맥 속에서 찾을 수 있다.
첫째, 말라기 선지자는 '이는 너희가 말하기를 하나님을 섬기는 것이 헛되니 만군의 여호와 앞에서 그 명령을 지키며 슬프게 행하는 것이 무엇이 유익하리요 지금 우리는 교만한 자가 복되다 하며 악을 행하는 자가 번성하며 하나님을 시험하는 자가 화를 면한다 하노라 함이라'(말 3:14-

15)와 같이 말하는 사람을 위에서 인용하고 있다.

다르게 표현하자면, 저들은 원하는 만큼 죄를 짓고도 하는 일마다 잘된다는 것이다. 즉 그들은 하나님이 그들을 심판하시는지 하지 않으시는지 자신의 행위로 하나님을 시험하였지만, 그들은 하나님의 징계를 피했다.

그러나 마지막 날에, 모든 것이 변하고 하나님을 경외하는 자들이 가장 높은 자리로 가게 될 때에, 사람들은 크게 놀라며 "저 의인은 어찌 저렇게 놀랍도록 큰 보상을 받는다는 말인가?"라고 말할 것이다.

그 답은 무엇인가? 바로 모든 사람들이 '하나님을 섬기는 것은 헛된 일'이라 외칠 때에도 '하나님을 경외하는' 사람들은 이런 세대를 거부하였기 때문이다. 이 사람들은 어떻게 하면 하나님을 더욱 힘을 다하여 섬길 수 있는지를 모여서 논의했고, 토라의 말씀을 나누는 것을 계속했다. 하나님께서는 그들이 말하는 것을 보시고 그 이름을 기념 책에 기록하셨다가, 후에 그들에게 보상을 주시는 것이다. 그리고 지금, 그들이 보상 받을 때가 다가오고 있다.

모든 사람이 하나님을 경외하는 사람에게 돌아올 보상을 바라볼 때, 하나님의 영광은 이를 통해 모두에게 드러난다. 마지막 심판의 때, 이런 의인들의 이름이 기록되는 책인 기념 책이 그분의 앞에서 낭독될 때, 만인이 하나님께서 그들과 함께 하셨다는 것을 알게 될 것이다. 그리고 '하나님을 섬기는 자와 섬기지 않는 자'의 차이를 그때야 알게 될 것이다(말 3:18). 하지만 이 보상은 전적으로 미래에 국한된 것만은 아니다. "그가 보았다"와 "그가 들었다"라는 두 동사를 바탕으로 현자들은 하나님께서 두 사람이 나누는 토라의 말씀을 들으시고, 그 후에 그들의 기도를 들으신다고 가르치고 있다(탄후마[Tanchuma], 에모르[Emor] 16, 루아흐 하임[Ruach Chaim]과 티페레스 이스라엘[Tiferes Yisrael] 참고).

소액의 보수

야베츠(Yaavetz)는 더 나아가 이런 말씀이 하나님을 경외한 자들과 그분의 이름을 깊이 묵상한 자들의 이름만을 기록하는 책에 기록되어 있으며, 실제로 이런 소수의 사람들이 받을 보상이 매우 크기 때문이라고 말하고 있다.

이 사실은 주민들의 대부분이 왕을 적대시했던 도시에 비유할 수 있다. 왕의 신하들 중 한 사람이 그의 주위에 모인 다른 사람들과 반대로 왕의 편을 들었고, 오히려 그의 주위 사람들에게 새로운 삶의 정신을 불어넣어 마침내 그 나라를 구하는데 성공했다. 다시 나라가 안정되었을 때 왕이 그에게 얼마나 고마워했을지는 충분히 상상할 수 있다. 이것이 바로 주위의 모든 사람들이 그들을 방해할 때에도 하나님을 경외하였던 의인들이 받을 보상이다.

특히 이 구절은 랍비 하난야 벤 트라드욘이 살던 시대에 적합했다. 그가 토라를 배우고 가르칠 때, 주위에서는 그에게 '하나님을 섬기는 것은 헛된 것이라'라고 외쳤지만 그는 토라를 배우고 가르치는 것을 멈추지 않았다. 하나님께서 서로 깊이 교제하고 토라의 말씀을 나누기를 멈추지 않는 사람들의 말을 주의 깊게 들으신다는 것을 그는 이미 알고 있었기 때문이다.

혼자서 토라를 배우는 것이 문제가 되지 않는다는 사실 또한 이 구절의 말씀에서 확인할 수 있는데, 이는 이 구절에서 이미 '한 명이라도 앉아' 토라를 배우는 사람을 칭찬하고 있다는 사실에서 알 수 있다. 그렇다면 다른 사람과 함께 토라를 배우지 않는 사람을 비방하는 현자들의 수많은 말씀들은 위 구절과 어떻게 조화를 이룰 수 있는가? 이에 대해, 우리는 위 현자들의 말씀이 스스로 토라를 배우기를 마음먹지 않고 상황에 의해 어쩔 수 없이 토라를 배우는 사람에 대해 말하고 있다고 보아야 한다.

잠잠히 토라를 배우라

추가적인 질문에서 랍비 하난야가 인용한 구절은 '잠잠히' 앉아 토라를 배우는 사람을 칭송하고 있다. 하지만 현자들은 우리가 배운 것을 목소리 높여 외치고 가능한 크게 말하며 배우라고 하고 있는데 어떻게 그럴 수 있는가?

탈무드는 랍비 엘리에제르 벤 야코브의 한 제자에 대한 교훈 이야기를 전하고 있다. 이 제자는 '잠잠히 앉아 공부하였다가 3년 후에는 그가 배운 모든 것을 잊어버렸다.'(ibid.) 슈무엘 역시 랍비 예후다에게 "배울 때 그 입을 여는 자는 복이 있나니 토라가 그의 손에 오래도록 남을 것이다. 기록된 바 '(이 말은)그것은 얻는 자에게 생명이 되며'(잠 4:22)라고 함과 같다. '그것을 얻는 자에게'(아이'厶쩨이헴[I'motzeihem])라 읽지 말라. '그것을 말로 표현하는 사람에게'(아이'모쩨이'에이헴[I'motzei'eihem])라 읽을지어다." 라고 말했다.

람밤은 이에 더하여 "토라는 소리 높여 배우는 자에게 오래 남아 있으리라. 속삭이며 배우는 자는 빠른 시간에 그것을 잊을 것이다."라고 전한다(탈무드 토라[Talmud Torah] 3:12, 슐한 아루흐[Shulchan Aruch], 요레 디아[Yoreh Deah] 246:22를 참고하라).

이에 비추어볼 때, 람밤과 바르테누라의 랍비 오바댜는 이 구절에서 인용되는 토라의 말씀이 완전한 침묵을 의미하는 것이 아니라 '세미한 소리'(열왕기상 19:12)를 인용하여 이와 같이 부드럽게 말한 것이라고 해석한다.

메이리는 다른 견해를 제시한다. 그는 '바이디옴'(וידום)을 '침묵'이라는 의미가 아닌 '찬양'으로 해석하고 있다. 예루샬미(Yerushalmi)가 '아론이 잠잠하니'(레 10:3)라는 구절을 '아론은 찬양했다'라고 해석한 것과 마찬가지이다. 즉 홀로 앉아 토라를 배우고 하나님을 찬양할 때, 마치 토라 전체가 그 사람을 위해서 주어진 것과 같이 보인다는 것이다.

반면, 티페레트 이스라엘[Tiferes Yisrael]은 '침묵'을 '고요한, 평온한'으로 번역한다. 즉 토라를 혼자 배워야만 하는 경우가 생긴다 하더라도 마음이 고요하고 평안해야 하며, 이런 학습 또한 하나님의 보상의 가치가 있다는 것을 알고 있어야 한다는 것이다.

그러나 라베이누 요나와 라쉬는 이 구절을 문자 그대로 번역하여 이 단어가 완전한 침묵을 뜻한다고 설명했다. 그들의 설명에 따르면 이 구절은 토라를 배우는 방법이 어떠하든 보상을 받을 만한 가치가 있으며, 선한 생각을 마음에 품는 것만으로도 이미 소리 내어 말한 것과 같다는 가르침을 전해주고 있는 것이다. 아마도 이것은 큰 소리를 내며 공부하는 것이 위험했던 박해의 시대에 토라를 학습한 방법의 의미에 대해 언급했다고 볼 수 있을 것이다.

마하랄과 다른 현자들은 두 사람이 토라를 배우는 것과 한 사람이 토라를 배우는 것의 보상이 다르다고 설명한다. 두 사람이 토라를 배우면 시끄러이 내어 말을 하는 반면, 혼자서 토라를 배우면 토라를 소리 내어 말하지 않으므로 토라를 그저 내적인 잠재력으로만 남겨지고 현실로 이끌어내지 못한다는 것이다.

요하난과 레이쉬 라키쉬[Yochanan and Reish Lakish]

이 구절이 가르치는 중요한 관점은 두 가지다. 하나는 모든 상황 속에서 토라를 배워야 한다는 것이며, 다른 하나는 다른 사람과 함께 토라를 배워야 한다는 것이다.

함께 토라를 배우는 것의 좋은 예로는 수없이 탈무드를 나눈 랍비 요하난과 레이쉬 라키쉬의 사례를 들 수 있다.

그들의 위대한 친교는 어떻게 시작되었을까? 현자들의 말(바바 메찌아 [Bava Metzia] 84a)에 따르면, 언젠가 랍비 요하난이 요단강에서 목욕을 하고 있을 때, 레이쉬 라키쉬(그때 그는 도적무리의 대장이었다)가 강둑으로 와 요단강으로 뛰어들었다고 한다.

요하난은 그에게 말하였다. "당신의 힘을 토라를 위해 헌신하는 데에 사용해보시오." 그 말을 시작으로 두 사람은 대화를 시작했고, 마침내 랍비 요하난이 그를 토라를 배우는 자리에 초대하는 데에까지 이르렀다. 요하난은 레이쉬 라키쉬에게 토라를 배우는 대신 자기 여동생과 결혼을 시켜주겠다고 약속했다.

처음에는 랍비 요하난이 레이쉬 라키쉬를 가르쳤다. 그러나 시간이 흐른 후, 레이쉬 라키쉬는 스스로 토라에 대한 자기 의견을 세우기 시작했고 그는 심지어 종종 랍비 요하난과 토론을 하기에 이르렀다. 이런 방법으로 두 사람이 수년간 토라를 함께 배우던 어느 날, 검이나 단검과 같은 철제 도구의 불결함을 제거하는 의식도구에 대한 의견이 분분했다.

랍비 요하난은 말하길 '철기가 마지막으로 용광로에서 나올 때 불결해지기 쉽다'고 말한 반면, 레이쉬 라키쉬는 '철제 도구들이 용광로에서 나오자마자 차가운 물에 식히므로 괜찮다'고 주장했다. 레이쉬 라키쉬의 견해를 인정하며, 랍비 요하난은 유머스럽게 말했다. "무기를 경험해본 도적은 아마 나보다 더 많이 알고 있을 것이네." 랍비 요하난은 그가 자신의 불미스러운 과거까지도 토라를 배우는 데에 사용하였음을 칭찬한 것이었다.

그러나 레이쉬 라키쉬는 그가 자신의 과거를 질책하고 무시하는 것으로 느꼈다. 그는 날카로운 반응을 보였고, 랍비 요하난은 이를 그가 이전의 삶을 떠나도록 설득했음에도 감사할 줄 모른다는 의미로 해석하고 날카롭게 반응했다(마하르샤[Maharsha] ibid.를 참고하라).
랍비 요하난은 마치 그가 지금까지 레이쉬 라키쉬에게 해왔던 모든 것들이 헛것으로 돌아가버린 것처럼 크게 흥분했다. 랍비 요하난을 이토록 슬프게 한 일로 인해 레이쉬 라키쉬는 하늘로부터 징계를 받아 세상을 떠났다.

그가 세상을 떠나자 랍비 요하난은 위로를 얻지 못했다. 그가 슬퍼하는 것을 본 현자들은 그에게 당대의 뛰어난 토라 학자인 랍비 엘라자르 벤 페다스[Elazar ben Fedas]를 제자로 보냈다. 두 사람은 함께 토라를 연구하게 되었는데, 랍비 요하난이 토라에 대한 자신의 견해를 말할 때마다 랍비 엘라자르는 항상 그의 견해를 뒷받침하는 말씀을 들며 그를 지지했다. "맞습니다. 브라이사가 선생님의 주장을 지지하고 있습니다." 이러면서 그는 랍비 요하난의 해석이 옳다는 증거를 인용하였다.

결국 랍비 요하난은 이렇게 말하였다. "네가 여기에 온 이유는 무엇인가? 내가 옳다고 말하려고 온 것인가? 내가 옳다는 것을 내가 모르겠는가? 이렇게 하면 네가 레이쉬 라키쉬를 대신할 수 있다고 생각하는가? 레이쉬 라키쉬는 내가 의견을 내는 족족 24번이나 반박을 했고, 나는 그에 24번이나 답해야 했다네. 그 주제를 완전히 깨끗하게 끝낼 때까지 말일세."

그리고 나서 랍비 요하난은 "레이쉬 라키쉬, 어디에 있느냐? 대체 어디에 있단 말이냐?"라고 소리 높여 울었다. 랍비 요하난은 정신이 나갈 때까지 이 말을 계속 했고, 결국에는 주위의 랍비들도 그가 어서 세상을 떠나기를 기도하기까지 했다고 한다. 랍비 요하난은 함께 배우는 친구, 레이쉬 라키쉬가 없이는 살 수 없었던 것이다.

미쉬나 4절   משנה ד

רַבִּי שִׁמְעוֹן אוֹמֵר,
שְׁלֹשָׁה שֶׁאָכְלוּ עַל שֻׁלְחָן אֶחָד וְלֹא אָמְרוּ
עָלָיו דִּבְרֵי תוֹרָה, כְּאִלּוּ אָכְלוּ מִזִּבְחֵי מֵתִים,
שֶׁנֶּאֱמַר (ישעיה כח:ח), כִּי כָּל שֻׁלְחָנוֹת מָלְאוּ קִיא
צֹאָה בְּלִי מָקוֹם.
אֲבָל שְׁלֹשָׁה שֶׁאָכְלוּ עַל שֻׁלְחָן אֶחָד וְאָמְרוּ עָלָיו
דִּבְרֵי תוֹרָה, כְּאִלּוּ אָכְלוּ מִשֻּׁלְחָנוֹ שֶׁל מָקוֹם בָּרוּךְ
הוּא, שֶׁנֶּאֱמַר (יחזקאל מא:כב), וַיְדַבֵּר אֵלַי זֶה הַשֻּׁלְחָן
אֲשֶׁר לִפְנֵי יְהוָה:

랍비 쉬므온은 말한다:

만약 세 사람이 같은 상에서 먹고 그 곳에 토라의 말씀이 없다면, 성경에 말한 바와 같이 그것은 그들이 죽은 우상들을 위한 제물들을 먹는 것과 같다.

'모든 상에는 토한 것, 더러운 것이 가득하고 깨끗한 곳이 없도다'(사 28:8).

그러나 만약 세 사람이 같은 상에서 먹고 그 곳에서 토라의 말씀을 말하고 있었다면, 성경에 말한 바와 같이 그들은 마치 편재하시는 분의 상으로부터 먹은 것과 같다.

'그가 내게 이르되 이는 여호와의 앞의 상이라 하더라'(겔 41:22).

미쉬나 4절

랍비 쉬므온은 말한다.

탈무드에서 언급되는 '랍비 쉬므온'은 탄나임의 4세대 유명한 랍비이자 거룩한 조하르(The Holy Zohar)의 저자인 쉬므온 바르 요하이(R' Shimon bar Yochai)를 일컫는 것이다.

랍비 쉬므온 바르 요하이는 어렸을 때부터 야브네에서 토라를 배웠다고 전해진다. 탈무드에 따르면, 그 곳에서 그는 저녁 기도가 반드시 의무적인 것인가에 대하여 질문했고, 이 질문은 의장이었던 랍반 감리엘과 의장(아브 베이트 딘[av beis din])이었던 랍비 여호수아 간의 논쟁을 불러일으키기까지 했다고 한다(베라호트[Berachos] 28a).

후에 랍비 쉬므온은 랍비 아키바가 24,000명의 제자들이 죽은 후에 새로 가르친 유명한 다섯 제자들 중 한 사람이 되었다. 이 다수의 제자들은 서로를 존중하지 않음으로 인해 짧은 기간 동안 모두 죽게 되었는데, 이 비극으로 인해 토라의 지식이 후세에 거의 전수되지 못하는 지경에까지 이르게 되었다. 탈무드는 이때를 '랍비 아키바가 남쪽으로 향하여 우리 랍비들에게 토라를 가르치기 전까지는 세상이 황폐했다'고 말한다(예바모트[Yevamos] 62b). 랍비 쉬므온 외에 다른 다섯 제자로는 랍비 메이어, 랍비 예후다, 랍비 요시, 그리고 랍비 엘라자르 벤 샤무아가 있다(ibid. 12, 버레이쉬트 랍바[Bereishis Rabbah] [61:1]는 일곱 명의 제자를 말하고 있다).

랍비 하난야 벤 카키나이(R' Chnina ben Chachinai)와 함께 랍비 쉬므온은 13년간 랍비 아키바의 문하에 있었으며(바이크라 랍바[Vayikra Rabbah] 21:8, 케투보트[Kesubos] 62b를 함께 참고하라), 랍비 아키바를 그의 스승으로 생각하였다. 쉬므온은 자신의 제자들에게도 "나의 토라를 배우라, 내 모든 가르침은 랍비 아키바로부터 나온 것이다"라고 말했다고 한다(기틴[Gittin] 67a).

랍비 아키바가 토라를 가르쳤다는 이유로 로마에 체포된 이후에도 랍비 쉬므온은 감옥에까지 찾아가 그에게 토라를 계속 배우고자 했다. 랍비 아키바는 위험하다는 이유로 이를 만류하였으나, 랍비 쉬므온은 아키바에게 마음을 돌릴 것을 간청했고, 결국 그도 마음을 돌렸다(페샤힘[Pesachim] 112a).

랍비 아키바를 크게 존경하였음에도 불구하고, 랍비 쉬므온은 가끔 그의 가르침에 동의하지 않았고 스승과 토론을 하기도 했다(로쉬 하샤냐[Rosh Hashanah] 18b를 참고, 그러나 비르케이 요세프[Birkei Yosef]는 이것을 전설로 보고 있다. 요레 디아[Yoreh Deah] 242:3]). 랍비 아키바가 세상을 떠난 후, 랍비 쉬므온은 자신이 스승과 논쟁했던 것을 두고 그를 충분히 공경하지 못했다고 생각했다. 이를 두고두고 후회한 그는 많은 날을 금식하며 보냈고 이로 인해 그의 이가 검어지기까지 했다(나지르[Nazir] 52b, 토사포트[Tosafos], 탄리아[Tanria]를 참고하라).

랍비 쉬므온의 할라카적인 가르침은 그 영향력이 방대하여 그의 가르침의 대부분이 그의 저작으로 받아들여지지 않았다. 탈무드는 민수기와 신명기 시프레이[Sifrei]에서 익명으로 된 기록은 랍비 쉬므온의 것이라고 가르친다(산헤드린[Sanhedrin] 86a).

랍비 아키바는 자신의 다섯 제자(랍비 쉬므온도 여기에 포함되어 있었다)를 랍비로 임명(혹은 세미카[semichah], 랍비로 임명하는 것 – 역자 주)하기도 전에 순교했다. 로마법에 따르면, 서로를 랍비로 임명하는 것은 사형으로까지 다스릴 수 있었으며, 랍비 임명이 이루어진 그 근처 구역까지 뿌리째 뽑힐 수 있었다. 그리고 그 지역은 거의 절멸에 가까울 정도로 파괴됐다. 그럼에도 불구하고, 현자들의 정신은 이에 굴하지 않았고, 탄나 중 연장자였던 랍비 예후다 벤 바바[R' Yehudah Ben Bava]는 자기의 목숨을 담보로 이 위대한 현자들을 랍비로 임명했다.

랍비 예후다 벤 바바는 웃사[Usha]와 사라팜[Sarafam] 사이에 사람이 살지 않는 지역으로 가서 랍비들을 임명함으로써 무고한 사람들이 처벌을 받지 않도록 했고, 그곳에서 랍비 아키바의 다섯 제자들을 랍비로 임명했다. 로마인들은 이들이 랍비로 임명됐다는 소식을 들었고, 현자들을 뒤쫓기 위해 군대를 보냈다. 랍비 예후다 벤 바바는 그들이 온다는 것을 알아차리고 이제 새로 임명을 받은 랍비들에게 말했다. "내 아들들아, 도망치거라!" 그러자 그들은 "선생님, 선생님은 도망치지 않으십니까?"라고 대답했다. 그러자 예후다가 말했다. "나는 움직일 수 없는 바위와 같다." 그는 너무 나이가 많아 도망치기에는 몸이 약했다. 그러나 나머지 다섯 랍비들은 유대인들 사이에서 토라를 지킬 책임이 있었으므로, 그들에게 도망치라고 한 것이다.

랍비 예후다가 말한 대로, 다섯 랍비는 그 길로 도망쳤다. 로마 군인들이 도착했을 때, 그들이 발견한 사람은 오직 랍비 예후다 한 명 뿐이었다. 그들은 예후다를 잔인하게 죽인 후 삼백 개의 철창으로 그를 찔렀으며 야만스럽게도 그의 시신을 훼손하기까지 했다(산헤드린[Sanhedrin] 14a).

동굴에서의 13년

랍비 쉬므온 바르 요하이는 많은 기적을 체험했다. 그 중에 가장 유명한 기적은 그와 그의 아들인 랍비 엘라자르[R' Elazar]가 13년 동안이나 동굴에 숨어있던 일이다. 그 시기는 영적인 것에 대한 반항이 절정에 이르렀다.

탈무드(샤보트[Shabbos] 33b)에 따르면, 랍비 아키바의 세 제자(랍비 예후다, 랍비 요시, 랍비 쉬므온)가 함께 예후다 벤 게이림[Yehudah ben Geirim]을 만났다고 한다. 그 자리에서 랍비 예후다는 이렇게 외쳤다. "로마인들이 한 일을 보라! 그 얼마나 칭송받을 만한가! 시장을 만들고, 다리를 만들었으며, 목욕탕을 만들었도다." 랍비 요시는 침묵하였고, 랍비 쉬므온은 이에 "그들이 한 일이 무엇이든 간에, 그들은 단지 그들을 위하여 만든 것들이 아닌가."라고 반박했다.

예후다 벤 게이림은 별 악의 없이 이 대화를 자기 제자들에게 말했다(혹자는 그의 동료에게 말했다고 한다, 라쉬[Rashi]). 결국 이 말은 로마 정부에까지 들리게 됐다. 이에 로마는 랍비 예후다가 그들을 찬양했다는 이유로 그를 높여주고, 랍비 요시는 침묵하였기에 그를 찌포리[Tzipori]로 유배를 보냈으며, 랍비 쉬므온은 그들을 비판하였다는 이유로 사형을 결징했다.

처음에 랍비 쉬므온과 그의 아들 랍비 엘라자르는 학당에 숨어 있었지만, 로마인들의 추격이 극심해졌고 결국 광야에 있는 어느 동굴로 향하게 되었다. 그 동굴에서는 캐럽 나무 세 그루와 함께 샘이 솟아나고 있었다. 이것은 기적이라고 밖에는 표현할 수 없는 일이었다. 아버지와 아들은 그 곳에서 12년간 토라를 공부했다. 세월이 흐른 후, 엘리야후 하나비[Eliyahu Hanavi]가 동굴 입구로 찾아와 "누가 바르 요하이[Bar Yochai]가 죽었고 그의 법령이 무효화되었다고 말해 줄 것인가?"라고 말했다.

그 말을 들은 랍비 쉬므온과 그의 아들은 그제서야 동굴에서 나왔다. 밭을 갈고 있는 농부를 본 그들은 사람들이 영적인 세계를 무시하고 스스로 육체적인 세계에 몰두하고 있는 것을 보고 충격을 받았다. 그리고 그들이 거룩한 눈으로 보는 것마다 모두 불에 타서 재가 되었다.

그때 하늘에서 음성이 들려왔다. "너는 나의 세상을 파괴하러 왔느냐? 다시 동굴로 돌아가라!" 그러자 그들은 동굴로 다시 돌아와 그 곳에서 12개월을 더 머물렀다. 그리고 그들은 "악인들은 게힌놈에서 심판을 받으리라. 그러나 그 심판은 열두 달을 넘기지 않으리라."라고 선포했다. 그러자 하늘에서 또 다시 "동굴에서 나오라!"라는 목소리가 들려왔다. 하지만 이번에도 상황은 변하지 않았다. 랍비 엘라자르가 보는 모든 것마다 불에 타버렸다. 하지만 랍비 쉬므온은 불탄 것들을 회복시켰다.

그 다음 그들은 길을 가다가, 도금양 나무 두 가지를 한 아름 들고 어디론가 뛰어가는 한 노인을 만났다. 그들이 노인에게 왜 나뭇가지를 들고 가는지 묻자, 노인은 이렇게 대답했다. "안식일을 맞을 준비를 하고 있습니다."

"하지만 굳이 두 개가 필요한 이유가 있습니까? 하나면 되지 않습니까?" 그러자 노인이 대답했다. "하나는 '안식일을 기억하라'는 계명을 지키기 위한 것이고, 또 하나는 '안식일을 지키라'는 계명을 지키기 위한 것입니다." 랍비 쉬므온은 이 답을 듣고 아들에게 말했다. "유대인들이 하나님의 계명을 얼마나 사랑하는지 보라." 그러자 그들의 마음은 평안을 되찾았다. 그것은 우리 미쉬나의 주제가 되었다. 즉 먹는 것과 같은 신체적인 활동도 가장 높은 수준의 영성으로 승화시킬 수 있다는 것이다.

기적에 둘러싸인 삶

랍비 쉬므온의 삶은 기적으로 가득 차 있었기 때문에, 로마가 안식일과 할례를 지키고 정결의 법을 지키는 것을 금하였을 때에도 랍비들은 로마 정부의 이 칙령에 반대하는 목소리를 낼 랍비들의 대표자로 그를 지명했다(멜일라[Me'ilah] 17b).

랍비 쉬므온이 도착하자, 벤 타밀리온[Ben Tamiliyon]이라 하는 악마가 황제의 딸의 몸으로 들어갔다. 공주는 악마로 인해 정신이 나가버리고 말았다. 랍비 쉬므온 바르 요하이는 그 악마를 물리쳤고, 황제는 그에게 감사하며 그가 원하는 것이라면 무엇이든 들어주겠다고 말했다. 그 일로 인해 랍비 쉬므온은 황제가 발표한 금지령을 철회시킬 수 있었다.

또 다른 기적은 다음과 같다. 랍비 쉬므온의 제자들 중 한 명이 토라 공부를 그만두고 이스라엘을 떠나 부유하게 됐다. 그 모습을 본 제자들은 그 제자와 같이 되고자 했다. 그러자 랍비 쉬므온은 그들을 데리고 파게이 마돈[Pagei Madon]이라 불리는 골짜기로 데려갔다. 그 곳에서 그는 이렇게 외쳤다. "골짜기여, 골짜기여! 금화로 가득하라!"

그러자 물줄기가 금화가 되어 떨어지기 시작했다. 랍비 쉬므온은 제자들에게 말했다. "금을 원한다면, 원하는 만큼 가져가거라. 하지만 이 하나만은 기억하라. 토라의 보상은 오직 올 세상에서만 받을 수 있으니, 너희가 지금 가져가는 것은 너희가 하늘에서 받을 것들을 미리 가져가는 것이다"(쉐모트 랍바[Shemos Rabbah] 52:3, 버레이쉬트 랍바[Bereishis Rabbah 35:2]를 보라).

현자들 중에서도 으뜸이로다

랍비 아키바는 랍비 쉬므온에게 특별히 큰 관심을 보였으며, 한번은 그에게 "나와 너의 창조주이신 그분께서 네 능력을 알고 계시면, 그걸로 충분하다"(예루샬미 산헤드린[Yerushalmi Sanhedrin] 1:7)고 말했다.

랍비 쉬므온이 뛰어난 능력을 가지고 있었으며, 심지어 현자들 중에서도 뛰어나다는 내용은 탈무드에서 반복적으로 언급되고 있다. 탈무드는 학자들은 하루에 두 번 정도 토라 배움을 잠깐 멈추고 슈마를 암송하지만, 슈모네 에스레이 기도문[Shemoneh Esrei]을 암송하기 위해 배우는 것을 잠깐 중단할 필요는 없다고 가르쳤다. 랍비 요하난은 랍비 쉬므온과 같은 사람들만이 '토라가 천직이다'라고 정했다(샤보트[Shabbos] 11a).

랍비 쉬므온은 스스로 말하길 자신이 받은 엄청난 은혜로 말미암아 그가 온 세상을 향한 하나님의 심판으로부터 사면할 수 있고, 그의 아들 엘라자르와 함께라면 창조의 때부터 그가 사는 날까지의 하나님의 심판으로부터 사면할 수 있으며, 요삼 벤 웃시야후[Yosam ben Uziyahu]와 함께라면 창조의 때부터 세상 끝날 때까지의 하나님의 심판으로부터 사면할 수 있다고 말했다(쑤카[Succah] 45b).

랍비 쉬므온이 사는 날 동안 무지개가 한 번도 뜨지 않았다. 무지개는 이 세상을 다시는 심판하지 않겠다는 하나님의 약속을 상징한다. 랍비 쉬므온이 살아있는 동안은 이 상징이 필요치 않았는데, 이는 그가 받은 은혜만으로도 이 세상을 보호하기에 충분했기 때문이다(버레이쉬트 랍바[Bereishis Rabbah] 35:2, 케투보트[Kesubos] 77b). 그러므로 수 세대 동안 유대인 어머니들이 라바의 권면을 따라 자녀들에게 랍비 쉬므온과 같은 사람이 되리라 축복하였던 것은 전혀 놀랄만한 일이 아닌 것이다(막코트[Makkos] 17b).

랍비 쉬므온 바르 요하이와 조하르

랍비 쉬므온은 메킬타 데라쉬비, (랍비 쉬므온 바르 요하이라는 이름의 첫 글자를 딴 [Mechilta Derashbi])라 이름하는 출애굽기의 브라이토트([braisos], 미쉬나에 속하지 않으나 탈무드가 형성될 때에 미쉬나와 같이 사용된 책 – 역자 주)를 지은 저자이다. 더 나아가, 유대교 신비주의인 카발라의 기초가 되는 저작인 조하르(Zohar) 역시도 그가 저술했다고 한다.

랍비 하임 요세프 도비드 아즐라이[R' Chaim Yosef Dovid Azulai]는 그의 저서 셈 하그돌림[Shem Hagedolim]에서, 마하라 레비간[Mahara

Revvigan]이 1인칭으로 언급하기를 타나의 시대 카발라(유대교 신비주의 – 역자 주)의 최고 일인자는 하바히르[Habahir]를 지은 랍비 네후니아 벤 하카네였으며, 그 후에 랍비 쉬므온이 조하르를 저술했다고 기록된 고대 문헌을 발견하였다고 기록하고 있다고 했다. 문자 그대로 랍비 쉬므온이 조하르를 지었다고 할 수는 없으나, 조하르의 가르침 중 대부분의 기원이 랍비 쉬므온이라고 할 수는 있을 것이다(세대가 끝나고 모든 사람들이 카발라를 잊었으나, 소규모의 뛰어난 현자 집단이 수백 년간 카발라를 지켜왔다). 리쇼님[Rishonim]의 시대에 다시 이것이 발견된 것은 그 후의 일이며, 아리잘[Arizal]의 시대에 많은 양의 자료가 또 발견되었다.

라그 바오메르[Lag B'Omer]

랍비 쉬므온의 사위인 랍비 비느하스 벤 야이르[R' Pinchas ben Yair]는 토라를 주제로 랍비 쉬므온에게 자주 도전하곤 했다고 한다. 동굴에 들어가기 전에는 랍비 쉬므온이 질문을 던지면 랍비 비느하스가 13가지로 대답했다. 랍비 쉬므온이 동굴에서 나오자, 랍비 비느하스는 그의 피부가 주름이 늘고 갈라진 것을 보았다. 그는 울면서 말했다.

"이렇게 되신 것을 보니 마음이 너무나 아픕니다!" 그러자 랍비 쉬므온이 대답했다. "다행히도 너는 나를 보지 않았느냐. 그렇지 않았다면 너는 내게 있는 지혜 그대로를 발견하지 못했을 것이다." 즉, 랍비 쉬므온이 수년 간 동굴에서 세상과 동떨어져 토라를 연구하지 않았더라면 지금과 같은 위대함도 이루지 못했을 것이라는 것이다. 이제 상황이 바뀌어, 랍비 비느하스가 지금까지 그가 혼자 배운 토라에 대해 질문을 하자, 랍비 쉬므온이 24가지의 답을 그에게 말했다.

죽기 직전 랍비 쉬므온 바르 요하이는 위대한 카발라의 비밀들 중 그에게 허락된 것들을 전수해 주기를 원했다고 한다. 그는 죽기 전 모든 가르침을 마칠 수 있었는데 이를 위해 기적이 일어났다. 바로 그의 가르침이 끝나기까지 해가 지지 않았고 랍비 쉬므온 바르 요하이가 세상을 떠나자 그제야 해가 졌다고 한다.

유월절로부터 33일 째 되는 날을 바로 라그 바오메르(조하르[Zohar], 하'아지르임[Ha'azirm], 유월절부터 칠칠절까지의 7주간을 오메르라 한다 - 역자 주)라 하는데, 곧 전 세계의 모든 유대인들이 기념하는 날이다. 이 날, 랍비 쉬므온이 생애 마지막 날에 그의 가장 위대한 신비함을 계시했기 때문에, 유대인들은 이것을 기쁨으로 기념한다. 그러므로 라그 바오메르는 오메르 기간의 어두운 분위기로부터 자유로운 날이 되는 것이다.

힐룰라 드라슈비([Hilula D'Rashbi], 랍비 쉬므온 바르 요하이의 기념일)라고도 불리는 이 날은 이스라엘 땅의 특별히 생기가 가득한 날이며, 수만 명의 사람들이 메론에 위치한 랍비 쉬므온의 묘지로 찾아가 기도하고 또 기뻐한다. '이스라엘 땅에서는 라그 바오메르 날에 랍비 쉬므온 바르 요하이와 그의 아들 랍비 엘라자르의 묘지로 가는 전통이 있다.'(슐한 아루흐[Shulchan Aruch]의 아테레트 제케이님[Ateres Zekeinim], 오라흐 하임[Orach Chaim] 493) 더 나아가 이 기간 중에는 그를 찬미하는 노래인 바르 요하이[Bar Yochai], 님샤흐타[Nimshachta], 아슈레카[Ashrecha], 요하이의 아들, 기름부음 받은 자여, 축복받았도다)를 부른다.

랍비 쉬므온은 아들로 랍비 엘라자르를 두었는데, 바로 랍비 예후다 하나시의 스승이다(샤보트[Shabbos] 147b, 에이루빈[Eiruvin] 91b). 랍비 쉬므온의 딸로부터 난 아들이 바로 랍비 유단[R' Yudan]으로, 그 역시도 뛰어난 토라 학자였다고 전해진다(예루샬미 키두쉰[Yerushalmi Kiddushin] 1:7).

만약 세 사람이 같은 상에서 먹고 그 곳에 토라의 말씀이 없다면

랍비 쉬므온이 특별히 세 명의 사람을 언급한 이유는 무엇인가?

첫 번째 이유는 그가 세 명의 사람에 대해 말한 구절을 인용하였기 때문이라고 할 수 있다(문맥에서 확인할 수 있다).

두 번째로, 랍비 쉬므온이 살던 시대에는 일반적으로 세 명이 식사 자리에 앉았는데, 이는 식사 후 축도 기도문인 비르카트 하마존[Birkas Hamazon]의 초입부인 지문[zimun]은 세 사람 이상이어야 할 수 있었기 때문이다. 세 명이 모여야 기도의 의미가 있었는데, 사람들이 모여 하나님의 이름을 높일 때 그들이 받을 보상은 더욱 커졌다. 기록된 바 '백성이 많은 것은 왕의 영광이요'(잠 14:28)고 한 것과 같다. 그러나 같은 이유로 그들이 모였음에도 하나님의 이름을 높이지 않으면 이는 직무태만으로, 심각하게 받아들여졌다(라베이누 요나[Rabbeinu Yonah]).

이 외에도 랍비 쉬므온이 세 사람을 언급한 이유를 하나 더 들 수 있다. 식탁은 바로 성전 제단에 비유할 수 있다는 것이다. 제단 위에서 하나님께 제사를 드릴 최소 세 명의 사람이 필요하다. 곧 제사를 드리는 제사장, 단 위에서 찬양을 부르는 레위인, 그리고 맡은 자리에서 정해진 기도문을 암송하는 이스라엘인이다. 그러므로 식탁에서도 역시 최소 세 명의 사람이 모여야 식사가 성립된다는 것이다.

그것은 그들이 죽은 우상들을 위한 제물들을 먹은 것과 같다.

이전의 미쉬나에서 랍비 하난야는 식사 중에도 토라를 배우는 시간을 따로 정하는 것이 얼마나 중요한지에 대해 가르친 바 있다. 본 구절에서 랍비 쉬므온은 이런 가르침을 더욱 강화하며, 토라 공부의 유무는 단순히 자기의 시간을 올바르게 사용하느냐, 사용하지 않느냐의 문제가 아니라 삶의 방향성 전체에 영향을 미치는 중대한 문제라는 사실을 강조하고 있다. 즉 토라를 공부하면 사람의 본성이 더욱 존귀하게 되지만, 토라를 공부하지 않으면 그의 본질은 끔찍하리만치 밑바닥으로 떨어져 마치 우상의 제단과 같이 되어버린다는 것이다. 그러나 식사 자리에서까지도 토라를 공부한다면 "그것은 낮과 밤으로 연구하라"는 말씀을 실천하는 것으로, 곧 그가 하나님의 만찬 자리에서 식사를 하는 것과 같다고 할 수 있다(랍비 모쉐 알샤카르[R' Moshe Alshakar], 미드라쉬 슈무엘[Midrash Shmuel] 인용).

토라를 배우라 - 식사 시간까지도

랍비 하난야가 이전의 미쉬나에서 랍비 쉬므온이 본 구절에서 강조하는 것은 곧 토라를 배우는 것이 학당과 같은 공간이나 정해진 스케줄 등 시간에 제한이 되어서는 안 된다는 것이다. 토라를 배우는 것은 계명보다 중요하며, 시간을 낭비하는 것은 곧 토라를 배우지 않는 죄 이상으로 큰 것이다. 그러므로 토라를 배우는 것의 거룩함과 긍정적인 효과가 인생의 모든 면에 영향을 미친다는 것을 깨달아야 한다. 식사 시간이 토라와 따로 떨어진다면, 폭식과 쾌락으로 쉽게 떨어져버릴 수 있다. 반면 토라가 식사에서 빠질 수 없는 일부가 된다면, 식사 시간은 오히려 사람을 더욱 존귀하게 할 것이며, 이런 사람은 어떤 일을 하더라도 존귀한 일을 할 것이다.

유대교에서, 먹는다는 것은 단순히 생명을 유지하기 위해 필요한 활동이 아니다. 토라에서는 안식일과 축제 그리고 대속죄일 전날 먹는 것 등 식사에 대해서도 계명으로 정하고 있다. 이 구절에서 랍비 쉬므온은 우리가 먹는 모든 것이 거룩해질 수 있고, 거룩해져야 하며, 더 나아가 우리는 역시 먹음으로써 계명을 지킬 수 있고, 또 계명을 지켜야만 한다고 가르친다.

따라서 식사는 영적인 사다리를 타고 더 높은 곳으로 올라가는 길이 될 수 있으며, 반대로 짐승과 같은 충동이 자리하는 아래로 내려가는 길이 될 수도 있다. 식사가 전자와 같다면, 그 식탁은 성전의 제단과 같이 되어, 마치 성전에 드려진 제물을 먹고 마시는 것과 같을 것이다.

얼마나 많은 토라들이 충분한 것인가?

우리가 식사 시간에 토라의 어떤 말씀을 암송해야 할지 정한다면 어떨까? 아예 집중적으로 토라 말씀을 나누는 데에 전념해야 하는가? 만일 그렇다면, 진심으로 칭찬을 받을 만한 일이리라. 혹은 짧게 그 주의 파라샤(주마다 암송할 수 있도록 성경을 52개로 나눈 것 - 역자 주)와 같은 토라의 말씀 몇 구절만을 말하는 것으로 충분한 것인가?

그 답은, 토라의 말씀을 조금 암송하는 것만으로도 충분하다는 것이다. 우리가 식사를 할 때에도 영적인 것을 우선으로 한다는 것을 표현한다면, 그것을 인식하고 있다고 입증해 주기 때문이다. 최소한 사람은 시편의 한 편이라도 암송해야 한다. 특히 시편 23편(여호와는 나의 목자이시니 내게 부족함이 없으리로다)을 권장하는데, 이는 시편 23편이 우리를 먹이시는 하나님을 찬미하는 내용이기 때문이다(미쉬나 베루라[Mishnah Berurah], 오라흐 하임[Orach Chaim] 170:1). 식사 후 축도기도문인 비르카트 하마존을 암송하기 전 시편을 암송하는 것이 우리의 전통이 된 것은 바로 이런 이유 때문이다.

식사 전 토라 암송을 너무 오래 할 필요가 없다는 견해는 이전 세대의 뛰어난 한 랍비 이야기에 묘사되어 있다. 이 랍비가 제자들과 함께 식사를 하게 되었는데, 그들 중 한 명이 그에게 이렇게 말했다. "선생님, 먼저 토라의 말씀을 암송해야 합니다. 피르케이 아보트[Pirkei Avos]에서 랍비 쉬무온은 말하길 '만약 세 사람이 한 식탁에 앉아 토라를 논하지 않는다면, 그것은 죽은 희생제물(우상)을 먹은 것이다'라고 했습니다." 그러자 랍비가 대답했다. "네가 이미 피르케이 아보트를 말하였으니, 그걸로 충분하다."

탈무드 및 후기 고전들의 기록에는 식사 때에 토라를 너무 오래 묵상하지 않고도 토라를 암송하라는 계명을 지키는 방법에 대한 또 다른 의견이 제시되어 있다.

반면, 현자들은 아부야[Avuyah]가 연 아들 엘리사[Elisha]의 생일 축하 자리에 대하여 이야기하고 있다. 엘리사는 위대한 토라 학자로 성장하였으나, 후일 이단이 되어 아헤르([Acher], 히브리어로 '이단 자')로 불리게 되었다(아래 4:2를 참고하라). 랍비 엘리에제르 벤 하루카누스[R' Eliezer ben

Hyrkanus]와 랍비 여호수아[R' Yehoshua]가 그 자리에 초대를 받았는데, 그들은 특별히 초대를 받은 손님들 중에서도 높임을 받는 현자들이었다. 손님들이 노래를 시작하자, 이 두 현자들은 서로 말했다. "그들이 자기 일을 하고 있으니, 우리도 우리의 일을 하세." 그리고는 토라를 서로 나누기 시작했고, 그들이 토라를 나누는 기쁨이 너무나 커서 마치 그들이 시내산에서 토라를 받는 자리에 있는 것만 같았다고 전해진다(미드라쉬 러스[Midrash Rus] 6:4, 예루샬미 하기가[Yerushalmi Chagigah] 2:1, 토사포트[Tosafos], 하기가[Chagigah] 15b 인용).

> **모든 상에는 토한 것, 더러운 것이 가득하고, 깨끗한 곳이 없도다.**(사 28:8)

식사 후 축도기도문인 비르카트 하마존을 암송하면서, 우리는 우리의 식사가 죽은 우상에게 바쳐진 것들과 같지 않다는 것을 확신한다. 하지만, 그것은 비르카트 하마존을 암송만 한다고 해서 충분한 것은 아니다. 그저 형식적으로 기도문을 암송하기만 한다면 우리의 식사 자리가 영적으로 죽은 사람들이 먹고 마시는 자리가 될 수도 있다.

즉 우리의 전체적인 관점이 육체적 배고픔에만 집중하여 배를 채우는 것만을 생각한다면 우리의 영은 영적인 굶주림에 고통을 받아 울부짖을 것이다. 이것은 죽은 자의 상태와 다르지 않다. 그러나 식사 시간에 모여 먹고 마시며 토라의 말씀을 나눌 때에 우리는 식사 자리에 함께 한 목적이 곧 영적인 양식을 얻는다는 것임을 보여주는 것으로, 육신의 배를 채움과 동시에 영원한 것을 함께 먹고 마시는 것이라고 할 수 있다.

우리가 먹고 마시는 목적이 영혼을 먹이고 마시게 하기 위함이라는 것을 보여 줄 때, 우리의 물질적인 음식마저도 토라가 되어 우리의 식사 시간은 곧 하나님께 드리는 예배의 일부가 되는 것이다.

> **그러나 만약 세 사람이 같은 상에서 먹고 그곳에서 토라의 말씀들을 말하고 있었다면, 성경에서 말한 바와 같이 그들은 마치 편재하시는 분의 상으로부터 먹은 것과 같다.**

성전 예배에서, 창조된 모든 것은 하나님께 올려졌다. 하나님께 드리는 물과 그릇은 무생물의 상태로부터 온 것이다. 하나님께 바치는 포도주는 과일로부터 온 것이며, 하나님께 드리는 희생물은 동물로부터 온 것이다. 그러므로 제단에서 드리는 제사는 온 세상을 하나님께 올려 드리는 것이며, 바로 이 제사가 하나님의 영광이 드러나는 시작점이 되는 것이다. 이 과정은 하늘에서 내려온 불이 희생물을 태웠을 때 더욱 명확하게 드러났으며, 다른 기적들이 그 자리에 함께 일어났다(5장을 참고하라).

우리가 올바른 방법으로 먹고 마신다면, 그것이 바로 창조의 모든 요소를 먹고 마시는 것이며 이는 하나님께 영광을 돌리는 것이다. 곧 제단에서 죄를 속죄하는 것과 같이 우리가 올바른 마음으로 먹고 마시며 식탁에 앉아 토라의 말씀을 말한다면, 이는 곧 우리의 죄도 하나님께서 용서해 주신다는 것이다. 그러므로 현자들은 "성전이 있을 때에는 제단에서 민족의 죄를 속죄하였으나 이제는 각 사람이 식탁에서 자기의 죄를 속죄한다"라고 가르친다(버라호트[Berachos] 55a).

하나님께 바쳐진 고기를 제사장이나 희생제물의 주인이 먹는 것은 그들이 하나님의 앞에 차려진 상에서 먹는 것과 같다(메나코트[Menachos] 6a). 이것은 영적인 음식으로 영의 배를 채우는 것이다. 그러므로 볼로진의 랍비 하임[R' Chaim of Volozhin]은 희생물의 고기를 광야에서 내려 양식이 된 만나에 비유한다.

토라 학자들이 그 자리에 있을 때, 우리의 식탁은 더욱 더 거룩해진다. 현자들이 말한 바, "현자가 함께한 자리에서 먹고 마시는 자는 곧 하나님의 임재의 빛 아래에서 먹고 마시는 것이다"라고 한 것과 같다. 마하랄은 이런 이유에 대하여 현자는 식사를 할 때에 반드시 토라의 말씀을 말할 것이기 때문이라고 말했다. 그러므로 그 자리에 함께하는 사람들 역시도 현자와 함께 하나님 앞에서 먹고 마시게 되는 것이다. 성전 제단이 곧 '그분 앞에 차려진 상'인 것도 이런 이유이며, 또 '아론과 이스라엘 모든 장로가 와서 모세의 장인과 함께 하나님 앞에서 떡을 먹으니라'(출 18:12)라고 한것도 이런 이유이다(버라호트[Berachos] 64a).

'이는 여호와의 앞의 상이라'(겔 41:22)는 문장은 히브리어로 [제 하슐한 리프네이 아로나이 זֶה הַשֻּׁלְחָן לִפְנֵי יהוה] 인데, 그 첫 글자를 따면 [제 에일리 אֵלִי], 즉 '주는 나의 하나님'이라는 뜻으로, '그는 나의 하나님이시니 내가 그를 찬송할 것이요'(출 15:2)라는 구절을 떠올리게 한다. 즉 우리의 식탁은 하나님의 임재가 실체가 되는 자리가 될 수 있는 것이다.

'그가 내게 이르되 이는 여호와의 앞의 상이라 하더라(겔 41:22)'

현자들의 가르침에 따르면, 식탁에서 오랜 시간을 보낼수록 그 사람의 수명도 늘어난다고 한다(버라호트[Berachos] 54b-55a). 탈무드에서 그 이유를 설명하고 있는데, 바로 식사 시간에 가난한 사람이 문 앞에 찾아오면 그를 바로 그 자리에 초대할 수 있기 때문이라고 설명한다. 식탁에 앉아 먹고 마실 때, 즉 하나님께서 우리에게 주신 선물을 기쁨으로 맛볼 때, 다른 사람들을 염려하고 생각해야 하는 것은 당연하다.

이런 맥락에서, 부유하지만 인색한 사람을 식사 자리에 초대한 볼로진의 랍비 하임의 이야기를 언급할 필요가 있다.

그들이 함께 먹고 마실 때, 랍비 하임이 그에게 물었다. "아침으로 무엇을 먹었습니까?" 이에 초대받은 사람이 대답했다. "그리 특별한 건 먹지 않았습니다. 빵 몇 조각과 치즈, 계란을 먹었을 뿐입니다." 그러자 랍비 하임이 말했다. "버터를 바른 빵과 과일, 야채도 조금 더 먹어야겠군요!" 그리고 그는 그 사람에게 일주일 동안 매일 무엇을 먹어야 하는지 적어서 주었다.

그 남자가 떠나자, 랍비 하임은 얼떨떨한 표정의 제자들에게 이를 설명했다. "저 사람은 본성적으로 자선을 베풀 만한 사람이 아니다. 그와 대화를 하면서, 내가 깨달은 것은 그가 단순히 남에게 뿐만 아니라 자기 자신에게도 인색한 사람이라는 것이었다. 자기 자신에게 줄 필요가 없으니 남에게도 주지 않는 것이다. 그가 부유함에도 식사를 이리 부족하게 때운다면, 가난한 사람들은 이보다 더 적게 먹어도 된다고 생각할 것이다. 하지만 만일 내가 조언한 대로 저 사람이 식사를 많이 하게 된다면, 그 역시도 가난한 사람이 최소한 빵과 치즈 이상은 먹어야 한다는 것을 깨닫게 될 것이다."

라베이누 바흐야[Rabbeinu Bachya]는 출애굽기 25장 23절에 대한 주석에서 기록하기를, 프랑스의 경건한 유대인들은 식탁의 널빤지를 관을 만드는 데에 쓴다고 했다. 그렇게 함으로써 그들은 자선과 선행(식탁 위에서 보인 환대) 외에는 저 세상에 가져갈 수 있는 것이 없다는 지혜를 표현한 것이다.

회당의 테이블을 아카시아 나무로 만드는 이유가 바로 이것이다. '평화'(샬롬), '선함'(토바), '구원'(예슈아), '용서'(메힐라)의 첫 글자를 따면 바로 '싯딤', 즉 아카시아가 되기 때문이다.

미쉬나 5절   משנה ה

רַבִּי חֲנִינָא בֶּן חֲכִינַאי אוֹמֵר,
הַנֵּעוֹר בַּלַּיְלָה וְהַמְהַלֵּךְ בַּדֶּרֶךְ יְחִידִי וּמְפַנֶּה
לִבּוֹ לְבַטָּלָה, הֲרֵי זֶה מִתְחַיֵּב בְּנַפְשׁוֹ:

랍비 하니나 벤 하키나이는 말한다.

밤에 깨어 있거나 길에서 홀로 여행하는 사람,

그러나 그의 마음을 나태함으로 향하게 하는 사람

진실로 그는 그의 영혼에 죄를 지니고 있는 자이다.

미쉬나 5절

랍비 하니나 벤 하키나이는 말한다.

어릴 시절, 랍비 하니나 벤 하키나이는 랍비 쉬므온 바르 요하이와 함께 토라를 공부했다. 장성한 후 랍비 하니나는 토라를 더 깊이 배우기 위해 아키바의 학당으로 향했는데, 그 곳에는 이미 랍비 쉬므온이 결혼식을 마친 직후 그를 기다리고 있었다. 랍비 쉬므온의 도움으로 그는 랍비 아키바의 제자가 되었다.

그곳에서 두 사람은 12년간 함께 토라를 배웠다(혹자는 13년이라고도 한다, 케투보트[Kesubos] 62b, 바이크라 랍바[Vayikra Rabbah] 21:8). 동시에 랍비 하니나는 학당에서 산헤드린의 현자들로부터 토라를 배우기도 했다. 랍비 하니나는 '현자들 앞에서 논쟁한' 네다섯 명의 토라 학자들 중 한 명으로 불렸으며, 일곱 개의 언어를 숙달한 학당의 4명의 학자들 중 한 명이기도 했다(예루샬미 슈칼림[Yerushalmi Shekalim] 5:1).

또한 랍비 하니나는 카발라 분야의 스승이었던 랍비 아키바의 앞에서 카발라 고전인 '마아세 메르카바'('수레바퀴에 관하여'라는 뜻으로, 가온 시대로부터 전해져오는 메르카바 신비주의에 관한 저서 – 역자 주)를 강론하기도 한 사람으로도 전해진다.

배움에 대한 그의 열의

랍비 아키바의 학당에서 수학하는 동안, 랍비 하니나는 오락을 하지 않았고 한 번도 집으로 돌아가지 않고 학습에 전념하였을 뿐만 아니라 다른 사람을 집으로 보내 자신이 먹고 입을 것을 구하지도 않았다.

아키바의 학당에서 보내는 기간이 거의 끝나갈 쯤, 그의 아내가 "당신의 딸이 결혼할 나이가 되었습니다. 오셔서 남편이 될 사람을 찾아주세요."라는 메시지를 보냈다. 랍비 하니나는 아무 말도 하지 않았지만, 스승인 랍비 아키바는 하나님의 영감으로 이 일을 알고 학생들에게 "결혼할 나이가 된 딸이 있는 학생은 학당을 떠나 결혼시켜야 한다"라고 말했다. 랍비 하니나는 그 말이 자신을 뜻하는 것임을 알고 집으로 돌아갔다.

집으로 가는 길은 새로 지은 집과 새로 만든 길들이 세워져 있었기 때문에, 랍비 하니나는 자기의 집을 찾을 수 없었다. 지친 몸으로 강둑에 앉았을 때, 그는 우연히 인근에 사는 소녀들이 물을 길다가 "하니나의 딸아, 네 항아리가 가득 찼으니 이제 돌아가자"고 말하는 것을 듣게 됐다. 랍비 하니나는 집으로 돌아가는 딸의 뒤를 따라 마침내 자기 집에 도착했다.

그는 그의 아내가 밀가루를 갈기 위해 문가에 앉아있을 때 도착했다. 그녀는 남편이 돌아온 것을 보자 감정이 너무나 북받쳐 올라 기절했고 이내 죽고 말았다. 랍비 하니나는 아내를 위해 기도하며 이렇게 말했다. "온 우주의 주인이시여, 이 불쌍한 여인이 받을 보상이 이것이란 말입니까?" 그러자 하나님께서 기적적으로 아내를 다시 살려주셨다.

현자들은 수년 간 자기의 모든 것을 바쳐 가정을 돌본 그의 아내가 이상적인 여인의 상이라고 가르친다. 곧 '내가 그를 위하여 돕는 베필을 지으리라'(창 2:18)고 기록된 것과 같다. 현자들은 '아내가 돕는 사람이라면 그는 은혜를 받은 것이다. 그러나 만약 아내가 방해하는 사람이라면 그는 은혜를 받지 못한 것이다.'라고 기록했다. 또한 랍비 여호수아 바르 나흐마야[R' Yehoshua bar Nachmayah]는 "랍비 하니나 바르 하키나이의 아내와 같은 사람이 너의 아내라면, 너는 은혜를 받은 것이다"라고 말했다(버레이쉬트 랍바[Bereishis Rabbah] 17:3).

그의 순교

그의 스승 랍비 아키바와 마찬가지로, 랍비 하니나 벤 하키나이 또한 유대인들이 로마가 지운 멍에를 벗어버려야 한다고 믿었으며 스스로를 모든 유대인들의 형제로 선언하며 고통을 함께 나눴다고 전한다(메힐타 버샬라[Mechilta Beshalach]).

또한 랍비 아키바와 같이 토라를 가르치는 것에 헌신하여 로마인들에 의해 죽임을 당했다. 그는 대속죄일에 암송하는 에일레 에즈케라[Eileh Ezkerah]라는 유명한 시에 기록된 10인의 순교자들 중 한 명으로 언급된다.

동일한 이름의 미드라쉬에는 그의 죽음이 묘사되어 있다. 그 날은 금요일 저녁이었는데, 12살부터 95세까지, 살아 생전 랍비 하나냐는 정기적으로 금식을 했다. 이 날 그의 제자들은 그에게 식사할 것을 권하였으나, 그는 제자들에게 "나는 일생 동안 금식하였다. 내가 언제 어느 길을 가다가 저 세상으로 갈지 모르거늘, 어떻게 먹고 마실 수 있겠는가?"라고 말했다. 안식일이 오자, 그는 키두쉬(안식일 전, 금요일 저녁에 포도주와 빵에 축사할 때 읊는 기도문 - 역자 주)를 암송하기 시작하였다. 그가 "그가 그것을 거룩하게 하시니라"는 부분을 암송할 때, 로마인들이 쳐들어와 그를 죽였다. 하늘에서 음성이 들려왔다. "랍비 하나냐 벤 하키나이여, 기뻐하라. 네가 키두쉬(히브리어로 '거룩케 함'이라는 뜻이다)를 읊으며 '거룩'을 말하였기에 그때 너는 거룩하였고 네 영이 나아왔도다."

그의 시간을 낭비하는 사람에게 죽음은 합당하다.

미쉬나에서 정하는 시간에도 토라를 공부하지 않는 자에게 죽음이 합당하다고 말하는 이유는 무엇인가? 라베이누 요나(하시드 야베츠와 라쉬바쯔도 그와 견해를 같이한다)는 말하길, 미쉬나에서는 곧 토라를 연구하기에 알맞은 시간을 정해주었기 때문에 이 시간만큼은 아무런 걱정 없이 토라를 연구할 수 있기 때문이다.

밤이 있는 이유

토라를 연구해야 하는 의무는 24시간 계속 된다. 그러나 한밤중까지 토라를 배우는 것은 특별히 귀한 일이라고 할 수 있다. 랍비 요하난은 레이쉬 라키쉬에게 '토라의 창고'는 밤에만 채울 수 있다고 가르쳤는데(쉬르 하쉬림 라바[Shir Hashirim Rabbah] 5:11), 이는 밤이야말로 배움에 집중할 수 있는 귀한 시간이기 때문이었다. 이 말을 들은 레이쉬 라키쉬는 "달은 오직 사람이 토라를 연구할 수 있도록 하기 위해 창조되었다"(에이루빈[Eiruvin] 65a)라고 말하고 이어 이렇게 말했다. "거룩하신 분, 그는 복되시다, 그 인자하심이 밤에도 토라를 연구하는 자에게 닿는도다"(하기가[Chagigah])12b).

이 개념은 람밤의 경건주의적(할라카) 표현에서도 잘 드러나고 있다. "계명은 낮이나 밤이나 토라를 연구하라고 명령하나, 밤에는 특별히 그 분의 지혜를 더욱 크게 얻을 수 있다. 그러므로 토라의 관을 얻고자 하는 자는 매일 밤을 특별히 여길 것이며, 자거나 먹고 마시거나 수다와 같은 것들에 시간을 빼앗기지 말고, 토라를 배우며 지혜의 말씀을 배우는데 정진해야 한다"(탈무드 토라[Talmud Torah] 3:13).

기록된 바 '보라 밤에 여호와의 성전에 서 있는 여호와의 모든 종들아 여호와를 송축하라'(시 134:1)고 했다. 이 구절이 특별히 밤을 언급하는 이유는 무엇인가? 이에 대해 랍비 요하난은 토라 학자들이 밤에 토라를 연구함은 마치 그들이 주님의 집에 서서 성전 제사를 드리는 것과 같다고 설명하고 있다(메나코트[Menachos] 110a).

더 나아가 현자들은 말하길, 밤에 토라를 배울 때 하나님께서 그의 앞에 임재하신다고 가르친다. 즉, 하나님께서는 토라를 공부하는 그를 그분의 두 눈동자로 지켜 보신다는 것이다(타미드[Tamid] 32b). 밤에 충분히 쉬어야 정신이 맑은 상태에서 낮에 토라를 배울 수 있다. 그러므로 충분히 쉬는 것은 인생에서 당연히 중요한 일이다. '밤은 오직 잠을 위해 창조되었다'(에이루빈[Eiruvin] ibid.)고 함과 같다.

그러나 밤에 공부를 함으로써 토라를 배울 시간이 더욱 늘어난다는 것

또한 사실이다. 미드라쉬 슈무엘[Midrash Shmuel]은 이전에 언급한 바와 같이, 미쉬나에 나오는 일찍 일어나는 부지런한 사람에 대한 이야기를 들려주고 있는데, 사람이 일찍 일어나서도 토라를 배우는데 그 시간을 사용하지 않는다면, 곧 그는 하루에서 가장 귀중한 시간을 파괴하고 있다는 것이다.

그분의 말씀을 멸시하는 자로라

여유 시간이 있음에도 토라를 연구하지 않는 자는 왜 이토록 심하게 징계를 받는 것인가? 곧 그가 토라에 아예 관심이 없다는 것을, 더 나아가 토라를 주신 하나님에게까지도 관심이 없다는 것이 이것을 통해 보여주기 때문이다.

람밤은 "이 사람들이 과연 여호와를 멸시한 것인 줄 너희가 알리라 (민 16:30)는 구절이 토라를 무시한 자와 충분한 시간과 여유가 있음에도 토라를 연구하지 않은 자, 혹은 토라를 배우기는 하였으나 이 세상의 없어질 것에 더 관심을 두어 토라를 멀리한 자를 일컫는 것이다."라고 말했다(탈무드 토라[talmud Torah] 3:13).

더 나아가, 위대한 사람일수록 그 기대가 더욱 커진다. 그러므로 랍비 요하난은 토라를 충분히 배웠고, 또 그만큼 배운 사람이 테필린을 착용하지 않거나, 4규빗 이상 걷는다면 이는 곧 킬룰 하솀[chillul Hashem], 즉 하나님의 이름을 모욕하는 것이라고 말한다(요마[Yoma] 86a). 직접적으로 그분의 이름을 더럽히거나 부정적인 행동을 하는 것뿐만이 아니라 해야 하는 일을 하지 않는 것까지도 하나님의 이름을 모욕하는 것이다.

새 힘

만일 사람이 밤에 깨어서 충분히 휴식을 취하지 않거나, 홀로 길을 걸으며 그의 짐을 나눌 사람이 없다면, 그는 곧 스스로 죽음을 부르는 것이라고 할 수 있는데, 이는 이런 일들이 자기의 생명을 갉아먹는 일들이기 때문이다(하시드 야베쯔[Chasid Yaavetz]). 하지만 중요한 사실은, 자기 마음을 토라를 배우는 데에 두지 않고 공허한 데로 돌리는 경우에만 그렇다는 것이다.

반대로 밤에도 깨어 있거나 혼자서 길을 걸을지라도 토라를 배움에 자신을 바치는 자는 토라로부터 건강과 생기를 그 보상으로 받게 된다. 처음에는 토라를 배우는 것으로 인해 피곤하며 지칠 수 있지만, 결국 생명이 넘치는 새로운 영으로 충만하게 되는 것이다. 그러므로 기록된 바, '(선한 일을 위해 자기의 부와 능력을)뿌리는 자는 곧 더 거두리로다.'라 한것과 같다.

관심도 없는 일을 하면 더 빨리 피곤해 진다는 것은 누구나 알고 있는 사실이다. 반대로 자기가 좋아하는 일을 하면 힘을 얻게 된다. 토라를 사랑하도록 자기 자신을 길들여야 하는 것은 유대인의 의무이다. 이 의무를 지키면, 토라를 배움이 그에게 전혀 피곤한 일이 되지 않을 것이다.

시간을 아끼라

빌나의 랍비 엘리야후 벤 슐로모 잘만[R' Eliyahu ben Shlomo Zalman of Vilna], 즉 빌나 가온[Vilna Gaon]은 부지런한 것으로 특별히 유명한 사람이었다. 그는 바깥 세상의 그 어느 것도 그의 공부에 방해가 되지 않도록 하루 종일 자기 방에서 방문을 닫은 채 토라를 연구했다.

나이가 들어, 가온의 여동생이 수십 년간 두문불출한 그를 보러 집에 찾아왔다. 그는 문을 열고 나와 기쁘게 여동생을 맞이하고는 그녀와 가족의 안부를 물었다. "이 세상은 통로와 같아서, 마지막 종착지인 연회장, 즉 장차 올 세상을 준비해야 한다는 것을 알고 있느냐. '주께서 나를 깊은 웅덩이와 어둡고 음침한 곳에 두셨사오며'(시 88:6)라 함과 같으니, 곧 죽은 사람만이 계명을 수행할 이유가 없다는 것이다. 우리는 이 땅에 발을 붙이고 살고 있는 한 우리가 갈 길을 준비해야 하므로 모든 순간이 다 소중한 것이다. 미안하지만, 다시 공부를 하러 가야겠구나. 장차 올 세상에서 우리가 다시 만나면 대화할 시간이 더 있을 것이다." 그리고는 다시 토라를 공부하러 방으로 들어갔다고 한다.

가온은 매일 네 시간 이상 수면을 취하지 않았다. 그의 가족들은 그의 수면부족으로 인해 건강에 해가 될까 염려하였으나, 가온은 잠을 더 자라는 가족들의 말을 듣지 않았다. 결국 가족들은 두브노의 막기드[the Maggid of Dubno]라 불리던 랍비 야코브 크란츠[R' Yaakov Krantz]를 찾아가 부탁했다. 그는 빌나 가온을 가끔 불러 책망하던 사람이었다.

막기드는 빌나 가온의 가족들의 부탁을 듣고 그를 만나러 찾아갔다. 그때 빌나 가온은 '이제는 내가 평안히 누워서 자고 쉬었을 것이니.'(욥 3:13)라는 구절에 한창 집중하고 있었다. 현자들은 말하길, '그때'라는 뜻의 אז[아즈]가 나타내는 숫자는 8이므로, 8시간이 수면 시간으로 적절하다고 했다. 이와 마찬가지로 람밤은 하루의 삼분의 일은 잠을 자야 한다고 가르치기도 한다(힐코트 데이오트[hilchos Deios] 4:4).

가온은 웃으며 "똑같은 구절에서, '나에게(to me) לא[리]'라는 단어는

40이라는 수를 나타내는데, 달리 말하자면 사람은 8시간을 자야 나머지 40시간이 평안할 수 있다는 것이네. 그래서 내가 48시간 중 8시간을 자는 것일세!"라고 말했다.

위험에서 스스로를 지키는 법

바르티누라[Bartinura]는 본 구절에서 언급된 세 가지 상황(밤에 잠들지 않는 것, 홀로 길을 가는 것, 공허한 데로 마음을 돌리는 것)을 평범한 상식에 비추어 해석하고 있다. 위의 세 가지 상황은 곧 위험한 시간이라는 것으로, 현자들은 가르치기를 사단은 이런 상태를 이용하여 사람에게 해를 입힌다고 가르쳤다. 예를 들면, 야곱은 베냐민을 이집트로 보내지 않으려 했는데, 이는 광야를 가로지르는 여행이 위험했기 때문이다.

이토록 궁지에 몰린 순간에서 스스로를 지킬 수 있는 방법은 무엇인가? 그 해답으로 이 구절은 토라를 연구하라고 가르치고 있다. 영적인 것에 집중하면 자연의 지배에서 벗어나 위로 올라갈 수 있기 때문이다. 하나님과 더욱 가까워질수록, 물리적인 힘의 통제로부터는 더욱 자유로워지는 것이다. 그러나 만일 사람이 토라를 배우지 않고 스스로 토라에서 벗어나버리면, 곧 자기 생명을 위협하는 것들로 둘러싸여 포위되어 버리고 말 것이다.

영적인 위험

기존의 해석에서 미드라쉬 슈무엘은 이 구절에서 설명하는 세 가지 위험한 순간이 물리적인 위험이 아닌, 영적인 위험을 뜻하는 것이라고 설명하고 있다. 그의 해석에 따르면 '밤에 깨어있는 자'는 곧 목적과 방향 없이 자기의 인생을 낭비하는 사람이다. 젊은 날은 곧 사람의 인생에서 아침에 해당하며, 장년은 오후, 노년은 저녁과 밤에 해당한다. '너는 청년의 때에 너의 창조주를 기억하라 곧 곤고한 날이 이르기 전에, 나는 아무 낙이 없다고 할 해들이 가깝기 전에 해와 빛과 달과 별들이 어둡기 전에, 비 뒤에 구름이 다시 일어나기 전에 그리하라'(전 12:1-2) 즉 자기 인생을 낭비했다는 것을 깨달은 노인이 있다면, 곧 그는 밤에도 깨어있는 자라고 할 수 있다.

'외로운 길을 걷다'라는 구절은 문자 그대로 '홀로 그 길을 가는' 것으로 해석할 수 있다. 그렇다면, 대체 '그 길'은 어떤 길인가?

그 대답은 이드로가 사위인 모세에게 한 말에서 찾을 수 있다. '그들에게 율례와 법도를 가르쳐서 마땅히 갈 길과 할 일을 그들에게 보이고.'(출 18:20) 즉, '그 길'은 곧 토라의 길이라는 것이다.

사람이 자기만의 길을 걸어간다면, 아무리 노력한다 할지라도 다른 사람과 나눌 지식을 얻지 못할 것이며, 그 노력 또한 모두 헛수고가 될 것이며 그의 영적인 삶은 위험에 처하게 될 것이다. 그가 다른 사람들을 돕지 않고 무시한 만큼 그의 죄는 그의 문지방에 쌓이고 또 쌓일 것이다. 탈무드에서 그 예를 찾을 수 있다. 안식일 날, 랍비 엘라자르 벤 아자리아 [R' Elazar ben Azariah]는 뿔 사이에 리본을 매단 소를 우리 밖으로 나가게 해 주었다. 물론 현자들은 안식일이었으므로 이를 반대했다. 그 일 이후 탈무드에서는 이 소가 사실은 랍비 엘라자르 벤 아자리아의 이웃의 것이라고 밝혀졌지만, 랍비 엘라자르도 결국 그 이웃의 행위를 막지 않았으므로, 결국 그 잘못은 엘라자르에게 있다고 탈무드는 설명한다(샤보트 [Shabbos] 54b).

미쉬나에서 언급하는 세 번째 사람은 '그 마음을 공허한 데로 돌리는 자'이다. 이런 사람은 곧 그 인생이 공허한 사람이다. 우리가 아침 기도문에서 "주님께서 주신 토라의 말씀을 마음을 다하여 모두 이해하고, 설명하며, 듣고, 배우고 또 가르치며, 지키고 또 이룰 수 있게 우리를 도우소서"라고 하나님께 간절히 기도한다. 그럼에도 불구하고 이 사람의 삶은 모든 의미와 내용이 결여되어 있다. 즉 마른 껍데기 속이 텅 빈 것처럼 그 삶은 속이 텅 비어 공허하다는 것이다.

공동체를 거부하는 자

다른 주석가들은 '그 길'이 곧 토라의 길이라는 미드라쉬 슈무엘의 견해를 받아들이지만, 본 미쉬나는 그와 다른 방식으로 해석한다. 홀로 길을 가는 사람이란 곧 공동체에서 스스로 따로 떨어진 사람을 뜻한다는 것이다. 이런 사람은 자기 자신이 남들보다 더 우월하다고 생각하여 오직 자신만이 하나님을 올바르게 섬긴다고 생각한다.

하나님을 섬기는 자리에서 자기의 위치를 찾고, 또 자기 재능과 성격에 맞는 방법을 찾는 것은 좋은 일이다. 그러나 공동체의 틀을 무시하는 자는 자신의 악한 마음의 먹잇감이 될 여지가 다분한데, 이런 사람에게는 그의 영적 삶을 지지해줄 수 있는 영적인 틀, 즉 올바른 섬김으로 이끌어주는 이정표가 없기 때문이다.

하시디즘의 경건주의적 해석

유대교 경건주의의 대가들은 본 구절을 다음과 같이 해석한다.

때로 사람은 토라의 길을 따르면서도 이따금 이상적이고 영적인 것으로부터 자기 마음을 돌려 공허한 것과 하찮은 사리사욕에 눈길을 주기도 한다. 그 결과는 본 구절과 같이 스스로 죽음을 부르게 되는데, 이에 대하여 현자들은 "자기의 숨어있는 동기를 위하여 행하는 자는 차라리 '태어나지 아니하였더라면' 좋았으리라"(베라호트[Berachos] 17a, 리쿠테이 바사르 리쿠테이[Likutei Basar Likutei]에 인용된 폴노의 야코브 요세프[Yaakov Yosef of Polnoye]의 글을 참고하라.)고 말한다.

스크버의 랍비 이삭[R' Yizchak of Skver]은 '밤에도 잠들지 않고 깨어 있는 자'는 한밤 중, 즉 가장 어두운 밤에도 깨어 하나님을 섬기는 의로운 자를 뜻한다고 해석했다(하시딤 므사프림[Chasidim M'saprim], III 413에서 인용). 곧 이 구절은 좌절하지 말고 희망을 잃지 말기를 간청하는 것이다.

'외로운 길을 가는 자'는 곧 노예가 되지 않은 몇 안 되는 사람들로, 많은 사람들 중에서도 외로이 토라의 길을 따르며 타의 모범이 되는 사람들을 뜻한다. 이런 사람들은 자기가 지고 있는 막대한 책임을 염두에 두고 있어야 한다. 이런 사람들이 자기 삶을 공허한 삶으로 치부하거나, 자기가 이룬 것들의 가치에 의문을 제기하기 시작한다면, 이내 좌절에 빠지게 되는 것뿐만 아니라 그들을 지켜보는 많은 사람들도 함께 좌절하게 될 것이며, 그 결과 스스로 죽음을 부르게 된다는 것이다.

리쯔헨스크의 랍비 엘리멜렉[R' Elimelech of Lizhensk]은 (자신의 저서 노엄 엘리멜렉[Noam Elimelech], 코다쉼[Kodoshim]에서) 본 미쉬나를 위와 동일하게 해석하나, 조금 더 긍정적인 부분을 강조하고 있다.

'밤에도 잠들지 않고 깨어있는 자'는 곧 의인(차디크, tzaddik)으로, 쫓겨남과 핍박으로 인해 받는 고통에도 쓰러지지 않고 깨어있는 자를 의미한다. '외로운 길을 걷는 자'라는 구절에서, '외로운이'라는 단어는 '연합된'이라고도 해석될 수 있다. 즉 이 의인의 유일한 소망은 하나님의 위대하신 이름과 연합되는 것이다. 또한, '그 마음을 공허한 데로 돌리는 자'에서 '공허한 데' 또한 '무효화'로 읽을 수 있다. 즉 이 구절에서 나오는 의인의 마음은 자신의 모든 개인적인 것들에서 떠나, 오직 하나님만을 섬기는 데에 집중하여 악한 것들의 효력을 도말하는 데에 있는 것이다.

곧 이런 자는 '스스로 자기 죽음을 부르는 것'이다. '죽음을 부르다'라는 단어는 교훈적으로 해석하면 '유죄'로 해석될 수 있다. 곧 이 구절에서 언급하는 사람은 어떤 선행을 하더라도, 계속하여 자기가 죄인인 것을 느끼며 계속해서 하나님의 계명을 지키고 또 실천한다는 것이다.

그 누가 주님의 산에 오를 수 있는가?

다윗 왕은 묻는다. "여호와의 산에 오를 자가 누구며 그의 거룩한 곳에 설 자가 누구인가?" 그는 자기 물음에 답한다. "곧 손이 깨끗하며 마음이 청결하며 뜻을 허탄한 데에 두지 아니하며 거짓 맹세하지 아니하는 자로다"(시 24:3-4).

이 마지막 구절은 "자기 (내가 그 안에 넣어준 거룩한) 영혼이 헛되이 맹세하지 않을 것이다"와 같이 해석할 수 있다. 하나님께서는 생기, 즉 '거룩함의 표현인' 영혼을 우리에게 불어넣어 주셨으므로 우리는 영적으로 하나님께 가까이 올라갈 수 있다. 그 누가 주님의 산에 오를 수 있는가? 오직 하나님께서 주신 삶을 헛된 것들과 공허한 목적으로 사용하지 않는 사람이다.

솔로몬 왕은 '사람이 짐승보다 뛰어남이 없음은'이라고까지 말한다(전 3:19). 그러나 '사람에게는 영혼이 있다'(נשמה אדם)라는 문장의 첫 글자를 떼어보면 바로 '~것이 아니다'라는 뜻의 히브리어 단어인 'אין'이 된다. 즉 사람은 영혼이 있으므로 짐승보다 더 우월하다는 것이다.

헛된 것들을 쫓아다니지 않는 인생은 곧 토라를 배우고자 "밤에도 잠들지 않고 깨어있는 것"과 같다. 곧 현자들이 말한바 "밤은 배움을 위해 창조되었다"라고 함과 같다(에이루빈[Eiruvin] 65a).

마찬가지로 그는 '외로운 길을 가는 자'이기도 하다. 다른 사람들이 아브라함에게 그랬던 것처럼 그를 낙담시키고 조롱할 것이다. 실제로 아브라함은 '아브라함 이브리[Ivri]'라 불렸는데, 이는 곧 '반대편에서 온 자'라는 뜻이다. 그러므로 '의인은 그의 믿음으로 말미암아 살리라'고 함과 같다(합 2:4). 의인은 믿음으로 자기만의 길을 가는 사람이다.

또한 그는 '공허한 데로 그 마음을 돌리는 자'이다. 모든 헛된 것들과 공허한 것들로 가득 찬 마음을 깨끗하게 하는데 항상 집중하여 순전히 거룩하신 하나님을 예배하는 데만 자신을 바치려는 자이다.

마지막으로, 이런 사람은 '스스로 죽음을 부른다.' 이 교훈에 중점을 두고 보면, 이 단어는 그가 자기 영혼의 권리를 얻었다고 해석할 수 있다. 즉 그가 경건한 영혼을 가지고 있다는 것은, 하나님께서 은혜로 그에게 주신 것이 아니라는 것이다. 이런 사람은 자기 생명을 하나님의 뜻을 따라 올바르게 사용함으로써 자기 영혼을 얻었기 때문이다.

미쉬나 6절   משנה ו

רַבִּי נְחוּנְיָא בֶּן הַקָּנָה אוֹמֵר,
כָּל הַמְקַבֵּל עָלָיו עֹל תּוֹרָה, מַעֲבִירִין מִמֶּנּוּ
עֹל מַלְכוּת וְעֹל דֶּרֶךְ אֶרֶץ.
וְכָל הַפּוֹרֵק מִמֶּנּוּ עֹל תּוֹרָה, נוֹתְנִין עָלָיו עֹל
מַלְכוּת וְעֹל דֶּרֶךְ אֶרֶץ:

랍비 너후느야 벤 하카나는 말한다.
  만약 어떤 사람이 토라의 멍에를 스스로 떠맡는다면
    정부의 멍에와 세상적인 책임감의 멍에는 그로부터 제거된다.
  그러나 만약 어떤 사람이 스스로 토라의 멍에를 던져버린다면
    정부의 멍에와 세상적인 책임감의 멍에가 그 사람 위에 놓여진다.

미쉬나 6절

랍비 너후느야 벤 하카나는 말한다

두 번째 세대의 탄나인 랍비 너후느야 벤 하카나[R` Nechunia ben Hakaneh]는 성전이 파괴된 시대 이후에 살던 사람이다. 그는 라반 요하난 벤 자카이[Rabban Yochanan ben Zakkai]의 제자였음이 분명하나, 그가 온전히 그의 아래에서 수학하였는지 잠시 그에게 가르침을 받은 정도인지는 분명하지 않다. 랍비 요하난은 다른 이들에게 말하길 랍비 너후느야는 다른 제자들보다 토라 구절을 해석하는데 우월하다고 공개적으로 말했다(바바 바스라[Bava Basra] 10b).

랍비 너후느야 벤 하카나는 랍비 이스마엘의 스승으로, 그에게 자신의 토라 해석학을 전수했다(샤부오트[Shavuos] 26a). 유대교 경건주의인 카발라의 고전인 하바히르[Habahir]는 랍비 너후느야의 작품으로, 히다[Chida]는 그의 저서 '그 큰 이름들'(셈 하그돌림[Shem Hagedolim])에서 랍비 너후느야가 당대의 중심적인 카발라주의자였다고 기록했다.

그의 제자들이 그에게 그의 장수의 이유를 물었을 때, 그는 "나는 평생 다른 사람의 희생으로 명예를 얻지 않았고, 나를 모욕한 자를 먼저 용서하기 전에는 잠자리에 눕지 않았으며, 금전적인 분쟁이 있을 때마다 상대방을 믿어주었다"(메길라[Megillah] 28a)라고 대답했다.

또한 탈무드는 대 랍비 너후느야(대 랍비 너후느야[R' Nechunia the Great], 세데르 하도로트[Seder Hadoros]는 너후느야 벤 하카나를 바로 그 대 랍비라 하고 있다)는 제자들이 아닌 랍비 아키바가 던진 같은 질문에 대해 다른 답변을 했다고 기록한다(ibid.). "나는 평생 선물을 받지 않았고, 악을 악으로 갚지 아니하였으며, 돈 문제가 있을 때마다 상대방을 믿어주었다."

만약 어떤 사람이 토라의 멍에를 스스로 떠맡는다면 정부의 멍에와 세상적인 책임감의 멍에는 그로부터 제거된다.

랍비 너후느야는 계속해서 토라 연구의 중요성이라는 주제를 이어가고 있다. 그의 가르침은 '사람은 고생을 위하여 났으니'(욥 5:7)라는 원리에 기초하고 있다. 그러나 모든 고난이 같은 고난이 아닌데, 하나님을 섬김으로 고난을 얻을지, 세상의 기쁨을 얻고자 노력할지는 결국 자신의 선택인 것이다.

전심으로 토라의 짐을 지는 자는, 자신의 모든 것을 드릴 준비가 될 때 '토라의 장막 안에서 스스로를 버린다'(샤보트[Shabbos] 83b). 하나님께서는 그를 찾아오셔서 도와주시고, 그 어깨에 진 세상적인 책임감의 멍에와 정부의 멍에를 제거해 주실 것이다.

'정부의 멍에'는 곧 납세나 군역과 같은 시민으로서의 의무를 말한다. '세상적인 책임감의 멍에'는 곧 하나님께서 아담에게 지우신 짐이다. 하나님이 아담에게 '얼굴에 땀을 흘려야 먹을 것을 먹으리니'(히브리어 성경 창 3:18, 한글성경 창 3:19)라 말씀하셨을 때 이 짐이 지워졌다. 그러나 우리의 목표는 바로 토라의 짐을 지는 것이다. 마음을 다하여 이 짐을, 이 책임을 기꺼이 질 때 하나님께서는 그가 다른 두 가지 멍에를 어깨에 짊어지지 않도록 그에게 필요한 것들을 주신다. 이 두 멍에로부터의 자유는 하나님께서 허락하신 특별한 선물임과 동시에 은혜의 징표이다. 그러나 전적으로 자연주의적인 조건들 속에서조차 토라의 짐을 지는 자는 어느 정도까지 매일 자기 삶에 일어나는 문제를 해결할 수 있다.

'떡과 소금, 물'을 제대로 얻지 못하는 어려운 상황에서 토라를 배울 준비를 하는 자는 곧 그의 기쁨을 그 몫으로 받았으므로(참고 4:1), 진정한 의미에서 부자라고 할 수 있을 것이다. 토라의 아름다움을 발견한 자에게는 물질적인 부유함이 그에게는 삶의 의미를 걸 만큼 귀한 가치가 되지 않는 것이다.

반대로 이 세상의 기쁨과 성공에 가치를 두는 사람도 있다. 이런 자는 물질의 멍에서 절대로 벗어날 수 없다. '은을 사랑하는 자는 은으로 만족하지 못하고'(히브리어 성경 전 5:9, 한글성경 전 5:10)라 함과 같다. 이런 사람은 주머니에 10만원이 있으면 20만원을 원할 사람이다. 더 나아가, 사회와 문화가 요구하는 기준에 자신을 맞추려 하는 자는, 다른 사람들의 수준에 자기 자신을 맞추고자 끊임없이 돈을 추구하고, 결국 자기 삶을 갉아먹게 될 것이다. 이런 사람에게 직업과 일은 영원히 벗을 수 없는 굴레이다.

토라의 집

이 구절은 토라를 배우는 것을 '멍에', 즉 사람이 어깨에 짊어진 짐이라고 표현한다. 그러나 동시에 토라는 '마음을 기쁘게'(히브리어 성경 시 19:9, 한글성경 시 19:8)한다. 이런 모순은 어떻게 해소할 수 있을까?

먼저 토라를 연구하는 것은 인간의 본성과 반대되는 것임을 알아야 한다. 토라를 처음 배우기 시작할 때는 단지 필요에 의해, 또는 부수적으로 얻을 수 있는 이득을 위해 시작하게 된다. 더 나아가, 해야 할 일들이 많은 관계로 토라에 집중하기 힘든 경우도 굉장히 많다. 때문에 토라를 배우는 사람은 공부를 방해할 만한 모든 것들과 잡다한 걱정들을 모두 내려놓고 토라에 집중하는 훈련을 해야 한다. 현자들은 꼭 순수한 동기가 아니라 하더라도 토라를 반드시 배워야만 한다고 조언하고 있다. 처음에 그 동기가 불순했을지라도 결국에는 '토라 그 자체가 목적이 될 것'이기 때문이다(페사힘[Pesachim] 50b). 그 지식이 넓어지고 깊어지기 시작하면 그의 토라 공부의 기쁨은 점점 배가 될 것이다.

다윗 왕은 토라를 '내 마음의 즐거움'(시 119:111)이라 했다. 그러나 그는 이런 즐거움이 쉽게 오지만은 않는다는 것도 인정하고 있다. '내가 주의 율례들을 영원히 행하려고 내 마음을 기울였나이다'(시 119:112). 즉 그 역시도 토라 공부가 삶의 일부로 완전히 자리를 잡고 나서야 개인적인 고뇌에 빠지지 않게 되었다는 것이다(메주도트 도비드[Metzudos Dovid]와 말빔[Malbim] 참고).

그러나 토라 공부에서 즐거움을 얻는다 할지라도 토라를 멍에로 여기는 것은 변함이 없다. 올바른 방법의 토라 연구는 많은 노력을 요구할 뿐만 아니라 많은 에너지를 투자해야 하는 일이기도 하기 때문이다. '장막에서 사람이 죽을 때의 법은 이러하니'(민 19:14) 현자들은 이 구절을 교훈적으로 해석하여 이르기를 죽도록 노력하여 얻는 것이 곧 토라의 본성이라고 했는데(베라호트[Berachos] 63a), 이 말은 토라를 배우기 위해 자기 육체의 기쁨과 편안함을 버리고 엄청난 노력을 들여야만 한다는 것이다.

토라를 연구하는 것은 완전한 헌신이 필요하다. 마치 죽어서 이 물질의 세계에서 사라진 것 같이 다른 모든 것들을 제쳐두어야 한다는 것이다. "이것이 바로 토라의 길이다. 소금을 친 빵을 먹고 물은 목을 축일 정도만 마셔라"(6:4, 레브 아보트[Lev Avos] 참고).

토라를 더 배우려 할수록, 자기가 알고 있던 것은 모래사장의 모래알 하나 정도였음을 깨닫게 될 것이다. 이런 겸손은 배움을 더욱 자극하는 기폭제가 된다. 더 나아가, 할라카를 실천하고 또 가르쳐야 한다는 책임감은 토라의 깊은 곳까지 더욱 더 파고들도록 그를 이끌 것이다.

그러므로, 토라를 연구하는 것은 죽을 때까지 내려놓을 수 없는 짐이다. 야곱은 자기 아들 잇사갈을 '우리 사이에 꿇어 앉은 건장한 나귀'(창 49:14)라 불렀다. 이 말은 그가 등에 짐을 실은 나귀와 같이 토라의 짐을 짊어졌다는 뜻이다. "(잇사갈은)우리 사이에 꿇어 앉은"(ibid.)이라는 말은 이스라엘 땅 전체에 토라를 전하는 그의 제자들을 뜻한다. '그는 쉴 곳을 보고 좋게 여기며 토지를 보고 아름답게 여기고 어깨를 내려 짐을 메고 압제 아래에서 섬기리로다'(창 49:15). 여기서 살기에 편한 곳과 안락한 땅은 토라를 뜻한다. '어깨를 내려 짐을 메고'에서 '짐'은 다름 아닌 토라의 짐을 뜻하며, '압제 아래에서 섬기리로다'는 말은 곧 할라카의 의무를 그가 지게 될 것이라는 것을 의미한다(탄후마 바예히[Tanchuma Vayechi] 11)(베레이쉬트 랍바[Bereishis Rabbah] 98:12).

그러나 만약 어떤 사람이 스스로 토라의 멍에를 던져버린다면 정부의 멍에와 세상적인 책임감의 멍에가 그 사람 위에 놓여진다.

이 미쉬나의 내용은 자기 모순적인 것으로 보이기도 한다. 전반부에서 토라의 짐을 지기 위해 특별한 노력을 기울여야 한다고 말하는 것 같다. 하지만 후반부에는 어떤 사람은 토라의 멍에를 벗어던질 수 있다고 말하고 있다. 그렇다면 토라의 멍에는 자연스럽게 짊어질 수 있는 특권이라는 것을 암시하는 것이 아닌가?

비슷하게, 이 미쉬나의 전반부에서는 정부의 멍에와 생계의 멍에가 태어나면서부터 당연히 받아야 하는 것이라고 암시하는 반면, 후반부에서는 이런 짐들이 하나의 책임인 것처럼 암시되고 있다.

미드라쉬 슈무엘은 이런 난제를 다음의 세 종류의 사람을 들어 설명하고 있다. 곧 영적인 삶의 길로 나아가는 사람, 영적으로 뒤떨어진 사람, 영적으로 완전히 멈춘 사람이다. 본 구절은 이 세 종류의 사람들 중 첫 번째와 두 번째 종류의 사람을 일컫는 말이다.

이 미쉬나의 전반부는 토라의 멍에를 완전히 받아들이고 영적인 삶의 길로 나아가는 사람을 나타내고 있다. 이런 사람은 지난 날 자신이 이룬 것에 만족하지 못하고 더 큰 책임을 지고자 하며, 더 오래 토라를 배우려

하며 그의 마음에 더 깊이 적용한다. 이런 사람은 어깨에 진 정부의 멍에와 생계의 멍에를 내려놓고 쉼을 얻을 수 있다.

이 미쉬나의 후반부는 영적으로 뒤떨어진 사람을 일컫는 말로, 곧 자기가 받아들였던 토라의 멍에를 벗어던진 사람이다. 지난 날 토라를 배우고 주님의 계명들을 열심히 지켰으나, 지금 그에게 하나님을 향한 봉사는 그저 지지부진한 것에 불과한 것이다. 토라의 멍에와 계명의 멍에를 더 이상 짊어지지 않으려 하기 때문이다. 이런 자는 토라가 하늘로부터 온 것이라는 사실을 받아들이기를 거부하는 자라고 람밤은 말한다. 때문에 정부의 멍에와 생계의 멍에가 그의 어깨 위에 놓이게 되는 것이다.

대부분의 사람들은 이 두 가지의 극단 사이에서 살고 있다. 완전히 뒤로 물러가거나, 완전히 앞으로 나가지도 않은 채 미지근한 단계에서 머물러있다. 어릴 적 어깨에 짊어졌던 토라의 멍에를 완전히 벗어던진 것도 아니고, 그렇다고 더 많은 짐을 지는 것도 아니다. 몸은 장성하였으나 하나님을 예배하는 데 있어서는 장성하지 못한 것이다. 그들은 더 많은 헌신과 더 많은 열심, 더 많은 힘을 쏟고 정진하려 노력을 다하지 않는다. 이런 사람은 정부의 멍에와 생계의 멍에를 그 어깨에서 내려놓을 수 없다는 것을, 이 구절은 가르쳐 주고 있다.

바쁨이라는 이름의 선물

현자들은 단어 선택에 매우 신중한 사람들이었다. 그러므로 이 구절에서 정부의 멍에를 진(원문 그대로는 '선사받은' – 역자 주) 사람에 대해 말하고 있다는 것은 그리 놀랄만한 사실은 아니다. '선사하다'라는 단어는 짐이나 멍에, 굴레보다는 받아서 기쁜 것에 사용될 만한 동사이다. 그 이유는 무엇일까?

그 답은 이전 미쉬나에 암시되어 있다. 이전 구절에서는 자기 마음을 공허한 데로 돌리는 자는 그 삶이 위험하다고 말한다. 메이리[Meiri]는 설명하기를, 이런 사람은 아무런 의무도 짊어지지 않은 사람으로, 현자들은 말하길 "나태함은 사람을 미치게 한다"라고 했다(케투보트[Kesubos] 59b).

그러므로 의미가 있는 즐거움이든 아니든 관계없이 어떠한 일이라도 하는 것이 나태한 것보다 훨씬 낫다. 곧 토라의 멍에를 짊어지지 않는 사람에게는 정부의 멍에와 생계의 멍에가 하나의 선물이요, 또 축복이라는 것이다.

악한 마음이라는 짐

예루살렘으로 이주했던 랍비 여호수아 레이브 디스킨[R' Yehoshua Leib DisKin of Brisk]은 1세기 전 이 거룩한 땅에서 유대인 공동체를 이끌던 비공식적인 지도자였다. 어느 대속죄일 전날, 그는 한 학생이 긴장하여 손을 떨며 토라 수업에 집중하지 못하고 있음을 알게 되었다. 이유를 물어본 랍비 디스킨에게 그 학생은 그가 장차 곧 있을 심판의 날 때문에 두려움에 빠져 있다고 대답했다. 그러자 그는 학생에게 마을 끝자락에 있는 어떤 사람의 집으로 가서, 마지막 날을 준비하는 방법을 배우라고 했다.

랍비가 말한 그 집에 학생이 도착하였을 때는 이미 문이 닫혀있었다.

그는 의심할 여지없이 대속죄일을 맞을 준비를 하고 있느라 문을 일찍 닫은 것이라 생각했다. 그러나 스승의 명령으로 왔고, 무언가를 배우기 위함 이었기에, 그는 창문으로 집안을 살짝 들여다보았다. 집안에서는 한 남자가 토라를 읽고 있었다. 그의 표정에서는 아무런 근심이나 걱정을 찾을 수 없었다. 학생은 머릿속에 혼란만을 남긴 채 스승에게로 돌아왔다.

"무엇을 보았느냐?" 랍비 디스킨이 묻자, 학생이 대답했다.
"아무것도 못 보았습니다."
"무슨 뜻이냐? 그 사람은 무엇을 하고 있더냐?"
"그냥 앉아서 토라를 연구하고 있었습니다."
이에 디스킨이 답하였다.

"맞다. 부지런히 앉아 토라를 공부하는 사람은 죄를 지을 여지가 없다. 토라의 멍에를 짊어지는 사람은 악한 마음으로부터 자유로운 것이다. 죄의 멍에가 그를 짓누르지 않으니, 그가 두려움에 떨 이유가 있겠느냐?"

현자와 왕관

현자들은 랍비는 경찰력과 같은 보호가 필요하지 않기 때문에, 국민의 안전을 지키는 데에 사용되는 세금을 납부할 필요가 없다고 가르쳤다 (바바 바스라[Bava Basra] 8a, 요레 디아[Yoreh Deah] 243:2 참고).

한번은 로마 정부가 새로운 왕실의 왕관을 만들기 위하여 티베리아스 지역에 비정상적으로 무거운 세금을 부과한 일이 있었다. 주민들은 랍비 예후다 하나시에게 찾아가 그 지역의 현자들에게 세금에 대해서 논의 할 것을 요청하며 그렇지 아니하면 모두 도시를 떠나버리고 현자의 어깨에 모든 책임을 지게 할 것이라며 위협했다.

그러자 랍비 예후다는 겁먹은 기색 하나 없이, 짧게 답하였다. "그럼 떠나시오."

이에 주민 중 절반은 티베리아스를 떠났다. 그 즉시 정부는 세금을 반으로 줄였다. 세탁업자를 제외한 모든 사람들이 그 지역을 떠나자, 로마에서는 전령을 보내어 남은 사람들이 모든 세금을 내야 한다고 또 다른 메시지를 전했다. 그러자 세탁업소 사람들도 다른 사람들과 마찬가지로 그 지역을 떠나버리고 말았다. 결국 현자들만 남고 만 것이다. 그 즉시 로마에서 전령이 지역에 도착했는데, 그는 세금을 완전히 면제한다는 로마의 방침이 메시지로 전달되었다.

랍비 예후다는 이 일을 결론 맺으며 이렇게 말했다. "이로써 우리는 토라를 연구하지 않는 사람들로 인하여 세상에 처벌이 온다는 것을 알 수 있다."

정부의 멍에와 세상적인 책임감으로부터 자유 할 수 있는 훌륭한 사람은 있는가?

모든 현자들이 '토라의 멍에를 받아들이는 것'을 완전히 수용할 수 있다고 말할 수는 없다. 또한 다른 의무에서 완전히 벗어났다고 말할 수 있을까? 꼭 그런 것은 아니다. 이런 말을 들을 만한 사람은, 곧 마음과 생각을 온전히 토라에 바치고 자기 자신을 위해서는 그 무엇도 추구하지 아니한 소수의 사람들 뿐이다(요레 디아[yoreh Deah] ibid.). 실제로 할라카는 이런 사람이 실제로 우리 시대에 살고 있는지 확신하지 못하고 있다(레마[Rema] ibid., 샤흐[Shach] 8, 피스헤이 셰슈바[Pischei Seshuvah] 3 참고).

하나님께서 세상을 다스리시는 방법

미드라쉬 슈무엘의 독창적인 견해에 따르면, '정부의 멍에와 세상적인 책임감의 멍에'는 하나님께서 세상을 다스리시는 두 가지 방법을 가리킨다.

이 미쉬나에서 '정부'라는 단어는 문자 그대로 국왕의 권력을 의미한다. 이는 왕 중의 왕이 살아계심을 선포하고 또 그분의 의지를 표현하며, 더 나아가 악한 자를 벌하시고 선한 자에게 보상하시는 하나님의 절대적인 권위를 뜻한다. 그 전까지는 자연 속에 숨어 있던 그분의 권능이 이 땅에 분명히 드러날 때, 출애굽 당시와 같은 일이 일어날 것이다.

본 구절에서 '생계'는 '데레크 에레츠'[derech eretz]로, 문자 그대로의 의미는 '이 세상의 방법'이라는 뜻이다. 이는 위의 '정부의 멍에'와는 달리 하나님께서 이 세상을 통치하시는 방법 중에서도 우리가 일반적으로 경험할 수 있는 것이다. 따라서 하나님께서는 두 가지 방식으로 이 세상을 다스리시는데, '스스로 토라의 멍에를 받아들이는 사람들'을 제외한 모든 사람들 또한 이런 하나님의 통치하심에서 벗어날 수 없다.

그러므로 토라는 의인이 하나님의 결심을 뒤집을 수 있다고 가르치고 있다. 하나님께서는 "나는 사람을 다스리나, 의로운 사람은 나를 지배한다. 내가 마음에 결심을 해도, 의인은 이를 무효로 돌리기 때문이다."라고까지 말씀하신다(모에드 카탄[Moed Kattan] 16b).

뿐만 아니라, 이인은 자연의 법칙까지도 바꿀 수 있다. 그러므로 여호수아는 태양에게 멈추라 명령하여 전쟁에서 대승을 거둘 수 있었으며(수 10:12), 사무엘은 "오늘은 밀 베는 때가 아니냐 내가 여호와께 아뢰리니 여호와께서 우레와 비를 보내사"(삼상 12:17)라고 감히 말할 수 있었던 것이다.

물리적인 초월

천국의 멍에를 받아들인 사람이 더이상 자연 법칙의 대상이 되지 않는 이유는 무엇인가? 마하랄은 그의 저서 데레크 하카임[Derech Hachaim]에서 토라에 매달리는 사람은 더 높은 세계, 즉 영의 세계와 연결되어있다고 설명했다. 물리적인 세계의 경계를 초월하기 때문에 물리적인 법칙이 그를 붙잡아 둘 수 없다는 것이다. 사람이 토라에 헌신하면 헌신할수록, 하나님께 더욱 더 다가가게 된다. 이런 사람은 더 높은 수준의 실재에 속한 사람으로, 이 세계의 시간이나 공간이 그를 제한할 수 없다.

마찬가지로 피르케이 아보트[Pirkei Avos]는 "토라 연구에 몰두하는 어떤 사람은 성경이 말하는 바와 같이 높여진다"(6:2)라 말하고 있다. 토라와 깊이 연결된 사람은 물리적인 세계를 초월한다. 자연 세계의 사슬과 이 세상의 법칙에서 자유로운 것이다.

미드라쉬는 '자연으로부터의 자유는 정확히 무엇으로부터 자유하다는 것인가?'라는 질문에 대해 여러 가지 답변을 제시하고 있다. 랍비 예후다는 '포로 됨으로부터의 자유'라 말했고, 랍비 느헤미야는 '죽음의 천사로부터의 자유'라 말했다. 다른 현자들은 '고통으로부터의 자유'라고 가르치고 있다. 마지막으로 갈릴리의 랍비 요시의 아들 랍비 엘아자르는 다음과 같이 대답한다. "만일 죽음의 천사가 찾아와 거룩하신 주님, 당신은 복되십니다. '당신은 저를 위하여 아무것도 창조하지 않으셨습니까?' 라고 묻는다면, 하나님께서는 이렇게 대답할 것이다. '난 너에게 이 세상의 모든 나라들을 지배할 힘을 주었다. 단 한 나라, 내가 자유를 준 이 나라를 제외하고 말이다'"(쉐모트 랍바[Shemos Rabbah] 41:7).

만일 오늘날의 유대인들도 하나님께서 제일 처음 주신 두 돌 판으로부터 나온 토라, 즉 가장 숭고한 형태의 토라를 배울 수 있었다면, 죽음에서까지도 자유로울 수 있었을 것이다. 그러나 이 돌판이 깨져버린 이상, 죽음에서 자유로울 수 있는 방법은 없다. 하나님께서는 유대인들에게 '토라를 너희에게 주었으므로, 너희는 물질 세계의 수준을 능히 뛰어넘을 수 있으리라 – 너희는 신들이며 다 지존자의 아들들이라'(시 82:6)고 말씀하셨다. 그러나 너희는 사람처럼 죽으며 고관의 하나 같이 넘어지리로다(시 82:7)"(아보다 즈수라[Avodah Zsurah] 5a).

보복(Measure for measure)

랍비 모세 요쇼르[R' Moshe Yoshor]는 랍비 이스라엘 메이르 카간[R' Yisrael Meir Kagan, 하페쯔 하임이라고도 불림]의 집에 자주 방문했다. 제1차 세계대전이 한창일 때 요쇼르는 자기가 살던 곳을 강제로 떠나야만 했고, 이 때 하페쯔 하임이 그와 동행했다. 이때 그는 랍비 너후느야 벤 하카나의 "토라의 멍에를 지는 자는 누구든지 정부의 멍에를 벗을 것이다"라는 말씀을 계속 되뇌었다.

이 말씀을 되새긴 후, 현자는 이어 말했다. "만일 그렇다면, 모든 토라 학자들은 군복무를 면제받았을 것이라 생각합니다. 하지만 현실은 그렇지 않습니다." 이렇게 질문한 후, 하페쯔 하임은 이렇게 대답했다. "사람은 평가를 받는다, 정부의 멍에를 어깨에서 덜어내는 만큼, 토라의 짐을 어깨에 지는 법이다"(하하페쯔 하임 우팔로[Hachefetz Chaim Uffalo] I. p. 179).

미쉬나 7절 　　　　　　　　　　　　　משנה ז

רַבִּי חֲלַפְתָּא בֶּן דּוֹסָא אִישׁ כְּפַר חֲנַנְיָא אוֹמֵר,
עֲשָׂרָה שֶׁיּוֹשְׁבִין וְעוֹסְקִין בַּתּוֹרָה, שְׁכִינָה שְׁרוּיָה
בֵינֵיהֶם, שֶׁנֶּאֱמַר (תהלים פב:א), אֱלֹהִים נִצָּב בַּעֲדַת אֵל.
וּמִנַּיִן אֲפִלּוּ חֲמִשָּׁה, שֶׁנֶּאֱמַר (עמוס ט:ו), וַאֲגֻדָּתוֹ עַל אֶרֶץ יְסָדָהּ.
וּמִנַּיִן אֲפִלּוּ שְׁלֹשָׁה, שֶׁנֶּאֱמַר (תהלים שם), בְּקֶרֶב אֱלֹהִים יִשְׁפֹּט.
וּמִנַּיִן אֲפִלּוּ שְׁנַיִם, שֶׁנֶּאֱמַר (מלאכי ג:טז), אָז נִדְבְּרוּ יִרְאֵי
ה' אִישׁ אֶל רֵעֵהוּ וַיַּקְשֵׁב ה' וַיִּשְׁמָע וְגוֹ.
וּמִנַּיִן אֲפִלּוּ אֶחָד, שֶׁנֶּאֱמַר (שמות כ:כא), בְּכָל הַמָּקוֹם
אֲשֶׁר אַזְכִּיר אֶת שְׁמִי אָבוֹא אֵלֶיךָ וּבֵרַכְתִּיךָ:

크파르 하난야아의 랍비 할라프타 벤 도사는 말한다.
만약 열 사람이 함께 앉아 토라 연구에 열중하고 있다면,
성경에 말한 바와 같이 하나님이 그들 가운데 계신다.
"하나님은 신들의 모임 가운데에 서시며"(시 82:1)
심지어 다섯 명이라도 어떻게 우리는 이것을 아는가?
성경에 말한 바와 같다.
"그 궁창의 기초를 땅에 두시며"(암 9:6)
심지어 세 명이라도 어떻게 우리는 이것을 아는가?
성경에 말한 바와 같다.
"하나님은 그들 가운데에서 재판하시느니라"(시 82:1)
심지어 두 명이라도 어떻게 우리는 이것을 아는가?
성경에 말한 바와 같다.
"여호와께서 그것을 분명히 들으시고"(말 3:16)
심지어 한 명이라도 어떻게 우리는 이것을 아는가?
성경에 말한 바와 같다.
"내가 내 이름을 기념하게 하는 모든 곳에서
네게 임하여 복을 주리라"(출 20:24)

미쉬나 7절

크파르 하나니아의 랍비 할라프타 벤 도사는 말한다

랍비 할라프타는 탄나임의 시대 중 세 번째 세대의 사람으로, 생전에 성전이 파괴되기 전의 모습을 보았다(샤보트[Shabbos]). 그의 동료 랍비들로는 랍비 하난야 벤 트라드욘(타니스[Taanis] 16b)과 랍비 요하난 벤 누리 [R' Yochanan ben Nuri](토세푸타 바바 바스라[Tosefta bava Basra] 2:10, 바바 바스라[Bava Basra] 56b 참고)가 있다.

그러나 어떤 학자들은 본 구절에서 말한 할라프타를 탄나임의 다섯 번째 세대이자 랍비 메이어의 제자였던 크파르 하나니아의 아바 할라프타 [Abba Chalafta of Kfar Chanania]라 말한다(바바 메찌아[Bava Metzia] 94a). 이 주장에 다르면 그는 성전 파괴 이후 세대의 사람이 된다.

본 미쉬나에서는 랍비 할라프타를 크파르 하나니아 출신이라고 묘사하고 있으나, 탈무드는 그가 갈릴리 남부의 산꼭대기에 위치한 도시인 찌포리[Tzipori]에서 유대교 지도자로 섬겼다고 증언한다(로쉬 하샤냐[Rosh Hashanah] 27a).

> **만약 열 사람이 함께 앉아 토라 연구에 열중하고 있다면,
> 성경에 말한 바와 같이 하나님이 그들 가운데 계신다.
> '하나님은 신들의 모임 가운데에 서시며'(시 82:1)**

토라를 연구하는 것에 대한 보상은 다른 모든 계명들보다 더욱 크다. 빌나 가온의 가르침에 따르면 유대인들이 배우는 토라의 모든 말씀은 각각 독립된 계명이므로, 한 사람이 몇 분 동안 토라를 배운다 할지라도 큰 보상이 계속 쌓인다는 것이다(쉬'노트 엘리야후[Sh'nos Eliyahu], 하페이러쉬 하'아로흐[Hapeirush Ha'aroch]).

또한 하나님께서 유대인들 중에 거하시는 이유는 바로 토라를 연구하는 자들 때문인데, 이는 현자들이 가르치는 바 성전 제사가 중단된 후로부터 토라를 연구하는 것만이 하나님의 임재를 나타내는 유일한 활동이 되었기 때문이다.

이 미쉬나는 하나님을 어디에서 찾을 수 있는지에 대해 이야기하고 있다. 그러나 그분께서는 "그의 영광이 온 땅에 충만하도다"(사 6:3)라는 이사야 선지자의 말씀처럼 어디에나 계시는 분이 아니신가?

하나님의 편재하심과 위 구절은 모순되는 것이 아니다. 비록 하나님께서는 어디에나 계시지만(그분이 계시지 않은 곳은 없다, 파타흐 엘리야후[Patach Eliyahu]) 먼저 그분을 찾고자 하는 자는 마음을 열어야 한다.

이에 관하여 한 가지 일화를 소개하고자 한다. 베르딕케브의 랍비 레위 이삭[R' Levi Yitzchak of Berditchev]이 다섯 살이 되던 해, 누군가가 그에

게 질문했다. "레위 이삭, 하나님께서 어디에 계신지 내게 말해 주면 1 루블을 줄게." 그러자 어린 이삭은 이렇게 대답했다. "하나님께서 계시지 않은 곳을 알려주시면 2 루블을 드리죠."

마찬가지로, 코스커의 랍비 선생(레베라 불림 – 역자 주) 역시 비슷한 질문을 받았다. "하나님은 어디에서 찾을 수 있습니까?" 이에 그는 이렇게 대답했다. "당신이 마음을 여는 곳이라면, 어디든 계십니다."

외동딸 이야기

현자들의 가르침에서는 다음의 내용을 발견할 수 있다. 곧 하나님께서 모세에게 "내가 그들 중에 거할 성소를 그들이 나를 위하여 짓되"(출 25:8)라 말씀하셨을 때, 모세는 이렇게 대답했다.

"하나님께서 머무실 성소를 짓는 것이 가능한 일이었다는 말입니까? '하나님이 참으로 땅에 거하시리이까 하늘과 하늘들의 하늘이라도 주를 용납하지 못하겠거든 하물며 내가 건축한 이 성전이오리이까'(왕상 8:27). '내가 하늘과 땅 어디에나 있는 줄을 모르느냐'고 하셨으며, 또 '하늘은 나의 보좌요 땅은 나의 발판이니'(사 66:1)라고 말씀하시지 않으셨습니까."

이에 하나님께서 대답하셨다. "나를 위하여 이를 행하지 말고, 너희 자신을 위하여 하라는 것이다"(베미드바르 랍바[Bamidbar Rabbah] 12:3). 즉, 하나님께서는 그분의 영광을 인류에게 나타내시기 위하여 성소를 지으라 명령하신 것이다. 그러나 이는 하나님께서 어느 특정한 장소에 임재하심이 제한되신다는 의미는 아니다.

원래 하나님의 임재는 성소에 나타나셨으며, 이후에는 놀랍고 생생한 기적들로 성전에 나타나셨다(5:7 참고). 그러나 성전이 파괴된 후 하나님의 임재를 나타내는 길이 오직 마음의 문을 여는 것만이 유일하게 남아 있다.

성전이 있던 때도 하나님을 섬기는 예배의 중심은 자기 마음 속에 하나님께서 거하시도록 노력하는 데 있었다. 이 노력은 어떤 노력인가? 곧 사람의 모든 행실을 포함하는, 하나님의 영광이 있는 수준에까지 자기 자신을 높이는 것이다. 기록된 바 "나로 성소가 되게 하라, 내가 그들 중에(각 사람 중에) 거하리라"(네페쉬 하하임[Nefesh Hachaim], Gate 1, Chapter 4 참고)라 함과 같다. 따라서 성막 시대에도 하나님의 임재는 유대인들 중에 머물렀고, 이는 유대인들이 토라를 받아들였기 때문이라는 것이다.

이와 관련하여, 현자들은 외동딸을 둔 한 왕의 비유를 우리에게 전해주고 있다. 다른 나라의 왕이 그 딸과 결혼하여 자기 집으로 데려가고자 했다. 그녀의 아버지는 "내 딸을 떠나보내는 건 내가 견딜 수 없소만, 이미 자네와 결혼했으니 가지 말라고도 할 수 없지 않겠소. 부탁 하나만 하겠소. 당신과 내 딸이 어디로 가든지, 내가 거할 방을 하나만 준비해주시오."라고 말했다.

그래서 하나님은 유대인들에게 이렇게 말씀하셨던 것이다. "토라를 너희에게 주었다. 토라를 떠나보내는 건 내가 견딜 수 없지만, 이미 네게 준 것이므로 네가 어디로 가든지 내가 거할 처소를 만들라." 즉 기록된 바 "내가 그들 중에 거할 성소를 그들이 나를 위하여 짓되"(출 25:8)라 함과 같다(쉐모트 랍바[Shemos Rabbah] 33:1).

다르게 표현하자면, 유대인들이 토라를 받아들였으므로 하나님께서는 성소에, 더 나아가 성전에 임재하셨다는 것이다. 실제로 하나님의 영광은 온 땅에 충만하다. 그러나 그분의 임재는 특별히 유대인들이 그분의 지혜서를 연구할 때 더욱 특별하게 알 수 있다. 앉아서 토라를 연구할 때, 하나님께서 들어오시는 문은 활짝 열린다. 단 한 명의 유대인이라도 앉아서 토라를 연구한다면, 곧 하나님의 임재를 바란다는 것을 표현하는 것으로 그의 마음의 문이 열리면 열릴수록 그분의 임재는 더욱 크게 나타날 것이다.

심지어 다섯 명이라도 어떻게 우리는 이것을 아는가?
성경에 말한 바와 같다.
'그 궁창의 기초를 땅에 두시며'(암 9:6)
심지어 세 명이라도 어떻게 우리는 이것을 아는가?
성경에 말한 바와 같다.
'하나님은 신들의 모임 가운데에 서시며
하나님은 그들 가운데에서 재판하시느니라.'(시 82:1)
심지어 두 명이라도 어떻게 우리는 이것을 아는가?
성경에 말한 바와 같다.
'그때에 여호와를 경외하는 자들이 피차에 말하매
여호와께서 그것을 분명이 들으시고'(말 3:16)
심지어 한 명이라도 어떻게 우리는 이것을 아는가?
성경에 말한 바와 같다.
'내가 내 이름을 기념하게 하는 모든 곳에서
내게 임하여 복을 주리라(출20:24).'

'하나님의 임재가 토라를 연구하는 자들 중에 나타난다'는 의미는 제일 먼저 그들이 하나님의 섭리로 축복을 받고, 토라를 연구함으로써 도움을 얻는다는 것인데, 이는 하나님께서 그들의 눈과 마음을 여시고 그들의 본래 능력으로는 얻을 수 없는 위대한 지식과 통찰을 보고 또 알게 해주시기 때문이다(티페레스 이스라엘[Tiferes Yisrael]).

열 명의 사람들이 토라연구에 참여할 때, '하나님께서 그들 중에 임하신다.' 기록된바 '하나님이 신들이 모인 가운데' 서 계시기 때문이다. 여기서 '모인 가운데'라는 단어의 히브리어는 '에이다'로써, 하나의 목적을 위해 모인 열 사람의 모임을 의미한다. 이 단어는 거룩한 땅에 대하여 악평하고 거부했던 열 명의 정탐꾼을 '에이다'라고 지칭하는 구절에서 유래된 것이다(민 14:27, 산헤드린[Sanhedrin] 2a).

하나님의 임재가 다섯 사람이 모인 곳에도 임재하신다는 주장은 '땅 위에 그분의 사람들을 세우신다'(암 9:6)라는 구절에 근거한다. 여기서 '사람들'로 번역된 히브리어 단어는 '아그다'로서, 사람의 손 다섯 손가락을 의미하기도 하는데(라쉬[Rashi], 람밤[Rambam], 라베이누 요나[Rabbeinu Yonah], etc.), 이 단어가 다섯 사람을 암시한다고 이해할 수 있다. 그렇다면 이 구절에서 하나님의 임재를 나타내는 단어는 어디에 있는가? 바로 본 구절의 앞부분에서 찾을 수 있다. '그의 궁전을 하늘에 세우시며 그 궁창의 기초를 땅에 두시며 바닷물을 불러 지면에 쏟으시는 이니 그 이름은 여호와시니라'(암 9:6). 하나님께서는 궁전을 '하늘에' 세우신다. 그러나 하나님을 따르는 사람들은 이 땅에 살고 또 이 땅에서 모여 하나님의 이름을 높이기 때문에, 하나님께서는 하늘에 궁전을 지으신 것과 마찬가지로 땅에도 거하실 처소를 세우신 것이다.

우리는 '하나님은 그들 가운데에서 재판하시느니라'(시 82:1)라는 구절에서 하나님의 임재가 세 사람 가운데 있다는 것을 배우게 된다. 더 나아가 유대교 재판은 최소 세 명의 판사들로 이루어진다. 세 명의 판사가 할라카에 따라 판결을 내릴 때, 하나님께서도 그들 중에 앉아 재판에 참여하신다.

또한 우리는 '여호와께서 그것을 분명히 들으시고'(말 3:16)라는 구절에서 하나님께서 두 사람이 모여 토라를 배우는 자리에도 임재하신다는 것을 배우게 된다. 특히 하나님께서는 그들의 이름을 '여호와 앞에 있는 기념 책에 기록하셨느니라'(ibid.). 즉, 두 사람이 함께 토라를 연구하면, 하나님께서는 그들이 토라를 말하는 것을 들으시고 그 말을 기록하신다는 것이다.

마지막으로, '내가 내 이름을 기념하게 하는 모든 곳에서 네게 임하여 복을 주리라'(출 20:24)라는 구절에서 하나님께서 단 한 사람에게라도 임재하신다는 것을 배우게 된다. 히브리어에는 '너희에게 가서'와 '너희에게 복을 주겠다'가 단수로 기록되어 있다. 각 동사는 서로 다른 보상을 의미한다. 첫 번째는 곧 하나님께서 토라를 연구하는 자에게 그분의 거룩하심을 내려주신다는 것이며, 두 번째는 더 나아가 그분께서 축복까지 하신다는 것이다.

그 누가 하나님의 이름을 말하랴?

하나님께서 임재하신다는 주장의 근거로 제시된 구절에서는 토라를 연구하고 말하는 사람이라면 그 누가 됐건 하나님께서 그분의 이름이 불려 지도록 허락하셨다는 것을 말하고 있다. 그리고 명백히 본 구절은 "나의 이름을 말하고...(중략)준 곳이면 어디든지"라고 언급한다.

랍비 욤 투브 벤 아브라함 이쉬빌리([R' Yom Tov ben Avraham Ishbili], 리트바[Ritva]라고도 불림)는 설명하기를 이런 표현은 단순하게 언어적으로는 특이한 것이나, 사실 타나크에서는 아트-바쉬[at-bash]로 알려진 알파벳 치환법과 함께 어디에나 찾을 수 있는 표현이다. 알파벳 치환법에서 알파벳의 첫 글자인 알레프(א)가 마지막 글자인 타브(ת)로 치환되며, 두 번째 알파벳인 베이트(ב)는 마지막에서 두 번째 알파벳인 쉰(ש)과 치환된다. 이런 식으로 단어들이 계속 치환되는 것이다.

'(너로 나의 이름을)말하도록'이라는 뜻의 히브리어 단어 '아즈키르'[azkir]의 첫 번째 알파벳은 알레프(א)이다. 알레프가 아트-바쉬 단어 치환법을 따라 타브(ת)로 치환되면, 이 단어는 '타즈키르'[tazkir], 즉 '너는 말할 것이다'라는 의미가 된다.

이 의견과 달리 미드라쉬 슈무엘은 우리가 토라를 배우고 그분의 이름을 말할 때 하나님께서도 함께 토라를 말하고 그분의 이름을 말하신다고 해석하고 있다.

더 나아가 랍비 하임 볼로진[R' Chaim Volozhin]은 루아흐 하임[Ruach Chaim]에서 이런 표현을 하나님의 풍성하신 은혜를 표현하는 것으로 본다. 욥기에서 하나님께서는 '누가 먼저 내게 주고 나로 하여금 갚게 하겠느냐'(욥 41:11)라는 수사적인 표현을 사용하신다. 현자들은 이 구절을 다음과 같이 해석한다. "내가 영혼을 주기 전에 먼저 날 찬양하던 사람이 있었느냐? 내가 아들을 주기도 전에 먼저 내 이름을 외친 사람이 있었느냐? 지붕을 주기 전에 먼저 천장 난간을 지으라는 계명을 실천한 사람이 있었느냐? 내가 집을 주기 전에 먼저 메주자(말씀이 적힌 문패로, 유대인들은 이 문패를 항상 문에 걸어 율법을 기억한다 - 역자 주)를 그 문에 건 사람이 있었느냐? 내가 자리를 마련해주기 전 먼저 초막을 지은 사람이 있었느냐? 내가 살 돈을 주기 전 먼저 종려가지를 흔든 사람이 있었느냐? 옷감을 주기 전 먼저 옷 술을 단 사람이 있었느냐? 내가 경작할 땅을 주기 전 먼저 굶주린 자들을 위해 수확한 것을 따로 떼놓은 사람이 있었느냐?"

우리는 하나님의 선물을 사용하여 그분의 계명을 지킴으로써 그 분을 섬기고, 그렇게 함으로써 그분이 우리에게 주신 선을 위하여 그분께 감사를 표현한다. 이는 하나님께서 우리에게 행하신 일들에 감사를 표현하는 방법이다. 분명히 알아야 할 것은, 우리는 계명을 실천하였다고 해서 보상을 받을 만한 자격이 없다. 우리는 하나님을 섬겨야만 하는 입장일 뿐만 아니라, 하나님께서 우리에게 베푸신 선하심과 자비는 우리의 모든 것을 다 드려도 다 갚지 못하기 때문이다. 그럼에도 불구하고 그분의 크신 선함으로 하나님께서는 우리에게 그 보상의 확신을 주셨다.

하나님께서는 우리에게 토라를 연구할 수 있는 능력을 주신다. 결국 우리의 힘의 근원과 보는 능력, 그리고 이해하는 능력과 말하는 입의 근원은 무엇인가? 바로 이 모든 것은 하나님으로부터 온 것이다. 이들은 '내가(하나님께서) 너희에게서 나눈 갈비뼈요, 콧구멍으로 불어넣은 생기와 영이며, 입에 붙인 혀'인 것이다(니쉬마트 콜 하이[Nishmas Kol Chai]).

그러므로 하나님께서는 "내 이름이 불리도록 내가 허락한 곳이 어디든지, 내가 바로 내 이름을 말하는 힘을 주는 자이다. 그러므로 나 자신이 내 이름을 말하는 그 사람인 것이다. 그럼에도 불구하고, '나는 너희에게 와서 너희를 축복할 것이다'"라고 말씀하셨다. 우리가 그분의 토라를 우리의 것, 우리의 능력으로 받아들이고 또 연구하며 하나님께서는 우리로 하여금 그분의 이름을 부르게 하시고, 또 우리 중에 임재하시며 우리를 축복해 주실 것이다.

미쉬나 8절   משנה ח

רַבִּי אֶלְעָזָר אִישׁ בַּרְתּוֹתָא אוֹמֵר,
תֶּן לוֹ מִשֶּׁלּוֹ, שֶׁאַתָּה וְשֶׁלְּךָ שֶׁלּוֹ.
וְכֵן בְּדָוִד הוּא אוֹמֵר (דברי הימים א כט): כִּי מִמְּךָ הַכֹּל
וּמִיָּדְךָ נָתְנוּ לָךְ.

바르토타의 랍비 엘아자르는 말한다.
그의 소유로부터 나온 것을 그에게 드려라.
왜냐하면 너와 너의 소유물은 그의 것이기 때문이다.
그리고 다윗은 이렇게 말했다.
'모든 것이 주께로 말미암았사오니 우리가 주의 손에서 받은 것으로 주께 드렸을 뿐이니이다'(대상 29:14).

미쉬나 8절

바르토타의 랍비 엘아자르는 말한다.

랍비 여호수아 벤 하난야([R` Yehoshua ben Chanania], 랍비 아키바의 스승이기도 했다)의 제자였던 바르토타 랍비 엘라자르 벤 예후다[R` Elazar ben Yehudah of Bartosa]는 탄나의 시대 중 제 3세대의 사람이다. 라반 감리엘이 그의 이름을 언급한 것에 추유하여(올라[Orlah] 1:4) 그가 학당에서 유명한 권위자였다는 것을 추론할 수 있다. 그는 위대한 교사이기도 했으며, 그의 제자들 중에서는 랍비 쉬므온 바르 요하이도 포함되어 있다(토사프타 자빔[Tosefta Zavim] 1:5).

불편한 환경 속에서 살았음에도 불구하고 랍비 엘라자르는 유별나게 인자한 사람으로, 다른 모든 일을 제쳐두고 다른 사람들을 도왔고, 그로 인해 정작 기부금을 모아야 하는 자선가들이 그를 피하기까지 했다(타니스[Taanis] 24a). 그의 딸이 약혼하였을 때 랍비 엘라자르는 시장으로 가서 결혼식을 위한 물품들을 구매했다. 시장에서 그를 본 많은 자선가들이 그 자리를 피하려 했다. 그러나 그는 자신을 피하는 자선가들을 쫓아가 누구를 위해 기부금을 모으는지를 일일이 물었다.

자선가들이 "부모를 잃은 아이들이 결혼을 할 수 있도록 기부금을 모으고 있습니다"라고 대답했다. 그러자 랍비 엘라자르가 외쳤다. "그 아이들이 내 딸보다 우선이요! 감사합니다, 하나님, 제 딸은 부모가 있지 않습니까. 제 딸은 오늘 아버지에게 아무것도 받지 못하더라도 내일은 받을 수 있습니다. 하지만 저 아이들에게는 돌보아 줄 사람이 하나도 없습니다."

랍비 엘리야후 스히크([R' Eliyahu Schick], 테레크 아보트[Derech Avos]의 저자로 1874년 작고)는 이에 더하여 말하길 랍비 엘라자르는 명망 있는 토라 학자로서, 그 딸이 지참금이 없이도 그의 딸을 결혼시킬 것이라고 확신했다. 어쨌거나 그는 그 자리에서 밀알을 살 돈 한 드라크마를 남기고는 모두 그 자선가들에게 주었고, 시장에서 산 약간의 밀알은 학당으로 가기 전 곳간에 놓았다.

그의 아내가 딸에게 아버지가 무엇을 사왔냐고 묻자, 딸은 대답했다. "모르겠어요. 그냥 곳간에 뭘 넣어 놓으시더라구요." 깜짝 놀란 그의 아내는 바로 곳간으로 달려갔다. 그 곳에서는 믿지 못할 광경이 펼쳐져 있었는데, 바로 밀알이 잔뜩 쌓여있는 것이었다. 워낙 많이 쌓인 나머지 곳간 문을 제대로 열지도 못할 정도였다.

이 일을 본 딸은 학당으로 달려가 랍비 엘라자르에게 말하였다. "하나님께서 역사하셨어요! 와서 좀 보세요!"

그러나 엘라자르는 그 모든 곡식을 어려운 사람들에게 나누어 주었다. 왜냐하면 그는 그것을 자신의 것이 아닌 하나님의 것으로 생각했기 때문이다. 그의 딸도 다른 어려운 사람들이 가져간 양보다 더 많이 가져가지 못하게 하였다.

**그의 소유로부터 나온 것을 그에게 드려라.
왜냐하면 너와 너의 소유물은 그의 것이기 때문이다.**

자선을 베풀 때는 자기가 기부한 돈으로 누군가가 도움을 받았다는 사실에 만족감을 느낄 수 있다. 만일 기부하는 사람이 수전노와 같은 기질을 가지고 있다면, 기부를 하면서도 그 돈이 자기 수중에 있었더라면 무슨 일을 할 수 있었을지를 계속 마음 속에 담아둘 수도 있다.

그러나 위의 두 마음가짐은 적절하지 않다. "그의 소유로부터 나온 것을 그에게 드려라." 기부할 때는 내 돈을 내는 것이 아니라, 하나님의 것을 주는 것이라는 믿음을 가지고 있어야 한다. 모든 것은 하나님께 속한 것이기 때문이다. 학개의 말에 의하면, 하나님께서는 '은도 내 것이요 금도 내 것이니라 만군의 여호와의 말이니라'(학 2:8)라 하셨고, 또 우리에게 "너희가 가진 것으로 나의 영광을 높이지 말며, 내가 너희에게 준 나의 것으로 하라"(페시크타 레에[Pesikta, Re'eh])고 말씀하셨다.

라베이누 요나의 말에 따르면, 우리가 가진 돈은 하나님께서 우리에게 빌려주신 것이다. 우리에게 풍족하게 물질의 축복을 허락하시고, 이를 쓸 수 있게 해주신 하나님께 감사해야 한다. 때문에, 다른 사람들과 돈을 나누어야 한다고 해서 이에 화를 내거나 나눠서는 안 된다고 분명히 말할 수 없다.

어떤 왕이 자기 신하에게 "금화 1,000개를 줄 터이니 그 중 100개는 원하는 곳에 쓰고, 나머지 900개는 내가 말한 아홉 사람에게 나누어 주거라"라고 명했다고 생각해 보자. 그 신하는 분명히 기뻐할 것이다. 먼저는 왕이 자기를 신뢰한다는 사실에 기뻐할 것이며, 또 이토록 귀한 선물을 왕으로부터 받는다는 사실에 기뻐할 것이다.

하나님께서는 우리의 왕이시며, 100 중에서 90이 아니라 10이나 20을 어려운 이들에게 나누어주라고 말씀하신다. 그것이 우리로 하여금 당황하게 하는 것인가? 오히려 우리는 하나님께서 우리를 신뢰하셔서 그분의 것을 빌려주셨다는 사실에 기뻐해야 한다. 뿐만 아니라 우리는 그분께서 주신 것들의 대부분을 쓸 수 있도록 우리에게 허락하신 하나님께 감사해야 한다.

**그리고 다윗은 이렇게 말했다.
'모든 것이 주께로 말미암았사오니
우리가 주의 손에서 받은 것으로 주께 드렸을 뿐이니이다.'**

피르케이 아보트는 할라카의 기본 규칙이 아닌 경건 생활에 초점을 맞춘 책이다. 그러므로 이 미쉬나 구절의 의도가 자선을 하라는 권면이 아님을 쉽게 유추할 수 있다. 오히려 이 구절은 자선의 권면보다는 우리가 가진 것을 나눌 때에 우리가 가져야 할 올바른 태도와 올바른 감정에 대

해서 가르쳐주고 있다고 보는 것이 더욱 적절하다. 우리의 것은 하나님께서 주신 것이며, 이를 다른 사람과 나누어야 한다는 사실을 단순히 아는 것만으로는 충분하지 않다. 하나님께서 우리 손에 맡기신 것이므로, 우리가 가진 것은 여전히 하나님의 것이기에 우리는 그저 그분의 돈을 관리하는 관리인에 지나지 않는다는 것을 느껴야만 한다. 자선을 하고 돈을 쓰더라도, 사실 이 모든 활동은 하나님께서 우리에게 주신 돈을 그저 여기에서 저기로 옮기는 것에 지나지 않는다. 한 번 주인은 영원한 주인이므로, 모든 것은 여전히 하나님의 것이다.

유대인들의 열정적이고도 아낌없는 지원 덕분에 다윗 왕은 성전을 건축하는 데에 드는 비용을 모을 수 있었다. '금 삼천 달란트와 순은 칠천 달란트라 … 놋 만 팔천 달란트와 철 십만 달란트를 드리고'(대상 29:4-7).

다윗 왕은 이처럼 많은 양이 모금된 것을 보고, 하나님께 다음과 같이 기도했다.

'나와 내 백성이 무엇이기에 이처럼 즐거운 마음을 드릴 힘이 있었나이까 모든 것이 주께로 말미암았사오니 우리가 주의 손에서 받은 것으로 주께 드렸을 뿐이니이다'(대상 29:14) 다른 말로 표현하자면, 다윗은 자신과 자기 백성들이 진정으로 특별히 대단한 일을 한 것인지, 또 진정으로 모든 것을 바친 것인지 반문하고 있는 것이다. 더 나아가 그는 '우리가 드린 모든 것은 하나님께서 주신 것'이라고 말하며, '그가 네게 재물 얻을 능력을 주셨음이라'(신 8:18)라고 하신 것을 단 한 순간이라도 잊고 살지는 않았는지 묻고 있다.

다윗 왕은 계속해서 '주님 앞에서 이방 나그네'이며, '우리의 모든 조상들처럼 거류민들이라 세상에 있는 날이 그림자 같아서 희망이 없나이다.'라고 고백하고 있다. "우리 하나님 여호와여, 이 모든 물건은 우리가 주의 거룩한 이름을 위하여 성전을 건축하려고 미리 저축한 것입니다." 이어 그는 다음과 같은 고백을 강조하며 반복한다. "다 주의 손에서 왔사오니 다 주의 것이니이다!"(대상 29:15-16).

다윗 왕은 "나의 하나님이여 주께서 마음을 감찰하시고 정직을 기뻐하시는 줄을 내가 아나이다 내가 정직한 마음으로 이 모든 것을 즐거이 드렸사오며 이제 내가 또 여기 있는 주의 백성이 주께 자원하여 드리는 것을 보오니 심히 기쁘도소이다"(히브리어 성경 대상 29:18, 한글성경 대상 29:17)라고 기도의 결말을 다음과 같이 맺고 있다. 라베이누 바흐야[Rabbeinu Bachya]는 이를 다음과 같이 해석한다. "지금 이들이 주님의 성전을 위해 한 것과 같이, 유대인들의 마음을 영원히 지켜주소서, 그래서 그들이 앞으로도 하나님께서 주신 것들을 기꺼이 당신께 돌려드리게 하소서"(라베이누 바흐야[Rabbeinu Bachya]).

베푸는 능력 자체로 하늘의 선물이라

다윗 왕의 말씀으로부터 우리는 베푸는 행위가 바로 하나님으로부터 온 것임을 알 수 있다. 하나님께서는 우리가 이기적인 본능과 소유하려는 욕망을 극복하도록 도와주심으로 다른 사람과 기쁜 마음으로 자기의 것을 나눌 수 있게 하신다. 현자들이 말한 바, 악한 마음은 매일같이 끓어오르나 하나님께서는 이런 우리를 도우신다 하심과 같다(키두쉼[Kiddushin] 30b). 하나님의 도우심이 없다면, 우리는 우리 자신의 무지몽매한 충동이 주는 압박에 무릎을 꿇을 수밖에 없다. 하나님께서는 우리가 옳은 길을 택하기를 기다리신다. "만일 사람이 스스로를 깨끗하게 하면, 그는 위로부터 도움을 받을 것이다"(요마[Yoma] 38b).

'여호와께서 그의 진노를 그치시고 너를 긍휼히 여기시고 자비를 더하사' 신명기 13장 18절(히브리어 성경 13:16, 한글성경 13:17)의 구절이다. 이 말씀은 우리가 다른 사람들에게 자비를 베푸는 것 또한 하나님께서 우리에게 주시는 선물이라는 것을 알려주고 있다.

이 구절(대상 29:16)에서 다윗 왕은 다음과 같이 말하고 있다. "우리 하나님 여호와여, 이 모든 물건이 다 주의 손에서 왔사오니" 즉, 우리가 받은 것과 우리가 하나님께 드릴 수 있는 능력은 모두 '다 주님의 손에서 받은 것'이라는 것이다. 선한 마음과 올바른 지식을 주시며, 또 우리의 마음속에 자리하여 자기 것을 나누는 것을 방해하는 본능과 이기심을 이겨낼 의지를 주시는 분은 바로 하나님이시다.

볼로진의 랍비 하임[R' Chaim of Volozhin]은 여기에 더하여 반대의 경우도 성립한다고 덧붙인다. 즉, 인색한 마음에 쉽게 굴복하여 너그러운 마음과 자비로운 마음을 가지려고 노력하지 않는다면, 이후에 다른 사람에게 자기 것을 나누고자 할 때 하나님께서 그 마음을 무겁고 강퍅하게 만드신다는 것이다. 그러므로 현자들은 "방도를 찾을 때까지, 할 수 있을 때가지 너그럽게 행하라. 그리하면 네 마음에 거리낌이 없으리라"(샤보트[Shabbos] 151b)라 말한 것이다.

아버지께 드리는 아이의 선물

어느 아버지와 아들이 있었다. 아버지의 생일이 되자, 그는 아들이 자기 생일 선물을 살 수 있도록 용돈을 주었다. 아이가 시장에서 선물을 사 와 아버지에게 주었을 때, 그는 크게 감동하여 아이에게 진심으로 감사했다. 이때가 되는가? 그 선물은 결국 자기 돈으로 산 것이다. 그럼에도 그는 자기 돈을 다시 받아야 할 것으로 여기지 않는다. 오히려 아들이 용돈으로 산 선물을 사랑과 감사의 표현으로 받아들인다. 아버지가 아들에게 준 모든 사랑과 노력은 이렇게 그 결실을 맺은 것이며, 아들은 아버지의 사랑에 이런 방식으로 화답한 것이다.

우리는 하나님의 자녀들이다. 모든 것은 주님께 속해 있으며 우리가 주님께 드릴 수 있는 우리의 것은 아무것도 없다. 그러나 우리가 감사하는 마음으로 기꺼이 우리의 가진 것을 선한 행실과 계명을 지키는 데에 사용할 때, 우리는 하나님을 향한 우리의 사랑과 충성을 선포하는 것이다.

하나님의 대리인

다수의 주석가들은 "그분께 그분의 것을 드리라"라는 구절은 우리에게 어려운 사람들이 청구할 권리가 있다는 것, 즉 우리는 가난한 사람들에게 자선기금을 제공해야 함을 의미한다고 해석하고 있다.

로마의 악한 위정자인 투르누스 루푸스[Turnus Rufus]가 랍비 아키바에게 도전했다. "하나님께서는 가난한 자들을 사랑하신다고 하셨는데, 왜 정작 도와주지는 않으십니까?" 이에 아키바가 대답했다. "우리가 그들을 도움으로 게힌놈에서 구원을 받을 수 있기 때문입니다"(바바 바스라[Bava Basra] 10a). 하나님께서 누구는 부유하게 하시고 또 누구는 가난하게 하신 이유를 우리는 절대 알 수 없다. 그러나 단 하나 확실한 것은, 하나님께서는 부유한 사람을 가난한 사람을 돕는 사자로 보내셨다는 것이다.

레브 아보트[Lev Avos]에서는 '이 모든 물건은 다 주님의 손에서 받은 것이니'라는 말씀의 의미에 대해 설명해주고 있다. 즉 할라카의 원리에 따르면 사자(대리인[agent])가 하는 일은 그의 법적인 대리인이라는 것이다. 이에 따르면 우리가 너그러운 마음으로 자선을 행하고 자기 것을 어려운 이들과 나눈다면, 이것이 곧 하나님의 은혜로우신 손으로 행하는 것과 마찬가지라는 것이다.

그가 받아야 할 것을 주라

미드라쉬 슈무엘은 기록하기를, '네 손이 선을 베풀 힘이 있거든 마땅히 받을 자에게 베풀기를 아끼지 말며'(잠 3:27)라는 구절은 우리가 남을 도울만한 능력이 있을 때에 주저하지 말고 즉시 자선을 행하라는 뜻이다. 이 구절에서 '마땅히 받을 자'라는 문자를 그대로 해석하면 '주인'이라는 뜻이다. 즉 가난한 사람은 우리의 도움을 받을 자격이 있는 사람이며, 마땅히 받아야 할 사람이라는 것이다.

랍비 하임 이븐 아타르[R' Chaim Ibn Attar, '오르 하하임'의 저자]는 '네가 만일 너와 함께 한 내 백성 중에서 가난한 자에게 돈을 꾸어주면…'(히브리어 성경 출 22:24, 한글성경 22:25)라는 구절에서도 위의 견해와 동일한 의미를 찾아내고 있다.

마지막 구문인 '너희 옆에 가난한 사람'이라는 단어에서 우리는 어떤 가르침을 얻을 수 있을 것인가? 즉 우리가 먹고 사는 데에 충분한 만큼 이상의 돈이 있다면, 이를 '나의 백성들'(즉 하나님의 백성들)에게 빌려주어야 하며, 이를 자기 것이라고 생각하지 말라는 것이다. 그러므로 이 구절은 이렇게 번역할 수 있다. '나의 백성들, 즉 너희 옆에 가난한 사람에게 (그들이 사실에 사니 이김은 니미 등인) 돈은 빌려주어라'

같은 구절의 말미인 '너희는 그에게 빚쟁이처럼 재촉하지 말라'는 구절은 빌려준 자가 가난한 자 위에 있듯이 행하지 말라는 것을 의미한다고 볼 수 있는데, 이는 '빚쟁이'라는 단어의 히브리어인 '노쉐'[nosheh]가 '낫쏘'[nasso], 즉 '높음'이라는 단어와 연관된 단어이기 때문이다. 즉 이 구절은 가난한 이에게 돈을 주었더라도, 이는 그저 그 사람이 받아야 할 것을 준 것이므로 '거만한 태도로 그를 대하지 말라'는 의미라는 것이다.

농부는 가난한 자들을 위해 수확물 중 일부를 따로 떼어놓아야 한다. 율법에는 농부가 반드시 자기 수확 중 일부를 가난한 이들을 위해 떼어놓아야 한다고 명시하고 있으므로(훌린[Chullin] 134a), 이에 대해 따로 의심할 여지는 없다. 그러나 다른 사람이 가지고 있는 것을 자기 것으로 가지고자 할 때에는 반드시 자기 권리를 증명해야 하는 것이 기본 원리이므로(바바 카마[Bava Kamma] 46a), 소득을 따로 떼어놓는 것의 정당성은 그리 쉽게 논할 수 있는 것만은 아니다. 그렇다면 가난한 사람들이 자기 권리를 증명하지 않아도 되는 이유는 무엇인가? 바로 농부들이 떼어놓은 수확물의 일부는 이미 가난한 자들이 주인이므로, 남의 것을 자기가 가져가려는 것이 아니기 때문이다.

너그러움을 표현하는 올바른 방법

우리가 가진 것은 모두 하나님께서 빌려주신 것이라는 관점은 바르토사의 랍비 엘아자르를 포함한 수많은 토라의 선구자들이 자신의 재산을 어려운 이들에게 나누도록 영감을 받게 하였다. 예를 들면, 산츠의 랍비 하임 할베르스탐([R' Chaim Halberstam of Sanz], 디브레이 하임이라고도 불림)은 자기 집에 동전 하나라도 두는 일이 없었으며, 자기 수중에 있는 모든 것을 가난하고 어려운 이들을 위해 사용했다고 한다.

어느 날 한 가난한 사람이 랍비 하임의 집에 찾아 왔다. 자기 딸이 결혼을 하는데, 결혼식을 치를 돈이 없다는 사연이었다. 랍비 하임은 그를 돕고자 했으나, 애석하게도 집에는 그에게 줄 만한 것이 하나도 없었다. 안타까워하던 랍비 하임이 무심코 책장으로 눈을 돌리자, 그의 장인인 랍비 바루흐 프랭클 테오밈([R' Baruch Frankel-Teomim], '바루크 타암'의 저자)이 선물해준 탈무드 책들이 눈에 들어왔다.

특별히 값이 나가는 책들이었으며, 특히 '바루크 타암'에서 나온 탈무드 책들이었기 때문에 그 값은 다른 책들보다 더욱 가치가 있었다. 랍비 하임은 자신을 찾아온 남자에게 그 책들을 주며, 이 책들을 팔아 딸의 결혼식의 비용을 충당하는 데에 사용할 수 있도록 했다.

집으로 돌아온 랍비 하임의 아내는 아버지가 남긴 탈무드 책들이 사라진 것을 보고 괴로워했다. 이에 랍비 하임이 말하였다. "가난한 사람은 돈을 필요로 하오. 그리고 나는, 나는 언제든지 내게 좋은 책들을 빌려줄 수 있는 선한 유대인들을 찾을 수 있다오."

그러나 일반적인 상황에서 우리는 우리가 가진 모든 것을 주는 것이 쉽지 않으며, 우리가 가진 것의 20퍼센트 정도를 주는 것도 역시 매우 어려운 일이다. 이런 어려움도 이 미쉬나에 암시되어 있다. 이 미쉬나의 '그에게 그의 것을 주라'는 말씀은 곧 '어려운 사람에게' '그가 받아야 할 것을', 즉 가진 것의 일부를 주라고 해석할 수도 있다. 만일 이 구절이 자기의 전부를 주라는 의미라면, 돕는 자는 더 가난하게 되어 정작 자기 자신이 다른 사람의 도움을 받아야 할 처지가 되어버리고 말 것이기 때문이다.

미드라쉬 슈무엘은 '또 주린 자에게 네 양식을 나누어 주며 유리하는 빈민을 집에 들이며 헐벗은 자를 보면 입히며 또 네 골육을 피하여 스스로 숨지 아니하는 것이 아니겠느냐'(사 58:7)라는 구절에서 이와 같은 견해를 도출해낸다. 그는 '너의 골육'은 곧 그의 몸을 뜻한다고 해석한다. 즉 '너의 몸의 도움으로부터 눈을 가려 무시하지 말고, 네 몸을 덮을 옷을 챙겨라. 그 후에 헐벗은 사람에게 옷을 입혀 주어라'라고 이 말씀을 해석할 수 있다는 것이다.

너의 돈은 물론 너의 영혼도 주어라

본 구절은 왜 '너와 네가 가진 모든 것이 그분의 것이니'라고 말하고 있는 것인가? 일부는 해석하기를, 이 말씀은 우리가 하나님께 고용된 종이라는 것을 의미한다고 말하고 있다.

그러므로 우리가 가진 모든 것은 사실 그분의 것이라는 말이다. 사실 우리가 소유하고 있는 것은 아무 것도 없다. 사실 이 구절은 '너는 그분의 것이니'라고 언급하기만 해도 충분하다. 이미 우리가 하나님의 종이므로, '네 모든 것이'라는 말을 붙이지 않아도 된다는 것이다.

라베이누 요나[Rabbeinu Yonah]는 이 말씀은 우리 자신도 내어주어야 함을 의미한다고 설명한다. 우리는 하나님께 사랑과 충성, 헌신을 표현하여야 한다. 그러므로 하나님께서는 우리에게 '(할 수 있는 한 강렬하게)네 마음을 다하고 뜻을 다하고(그러한 후에야) 힘(네가 가진 것)을 다하여 네 하나님 여호와를 사랑하라'고 명령하신 것이다.

육과 영

랍비 모세 알모스니노[R' Moshe Almosnino]는 이 미쉬나를 완전히 다른 관점에서 바라보고 있다. 이 구절은 토라를 배우는 일이 얼마나 중요한지를 가르치는 구절들 사이에 있으므로, 문맥에 따라 토라 연구가 이 구절의 주제이기도 하다.

이 구절은 하나님께 그분의 것을 드려야 한다고 가르치고 있다. 그렇다면 하나님의 것들 중 특별한 것으로 무엇을 선택할 수 있을까? 바로 토라이다. 그렇다면 우리는 어떻게 해야 하는가? 바로 이 토라를 연구함으로써 하나님께 기쁨을 드리는 것이다. 하나님께서 우리에게 삶을 주시고 능력을 주셔야 우리가 토라를 배울 수 있다. 그러므로 "너와 네가 가진 모든 것이 그분의 것이니"라고 말하고 있는 것이다.

하시드 야베츠[Chasid Yaavetz]는 이 구절이 토라 학자들을 돕는 것과 토라의 지식을 다른 사람들과 나누는 것(예로, 토라를 이해하는 데에 어려움을 겪거나 자신감이 없는 학생에게 토라를 가르치는 것 등) 두 가지를 모두 의미한다고 해석하고 있다.

코쯔커 레베[Kotzker rebbe]는 "광야의 세대는 어떻게 어려운 이를 도우라는 계명을 지킬 수 있었는가?"라고 묻는다. 이 세대에는 그 누구도 배고프지도, 헐벗지도, 노숙하지도 않았다. 이에 대한 코쯔커의 답은 다음과 같다. 곧 특별히 영적인 지식이 충만한 사람이 다른 이들을 가르쳤기 때문이라는 것이다. 이스라엘 백성들은 자기 것을 나누지 않고는 살 수 없었음, 사사가 사진 모든 것은 하나님께서 주신 선물임을 배워서 알고 있었으므로, 그들은 자기의 것을 거리낌 없이 다른 이들과 나누었다.

미쉬나 9절　　　　　　　　　משנה ט

רַבִּי יַעֲקֹב אוֹמֵר,
הַמְהַלֵּךְ בַּדֶּרֶךְ וְשׁוֹנֶה וּמַפְסִיק מִמִּשְׁנָתוֹ
וְאוֹמֵר, מַה נָּאֶה אִילָן זֶה וּמַה נָּאֶה נִיר זֶה, מַעֲלֶה
עָלָיו הַכָּתוּב כְּאִלּוּ מִתְחַיֵּב בְּנַפְשׁוֹ:

랍비 야아코브는 말한다.
(토라 수업)을 복습하며 걷다가 그의 복습을 멈추고는 소리치는 사람,
'이 나무가 얼마나 아름다운가!
이 기경된 밭이 얼마나 아름다운가!'
성경은 마치 그가 그의 영혼에 죄를 품고 있는 것처럼 간주한다.

미쉬나 9절

랍비 야아코브는 말한다

    구절에서 '랍비 야아코브'라고 언급될 때에는 랍비 예후다 하나시의 스승 중 한 명이었던 랍비 야아코브 바르 코르샤이[R' Yaakov bar Korshai]를 일컫는 것이다. 그러나 이 미쉬나에 언급되는 랍비 야아코브는 랍비 엘리에제르 벤 야아코브[R' Eliezer ben Yaakov]의 아버지를 언급한다고 말한다(이 미쉬나를 랍비 쉬므온 바르 요하이의 기록으로 여기는 주장도 있다).

(토라 수업)을 복습하며 걷다가 그의 복습을 멈추고는

    랍비 하난야 벤 하히나이의 구절(3장 5절)과 이 미쉬나 사이의 가장 두드러진 차이점은, 앞 구절에서는 '그의 마음을 나태함으로 향하게 하는 사람'(즉 전혀 토라를 연구하지 않는 자)을 언급하는 반면 이 미쉬나는 토라를 배우지만 외부적인 요소로 인해 공부에 집중하지 않는 자를 언급한다는

것이다. 볼멘소리를 하며 공부를 그만두는 사람에게, "그를 죽어 마땅한 사람과 같다고 여긴다"고 말했다.

그 이유는 무엇인가?

랍비 모세 알모스니노는 이 구절에 나오는 사람이 저지른 악을 두 가지로 설명하고 있다. 첫째, 그는 연구를 중단하였다. 둘째, 이를 소리치며 말했다. 우연히 생각이 다른 길로 흐를 수는 있다. 그러나 고의가 아니고서는 말을 할 수는 없으므로 징계를 받게 된다는 것이다. 메이리[Meiri]는 이 미쉬나의 비판 수위는 그리 높지 않은 것으로 보고 있는데, 이는 이 구절에서는 '죽어 마땅하다'고 드러내어 이야기하지 않고 '죽어 마땅한 사람과 같다'고 말하고 있기 때문이다.

삶의 길에서
다수의 주석가들(라쉬밤, 메이리, 바르테누라의 랍비 오바디야의 첫 번째 주석을 포함하여)은 이 미쉬나가 상황에 상관없이, 단순히 토라를 연구하다 중간에 그만 둔 사람에 대하여 말하고 있다고 해석하고 있다. 이 미쉬나는 특별히 계획적이지 않은 우연한 상황을 특징짓고 있으므로, 우리에게 예를 보여주려는 의도가 있음을 파악할 수 있다.

그러나 메이리의 견해에 따르면, 이 미쉬나는 길을 가는 중이나 집중하기 힘든 때, 공부를 방해하는 것들이 너무나 많을 때에 특히 멈추지 말고 토라 연구에 더 정진하라는 가르침을 제시해주고 있다.

우리는 이 미쉬나를 비유적으로 이해할 수 있다. 우리가 걷는 삶의 길은 어려움과 장애물들로 가득 차 있는 가시밭길이다. 먹고 살기 위해 분투하고, 건강을 유지하며, 자녀들을 키우는 것 등 삶의 모든 것들이 고난이요 힘든 일이다. 그럼에도 불구하고 토라 연구를 멈추지 말아야 한다는 것이다.

미드라쉬 슈무엘은 '여호와의 증거들을 지키고 전심으로 여호와를 구하는 자는 복이 있도다.'(히브리어 성경 시 119:1, 한글 성경 119:2)에서 이런 견해의 근거를 찾는다. 복된 사람은, 길(삶의 길)을 걷는 중이거나 그 길에서 수많은 어려움이 있더라도 주님의 토라와 함께 그 길을 걷는 사람인 것이다.

마음 놓고, 혹은 마지못해

이 미쉬나는 사람이 그의 연구를 중단하도록 강요당한다면, 그는 후회와 슬픔을 느껴야 할 것이라고 가르치고 있다. '이제 좀 쉬겠구나'라고 안도하는 마음으로 책을 던져놓는 것이 아니라, 마음 속으로 수만 번의 갈등을 거친 후에야 손에 든 탈무드를 내려놓는 경험을 한번은 해보아야 한다는 것이다(케사오 쏘페르[Kesao Sofer]).

토라를 마지못해 내려놓을 때에 크나큰 슬픔을 느낀다는 것은 곧 그가 다시 기회가 있을 때에 곧바로 배움의 자리로 돌아올 것임을 뜻한다. 뿐만 아니라 책을 놓을 때의 반응은 배움이 그에게 얼마나 중요한 일인지를 보여주는 것으로, 하늘에 쌓는 보상이다. 반면 배움을 멈출 때에 아무런 거리낌이 없으며 심지어 다른 일로 인해 책을 덮는다는 사실에 기쁘기까지 한다면, 이는 자기가 얼마나 낮은 자인지를 보여주는 것과 같다. 이런 사람은 마치 토라의 멍에를 기쁨으로 벗어던지고 자기 마음을 공허한 데로 돌리는 것과 같다.

미쉬나를 집대성하다

"이 나무가 얼마나 아름다운가! 이 기경된 밭이 얼마나 아름다운가!"

하시드 야베쯔와 바르테누라의 랍비 오바디야, 그리고 다른 현자들의 해석에 따르면 이 미쉬나는 예상치 못한 일로 인해 잠깐 배움을 멈추었으나, 도중에 하나님께서 창조하신 아름다움에 놀라 감탄을 표현하고자 하는 사람에 대해 말하고 있는 것이 아니다. 그럼에도 불구하고 성경은 그것을 마치 자신에게 죽음을 가져오는 것으로 간주한다.

그 이유는 토라를 연구하는 일이 너무나 중요해서 우리가 감히 멈출 수 없기 때문이다. 심지어 다른 계명을 지키기 위해서 그렇게 한다 해도 그렇다. 야베쯔는 작은 거룩함을 위해 큰 거룩함을 희생하지 말라고 가르친다(물론 이런 원리는 누군가 도움을 필요로 하나 나 외에는 도와줄 사람이 없을 때에는 적용되지 않는다).

자연 속의 지혜

우리는 창조의 지혜를 묵상함으로 창조주의 존재를 인식할 수 있다.

우리의 조상 아브라함은 자연 세계를 묵상함으로써 하나님을 향한 믿음을 정확하게 키울 수 있었다. 이 세상의 완전함과 자연의 힘이 가진 아름다움, 그리고 놀라움을 보았던 것이다. 더 나아가 그는 이 모든 것들이 유일한 창조주, 곧 모든 것들을 조화롭게 이룰 수 있는 단 하나의 존재가 없이는 이토록 완벽하게 만들어질 수 없음을 깨달았다(버레이쉬트 라바[Bereishis Rabbah] 39a, 피르케이 데랍비 엘리에제르[Pirkei DeRabbi Eliezer] 15). 람밤은 아브라함이 영적으로 성장한 과정을 다음과 같이 묘사한다.

"어렸을 때, 그는 낮과 밤을 묵상하다가, 문득 생각했다. '그 누가 이끌어주지 않고서는 별들은 저렇게 제 길을 정확히 찾아 움직일 수 없지 않겠는가? 그렇다면 누가 그 길을 이끈다는 말인가? 별들은 자기 스스로 속도를 내어 움직일 수 없다.' 아브라함은 우상 숭배자들이 가득했던 갈대아 우르에서 나고 자랐기 때문에, 그에게 하나님에 대해 가르쳐줄 선생은 아무도 없었다. 실제로 그의 아버지와 어머니는 우상을 숭배했고, 그 역시 부모를 따라 우상을 섬겼다. 그러나 그가 진리의 길을 걸으며, 온 세상을 창조하시고 별의 운행을 다스리시는 하나님이 계시다는 것, 그리고 그 하나님이 오직 한 분 하나님이심을 깨닫기까지 그의 마음은 날로 고귀해졌고, 그의 이해는 더욱 깊어졌다."

창조의 경이로움을 바라봄으로써 우리는 하나님을 사랑하고 또 경외하게 된다. 람밤은 가르치기를, "하나님을 사랑하고 또 경외하는 길은 무엇인가? 하나님께서 하신 일과 그분의 아름답고도 위대하신 창조의 역사를 묵상할 때, 창조물 안에 있는 하나님의 완전무결하시고 무한하신 지혜를 볼 때, 위대하신 하나님을 사랑하고, 찬양하고, 높이며, 또 그분을 알고자 하리라…(중략) 이런 것들을 묵상할 때 우리는 두려움으로 한 발자국 물러나며, 우리가 무지하고도 몽매하며 너무나 작고 또 연약한 피조물로서, 제한되고 얕은 지식으로 모든 것을 다 아시는 그분 앞에 서 있음을 깨닫게 되리라." 그러므로 다윗은 "주의 손가락으로 만드신 주의 하늘과 주께서 베풀어 두신 달과 별들을 내가 보오니 사람이 무엇이기에 주께서 그를 생각하시며 인자가 무엇이기에 주께서 그를 돌보시나이까"(시 8:3-4)라고 노래한 것이다(예소데이 하토라[Yesodei HaTorah] 2:2).

여기서 우리는 자연을 묵상하는 것이 하나님을 예배하는 데에 있어 얼마나 중요한 것인지를 배우게 된다. 그렇다면, 잠깐 토라 공부를 멈추고 뜨거운 마음으로 "이 나무가 얼마나 아름다운가! 이 기경된 밭이 얼마나 아름다운가!"라고 외치며 하나님께서 만드신 위대한 역사를 묵상하면 안 될 이유는 무엇인가?

그 대답은 토라가 자연을 묵상함으로써 모든 깨달음들을 얻을 수 있는 쉽고 빠른, 즉 이상적인 길이기 때문이다. 토라는 진리가 솟아나오는 샘이다. 그 모든 말씀 속에서 우리는 중재자가 필요 없이 하나님을 직접 대면한다. 토라를 배우는 것은 곧 창조주의 지혜를 직접 대면하는 것으로, 하나님을 향한 믿음과 사랑, 경외로 우리를 이끌어준다. 그러므로 하나님을 섬기기 위해 토라를 먼저 배울 것이냐 혹은 자연을 묵상할 것이냐를 선택을 해야 한다면, 토라를 먼저 선택해야 한다.

성경은 마치 그가 그의 영혼에 죄를 품고 있는 것처럼 간주한다.

이 미쉬나는 분명히 "성경은 그것을 간주한다"라고 말하며 다른 그 어떤 구절도 인용하고 있지는 않다. 이에 야베쯔는 이 구절에 나오는 '말씀'이 토라 전체를 뜻하는 것이라고 해석하고 있다.

그러나 대다수의 주석가들(마흐조르 비트리[Machzor Vitri], 라베이누 바흐야[Rabbeinu Bachya], 라쉬바쯔[Rashbatz])은 이 '말씀'이 특정 구절을 언급하고 있다고 해석하는데, 그 구절은 바로 "떨기나무 가운데에서 짠 나물을 꺾으며"(욥 30:4)이다. 이 구질에서 '쓴[짠] 나물'로 번역된 히브리어 단어는 '말루아흐(מלוח)'로서, '루아흐(לוח)', 즉 '돌판'과 연관된 단어이다. '나무'라는 단어는 '시아흐[siach]'로서, '대화'라는 뜻도 함께 가지고 있다. 그러므로 이 구절은 사사로운 대화를 위해 돌판에 적힌 것들(토라의 말씀)을 버리는 사람들을 뜻하고 있다는 것이다.

같은 구절에 이런 자들이 받을 징계가 '대싸리 뿌리로 먹을거리를 삼느니라.'라고 언급되어 있다. 현자들이 말한 바 "토라의 말씀을 배우기를 그만두고 사사로운 대화에 마음을 쏟는 자는 대싸리 뿌리의 탄 조각을 주워 먹을 것이다"(아보다 자라[Avodah Zarah] 3b).

라베이누 요셉 벤 수산[Rabbeiunu Yosef ben Shushan]과 마하랄[Maharal] 등 다른 현자들의 견해는 조금 다르다. 그들의 해석에 따르면 본 구절의 '말씀'은 신명기의 말씀을 의미한다고 한다. '오직 너는 스스로 삼가며 네 마음을 힘써 지키라 그리하여 네가 눈으로 본 그 일을 잊어버리지 말라.'(신 4:9) 우리는 스스로 마음을 지키고 꾸준히 토라를 보고 또 읽음으로써의 토라의 말씀을 잊지 말아야 한다. 그렇지 않으면 금방 토라를 잊게 될 것이다. 그러나 이 구절에서 언급하는 사람의 경우 고의적으로 토라를 완전히 버려둔 것이 아니므로, 말씀은 그를 그저 '죽어 마땅한 사람'과 같다고 여기는 것이다.

나무와 들판

많은 주석가들은 이 미쉬나의 나무와 기경된 밭이라는 단어에서 더 많은 의미를 찾아내고 있다.

랍비 메이어 레만[R' Meir Lehman], (메이어 네시브[Meir Nesiv]라고도 불림)은 '길을 걸으며'라는 문장이 인생의 길을 이제 막 걷기 시작하는 젊은이를 나타내는 것이며, '토라 수업을 복습하다가'는 이 청년이 토라를 사랑하여 배우고 또 끊임없이 검토하도록 가르친 그의 부모와 스승에 대한 칭찬이라고 해석한다. 그러나 이 청년은 길을 걷다가 인생을 이해하는 다른 길을 발견한다. 즉 철학이라는 이름의 '지식의 나무'이다. 그는 이를 보고 외친다. "나무는 얼마나 아름다운가!" 또 현대 사상이라는 이름의 "기경된 밭"을 보고는 그 눈이 가려져서 외친다. "이 밭은 얼마나 아름다운가!" 즉 이 나무와 기경된 밭은 청년이 알게 되는 새로운 지식의 영역들인 것이다.

그러므로 말씀은 그를 마치 스스로 죽음을 불러오는 것과 같다고 여기는 것이다. 이 청년이 무너진 이유는 자기 자신이다. 이미 토라를 배웠으면서도, 진리의 지혜를 깨달을 수 있는 충분한 기회가 있었으면서도 그는 다른 사고의 영역으로 길을 돌려버린 것이다.

많은 수의 초기 하시디즘 교사들은 이 미쉬나 구절 속에 있는 깊은 의미를 찾아내고 이를 보여주었다.

사람은 토라를 받아들이고 이를 꾸준히 읽고 또 읽음으로 선하고 바른 길을 걷게 된다. 그러나 배움을 '그만두면', 곧 이는 토라를 '자기의' 배움으로 아는, 이기적인 마음에 의한 것이므로 하나님과 관계가 끊어지고 만다. 자기의 토라 공부를 '자기의 것'으로 생각하였기 때문에 토라 공부를 그만둘 수 있다는 것이나. 곧 그의 중심에는 지이기 토라를 대신하고, 자기가 아는 토라 지식을 기뻐한다. 더 나아가 말씀, 즉 '미쉬나'[mishnah]의 알파벳은 '느샤마'[neshamah], 즉 영혼이라는 단어로 바꾸어 쓸 수 있는데, 그는 하나님께서 주신 거룩한 영혼으로부터 스스로를 끊어낸 것과 마찬가지라는 것이다.

그리고는 이렇게 자랑하리라. "이 나무는 얼마나 아름다운가!" 말씀에서는 사람을 나무로 비유한다. "들의 수목이 사람이냐…"(신 20:19), 즉 그는 "나는 얼마나 영광스러운가"라는 자화자찬을 하고 있는 것이다. 또한 그는 "이 기경된 밭이 얼마나 아름다운가!"라고 외치는데, 이 말 또한 "장차 올 세상에서 내가 가지게 될 밭이 얼마나 아름다운가!"라는 자화자찬이다.

하나님께서 이토록 교만이 넘쳐흐르는 사람을 가까이 하지 않으시는 것은 당연하다. 그렇다면 이 구절에서 인용하는 말씀은 어떤 말씀인가? 바로 '너는 네 하나님 여호와 앞에서 완전하라'(신 18:13)이다. 완전해지기 위해 우리는 완전한 것, 곧 토라를 받아들여야 한다. 그러나 '주 우리 하나님 앞에서', 즉 하나님과 연합하여 그렇게 해야 한다.

그러므로 사람이 '그의 복습을 멈추고는' 이기적인 마음으로 배움에 임하면, 하나님과 그 사이에는 높고 두터운 장벽이 세워지는 것이며, 그의 영혼에는 생명이 없음으로 말씀은 그를 비난할 것이다.

미쉬나 10절   משנה י

רַבִּי דוֹסְתַּאי בַּר יַנַּאי מִשּׁוּם רַבִּי מֵאִיר אוֹמֵר, כָּל הַשּׁוֹכֵחַ דָּבָר אֶחָד מִמִּשְׁנָתוֹ, מַעֲלֶה עָלָיו הַכָּתוּב כְּאִלּוּ מִתְחַיֵּב בְּנַפְשׁוֹ, שֶׁנֶּאֱמַר (דברים ד:ט), רַק הִשָּׁמֶר לְךָ וּשְׁמֹר נַפְשְׁךָ מְאֹד פֶּן תִּשְׁכַּח אֶת הַדְּבָרִים אֲשֶׁר רָאוּ עֵינֶיךָ. יָכוֹל אֲפִלּוּ תָקְפָה עָלָיו מִשְׁנָתוֹ, תַּלְמוּד לוֹמַר (שם) וּפֶן יָסוּרוּ מִלְּבָבְךָ כֹּל יְמֵי חַיֶּיךָ, הָא אֵינוֹ מִתְחַיֵּב בְּנַפְשׁוֹ עַד שֶׁיֵּשֵׁב וִיסִירֵם מִלִּבּוֹ:

랍비 도스타아이 바르 얀나이는 랍비 메이르의 이름을 빌어 말한다.

토라의 가르침 중에 어떤 것을 잊어버리는 사람은

누구든지 성경은 성경이 말하고 있는 바와 같이

그의 영혼에 죄를 품고 있는 것처럼 간주한다.

'오직 너는 스스로 삼가며 네 마음을 힘써 지키라

그리하여 네가 눈으로 본 그 일을 잊어버리지 말라'(신 4:9a)

그의 연구가 그에게는 너무 어려웠기 때문에 그가 잊었을지라도 이것이 적용되는가? 그렇지 않다고 성경은 말한다.

'네가 생존하는 날 동안에 그 일들이 네 마음에서 떠나지 않도록 조심하라'(신4:9b)

그러므로 만약 그가 [게으르게] 앉아 있지 않고

그의 의식으로부터 그들을 제거하지 않는다면,

그는 [집중과 복습의 부족으로 인해] 그의 영혼에 죄를 품고 있는 것은 아니다.

미쉬나 10절

**랍비 도스타아이 바르 얀나이는
랍비 메이르의 이름을 빌어 말한다.**

랍비 도스타아이 바르 얀나이는 탄나임의 다섯 번째 세대 사람이다. 그러나 라쉬바쯔[Rashbatz]는 그가 그 이후의 사람이며, 랍비 예후다 하나시의 제자였던 랍비 얀나이의 아들이라고 주장한다.

탈무드에는 랍비 도스타아이의 이름이 언급될 때마다 항상 랍비 메이어나 다른 탄나임의 이름이 함께 인용되고 있다(에이루빈[Eiruvin] 35b, 토세프타 샤보트[Tosefta Shabbos] 15:14, 타호로트[Taharos] 8:5). 인용하는 구절의 저자의 이름을 빌리는 관행은 토라에서 발견할 수 있는 48가지 특성 중 하나이며, 이렇게 타인의 이름을 인용하여 말하는 사람은 곧 '이 세상에 구원을 가져오는 것'(6:6)이라고 할 수 있다.

> **토라의 가르침 중에 어떤 것을 잊어버리는 사람은
> 누구든지 성경이 말하고 있는 바와 같이
> 그의 영혼에 죄를 품고 있는 것처럼 간주한다.**

라베이누 요나는 이 미쉬나가 대중적인 입장을 취하고 있으며 할라카를 결정하고 시민들을 이끄는 책임을 지고 있는 사람에게만 적용된다고 설명하고 있다. 이런 위치에 있는 사람은 끝없이 자기가 배운 것을 검토해야 하는데, 이는 그가 자기 기억에만 의존한다면 결국 중요한 부분을 잊고 잘못된 방향으로 사람들을 이끌게 될 것이기 때문이다. 즉, 자기 자신뿐만 아니라 다른 사람들도 잘못을 범하게 만드는 것이며, 그가 일부러 잘못을 한 것이 아니라 할지라도 그가 한 잘못은 그의 게으름과 이기심에서 나온 것이므로 고의로 간주가 될 것이다. 같은 이유에서 랍비 예후다[R' Yehudah]는 '배움에 있어서 모르고 한 잘못은 없다'(4:16)라고 말하고 있는 것이다.

뿐만 아니라, 지도자를 따라 잘못을 범한 사람들의 죄도 결국 그들을 이끈 지도자에게 돌아갈 것이다. 단순히 '믿을 만한' 권위를 보고 그들의 지도를 따른 것으로, 정죄는 지도자들에게 쌓일 것이며, 고의로 죄를 범한 것과 같이 정죄를 받게 될 것이다. 기록된 바 '내 백성에게 그들의 허물을, 야곱의 집에 그들의 죄를 알리라'(사 58:1)고 함과 같다. '내 백성에게 그들의 허물을 알리라'는 문장은 곧 할라카를 잘못 제정하는 것을 포함하여 잘못을 범한 토라 학자들에게 고하는 말씀으로, 그들의 잘못은 고의로 범한 죄로 간주될 것이다. 반면 "야곱의 집에 그들의 죄를 알리라"는 문장은 아무것도 모르는 사람들에게 고하는 말씀으로, 그들이 지도자를 따라 범한 죄는 잘못으로 간주될 것이다(바바 메찌아[Bava Metzia]

33b). 책임은 결국 잘못된 할라카를 정한 토라 학자들의 어깨 위에 놓이는 것이다.

탈무드는 다윗 왕 시대의 장군인 스루야의 아들 요압에 대해 말하고 있다. 그는 6개월 간 아말렉을 상대로 전투를 했고, 이 기간 중에 "에돔의 남자를 다 없애기까지"했다(왕상 11:16). 그가 귀환하자, 다윗 왕은 "왜 남자만을 죽인 것이냐?"라고 그에게 물었다. 그러자 요압은 어리둥절해 하며 답하였다. "아말렉의 자하르(남자들)를 진멸하라는 말씀을 따랐습니다." 이에 다윗이 답하였다. "그 구절의 단어를 잘못 읽었구나. 그 구절은 '아말렉의 제헤르(기억)을 진멸하라'고 말한 것이다."

그 말을 들은 요압은 그의 토라 스승에게 쫓아가 검을 휘두르며 화를 냈다. "대체 무슨 짓이냐?" 스승이 놀라 물었다. 이에 요압이 답하였다. "예레미야의 말씀은 '여호와의 일을 게을리 하는 자는 저주를 받을 것이다'(렘 48:10)라 했습니다. 제가 말씀을 잘못 읽었을 때 이를 바로잡아주는 것은 바로 스승님의 의무였으나, 스승님은 그 의무를 다하지 않았습니다."

"내가 죄를 범하였다고는 하나, 네게 날 죽일 권한이 있더냐?" 스승이 말하였다. "이 구절은 계속 말하고 있습니다. '자기 칼을 금하여 피를 흘리지 아니하는 자도 저주를 받을 것이로다.'라고 말입니다. 주님의 일을 잘못 행한 사람이 받을 징벌은 바로 죽음입니다. 말씀을 지키고 따를 능력이 있으나 이를 하지 않는 사람에게도 죄가 있습니다"(바바 바스라[Bava Basra] 21b).

요압의 스승이 지은 유일한 죄는 자기 제자에게 발음을 제대로 알려주지 않은 것 하나 뿐이었다. 그럼에도 그는 '저주를 받은 것'으로 여겨졌다. 그렇다면 실제로 잘못된 말씀을 전하는 교사에게는 얼마나 큰 징계가 내려질 것인지 상상할 수 있지 않겠는가?

그러나 위의 주장과 달리, 대다수의 주석가들은 이 구절을 모두에게 적용되는 말씀으로 해석하고 있다. 그러므로 '만일 사람이...'라는 단어를 사용하여 이 구절이 비단 토라 학자들뿐만 아니라 우리 모두에게 적용된다는 것을 밝히고 있는 것이다. 더 나아가 만일 이 구절이 할라카를 정하는 토라 학자들에게만 적용되는 구절이라면, 이 구절의 마지막 줄(고의로 자기 지식에서 떠났을 경우에만 죄를 물을 것이라는 말씀)은 그 의미가 퇴색되고 만다. 교사가 가르쳐야 하는 것과 관련된 내용을 잊어버렸음에도 이에 상관없이 할라카를 가르친다면, 그가 관련된 내용을 잊어버린 이유는 그가 받을 정죄와는 크게 관련이 없다는 것이다.

사람의 마음에서 토라를 몰아내는 요인들
'연구한 것을 하나라도 잊어버린' 사람은 토라를 깊이, 꾸준히 묵상하지 않은 것으로 가혹한 정죄를 받을 것이다. 이런 사람은 토라의 말씀을 뜨겁게 사랑하지 않은 것이기 때문에 그 마음에 토라가 새겨지지 않은 것이다.

다른 문제들이 그 마음에 끼어들면 토라의 말씀은 마음에서 그 자리를 잃고 사라진다. 그러므로 솔로몬 왕은 '지혜를 얻으며 명철을 얻으라 내 입의 말을 잊지 말며 어기지 말라'(잠 4:5)라고 말씀하고 있는 것이다. 즉, 지혜와 명철을 얻고, 이 지혜와 명철을 그 마음을 다른 관심거리로 돌려 잊어버리지 말라는 것이다.

미드라쉬 슈무엘은 '만일 사람이 그가 배운 것을 하나라도 잊으면'이라는 말씀의 대상에는 생계를 과도하게 중요시 여기므로 토라 공부를 제쳐놓는 사람들도 포함되어 있다고 해석한다. 이런 생계에 대한 열심은 그들의 믿음이 보잘것없는 수준임을 증명하는 것과 같다. 즉 창조주께서 토라를 배우는 동안 필요한 모든 것을 충분히 주심을 믿지 못하는 것이다. 곧 '네 짐을 여호와께 맡기라 그가 너를 붙드시고'(시 55:22)라고 기록된 것과 같다. 토라의 짐을 지는 자는 누구든지 생계의 짐을 벗어버릴 것이라는 금언이 그들의 마음 속에는 자리를 잡지 못한 것이다.

토라의 말씀이 그 마음에 오랫동안 자리를 잡지 못하는 또 다른 이유는 바로 육신의 사치를 위해 절제하지 않기 때문이다. 토라의 지혜를 얻기 위해 반드시 가져야 할 태도 중 하나는 바로 '제한된 쾌락, 제한된 잠, 제한된 예화, 제한된 웃음' 등이다(6:6). 자기가 원하는 것을 마음껏 하며 절제하지 않는 사람은 토라를 제대로 배우지 못할 것이다.

이런 점에서 현자들은 '토라의 말씀으로 배를 채워 달라고 기도하기 전에, 먼저 먹을 것과 마실 것이 배에 채워지지 않기를 기도하라.'고 했다. 즉 토라의 지식을 얻고자 하는 사람은 먼저 이 세상의 욕망을 떨쳐내야 한다는 것이다(메실라트 예샤림[Mesillas Yesharim] 13장 인용, 얄쿠트 버'에스하난[Yalkut Ve'eschanan] 83).

자기중심적인 본성은 토라를 잊는 또 하나의 이유이다. 자기 자신을 사람들이 밟고 다니는 광야와 같이 만들어야지만 배운 것을 마음에 새길 수 있을 것이며, 그렇지 않으면 배운 말씀이 그를 떠나고 말 것이다(에이루빈[Eiruvin] 54a). 더 나아가 현자들은 토라를 물에 비유했는데, 이는 물이 가장 낮은 곳으로 흐르듯이 토라의 말씀도 가장 낮고 겸손한 자의 마음에 고이기 때문이다.

복습의 중요성

사람이 그가 배운 것을 유지하는 데 있어 가장 중요한 요소는 되짚어 봄, 바로 복습이다. 현자들 역시 복습의 중요성을 반복하여 강조하고 있다. "배우지만 복습하지 않는 사람은 씨를 뿌리나 거두지 않는 농부와 같다." 랍비 여호수아는 여기에 덧붙여 복습하지 않는 사람을 '사산된 아이를 또 낳는 여자'에 비유하고 있다(산헤드린[Sanhedrin] 99a).

'내가 게으른 자의 밭과 지혜 없는 자의 포도원을 지나며 본즉'(잠 24:30) 솔로몬 왕의 말씀이다. 이 구절에 나오는 사람들은 이미 밭과 포도원을 가지고 있다. 즉, 이미 토라를 배운 사람들을 가리키는 말이다. 이들은 막상 토라를 배울 때에는 많은 것들을 이해하고, 또 많은 것들을 기억했을 수도 있다. 그러나 게으름 때문에 복습을 하지 않았고, 그 결과 그들은 결국 자기 손으로 포도원을 망쳐버렸으므로, '게으른 사람'이요 '지각이 없는 사람'으로 불리었다.

그들은 결국 '가시덤불이 그 전부에 퍼졌으며 그 지면이 거친 풀로 덮였고 돌담이 무너져 있기로'(31절)라는 결론을 가지게 된다. '가시덤불'은 이 사람이 배운 것들을 하나둘씩 잊게 될 것임을 뜻한다. '거친 풀'은 그가 자기 자리를 찾지도 못할 것이라는 뜻이며, 무너진 '돌담'은 그가 잘못된 율법을 전하므로 랍비들이 세운 '울타리'를 무너뜨리고 말 것임을 뜻한다

(얄쿠트 쉬모니[Yalkut Shimoni], 이케오[Eikeo] 873).

오직 너는 스스로 삼가며 네 마음을 힘써 지키라 그리하여 네가 눈으로 본 그 일을 잊어버리지 말라(신 4:9a)

사람은 그가 배운 것들을 여러 번 복습해야 하는 의무가 있다. 예를 들어, 랍비 히야[R' Chiya]는 한 번 배운 것을 30일 동안이나 복습하고 또 복습했다고 전한다(베라호트[Berachos] 38b).

탈무드에 따르면, 초창기 현자들은 새로운 것을 배우면 '마치 물건을 주머니에 넣듯이' 그 배운 내용이 머릿속에 완전히 박힐 때까지 40번을 계속 복습하였다고 한다(메길라[Megillah] 7b, 기타[etc.]).

그렇다면 우리는 배운 것을 잊지 않기 위해 몇 번이나 복습해야 하는가? 벤 헤이 헤이[Ben Hei Hei]의 질문에 대한 힐렐의 대답에서 정답을 찾을 수 있다(하기가[Chagigah] 9b). 말씀에는 '의인과 악인을 분별하고 하나님을 섬기는 자와 섬기지 아니하는 자를 분별하리라'(말 3:18)고 기록되어 있는데, 벤 헤이 헤이가 이 말씀을 보고 다음과 같이 힐렐에게 물었다 한다. "이 말씀에서 뒷부분에 '하나님을 섬기는 자와 섬기지 않는 자'를 언급한 목적은 무엇입니까?"

힐렐은 이에 대답하기를, 이 구절은 자기가 배운 내용을 백 한 번 복습하는 사람과 백 번 이상 복습하지 않는 사람을 구별하고 있다고 대답했다. 그러자 벤 헤이 헤이가 다시 물었다. "그렇다면 백 번을 복습하여도

한 번을 더 복습하지 않는다면, 하나님을 섬기지 않는 자로 여겨진다는 것입니까?"

이에 힐렐은 말하길, 백 한 번을 반복하여 복습함으로써 단순히 그 배움의 깊이가 깊어지는 것이 아니라, 사람이 완전히 새로운 영역으로 들어서게 되므로, 백 번을 복습한 사람과는 큰 차이를 보이기 위해 그를 하나님을 섬기지 아니한 자로 여긴다고 대답했다고 한다. 결국 현자들은 배운 것을 기억하는 다른 방법으로, 말씀을 입으로 소리 내어 말하도록 가르친다.

기도의 능력

토라는 단순히 지적인 것만이 아니다. 토라에는 영적인 진리, 그 중에서도 가장 숭고한 수준의 진리, 바로 하나님의 지혜가 들어 있다. 때문에 하나님의 도우심 없이는 인간의 능력으로 토라를 완전히 숙지하기란 불가능하다. 당대에 가장 위대한 인물이었던 모세마저도 토라를 완전히 숙지하기 위해 하나님의 도움이 필요했고, 때문에 하나님께서는 직접 그를 가르치셨던 것이다. 현자들은 모세가 30일 동안을 하늘(시내산)에서 보내며 토라를 배웠으며, 하나님께서 마침내 토라를 선물로 주시기까지 배우고 읽기를 계속 반복하였다고 전하고 있다(네다림[Nedarim] 38a).

토라의 숭고한 영적 본질은 기도와 노력이 없이는 인간으로서는 얻을 수 없는 것이다. 기도와 노력이 수반된 이후에야 하나님께서 토라를 선물로 주시는 것이다. 바로 우리가 매일 아침, 토라의 축복 속에 하나님께서 토라를 꿀 송이와 같이 달게 하여 주시기를, 우리와 우리의 자녀들이 토라를 순전히 알고 또 배우며 이해하고, 마음에 새기는 축복을 받기를 간구하는 것이다.

그의 연구가 그에게는 너무 어려웠기 때문에
그가 잊었을지라도 이것이 적용되는가?
그렇지 않다고 성경은 말한다.
'네가 생존하는 날 동안에 그 일들이
네 마음에서 떠나지 않도록 조심하라(신4:9b)'
그러므로 만약 그가[게으르게] 앉아 있지 않고
그의 의식으로부터 그들을 제거하지 않는다면,
그는 [집중과 복습의 부족으로 인해]
그의 영혼에 죄를 품고 있는 것은 아니다.

그러므로 우리가 연구한 것을 검토하고 또 복습하는 것은 기본이며, 검토하지 않는 것은 잘못으로 여겨질 것이다. 그렇다면 많고 어려운 것을 연구하는 것에 압도당하여 죽어 마땅한 자로 여김을 받는 위험에 처하지 않는다는 사람은 과연 누구인가?

주석가들(라쉬[Rashi], 라쉬바쯔[Rashbatz], 베르테누라의 랍비 오바디아[R' Ovadiah of Bartenura])은 이 말씀을 배움이 너무 어려워 자기 능력으로는 말씀을 기억하기 힘든 사람을 뜻한다고 해석하고 있다.

즉 이런 사람은 자기가 배운 것을 최대한 이해하려고 노력했으나 이것을 완전히 이해하지는 못한 사람을 뜻한다는 것이다. 그가 배운 것은 안개 속에서 보는 것과 같이 흐리고 분명하지 못하므로, 배운 것은 금방 잊고 말 것이다. "배운 것은 이해해야 쉽게 잊지 않는다"(예루샬미 베라호트 [Yerushalmi Berachos] 1:1).

물론 가장 좋은 것은 배운 것을 분명하게 이해하는 것이지만, 현자들은 하나의 주제에만 너무 많은 시간을 쏟지 말라고 가르친다. 그러므로 때때로 이해가 되지 않더라도 빠르게 넘긴 후에 이를 복습하며 이해하는 것이 더 낫다고 할 수 있다. 라부[rav]가 말한 대로, "배운 것을 잊는다 하더라도, 무슨 말인지조차 이해하지 못할지라도 가던 길은 계속 가야 한다"(아보다 자라[Avodah Zarah] 19a). 배운 내용들이 모이면 이전에 대충 짚고 넘어갔던 것들도 점차 분명히 이해가 될 것이다.

아프거나 몸이 약하여, 혹은 나이가 너무 많아 배운 것을 잊는 경우도 있을 수 있다. 이 경우, '피할 수 없는 것이었다면, 자비의 주님께서 용서해주실 것이다'(아보다 자라[Avodah Zarah] 54a).

미쉬나 11절   משנה יא

רַבִּי חֲנִינָא בֶן דּוֹסָא אוֹמֵר,
כֹּל שֶׁיִּרְאַת חֶטְאוֹ קוֹדֶמֶת לְחָכְמָתוֹ, חָכְמָתוֹ מִתְקַיֶּמֶת.
וְכֹל שֶׁחָכְמָתוֹ קוֹדֶמֶת לְיִרְאַת חֶטְאוֹ, אֵין חָכְמָתוֹ מִתְקַיֶּמֶת.

랍비 하니나 벤 도사는 말한다.
만일 사람이 죄를 두려워함이 그의 지혜보다 앞선다면
그의 지혜는 오래도록 남을 것이다.
그러나 만일 사람의 지혜가 자기 죄를 두려워함보다 앞선다면
그의 지혜는 오래도록 남지 못할 것이다.

미쉬나 11절

랍비 하니나 벤 도사는 말한다

랍비 하니나 벤 도사[R` Chanina ben Dosa]는 탄나임의 첫 번째 세대의 사람으로, 랍반 요하난 벤 자카이[Rabban Yochanan ben Zakkai]와는 동문이었다(베라호트[Berachos] 34b). 그는 갈릴리 남부 베이스 네투파의 북쪽에 위치한 도시인 아라브[Arav]에서 살았는데(예루샬미 베라호트[Yerushalmi Berachos] 4:1, 베레이쉬트 랍바[bereishis rabbah] 10:8), 랍비 요하난 벤 자카이 또한 그 곳에 거주하였다(샤보트[Shabbos] 16:7, 22:3).

랍비 하니나는 하나님과의 친밀감과 그의 경건함으로 유명한 사람이었다. 그리고 이것은 하나님께서 그의 기도에 매번 응답해주시는 것으로 나타났다. 그의 정직함 또한 잘 알려져 있는데, 토라는 판사라면 반드시 지녀야 할 첫 번째 덕목을 '진리'라고 묘사한다(출 18:21). 이를 염두에 두고 현자들은 "랍비 하니나 벤 도사와 그의 동료 랍비들처럼(참되어서 거짓이 없으며...)"이라고 덧붙였다(메힐타 이드로[Mechilta Yisro] 2).

그리고 마침내 그는 많은 선행을 행한 것으로 유명해졌다. 그가 행한 선행이 너무나 많았기에 미쉬나는 "랍비 하니나 벤 도사의 죽음으로 이하여 사람의 선행들은 끝났다."(소타[Sotah] 49b)라고 말했다.

현자들은 랍비 하니나를 온전한 의인으로 언급한다. 하나님께서 랍비 하니나를 보시고 그 세대 전체를 용서하셨다는 것인데, 이는 그가 '당대의 어느 사람들보다 더 위대한 일들을 행한' 사람이기 때문이다(토사포트 랍비 하니나[Tosafos Rabbi Chanina]).

랍비 하니나로 인해 하나님께서는 그 세대 전체에 자비를 베풀어주셨다. 그러므로 현자들은 "호렙 산에서 매일 하늘의 음성이 들려 이르기를 '나의 아들 하니나로 인해 이 세상이 유지되고 있다. 그러나 정작 그는 한 주 내내 쥐엄 열매 하나만으로 산다'"라고 기록하고 있다(베라호트 [Berachos] 17b, 타니트[Taanis] 24b).

작은 것으로 이루다

랍비 하니나는 가난했다. 그래서 가끔은 그와 그의 아내가 안식일에 먹을 빵조차 구하지 못했다. 그럼에도 랍비 하니나의 아내는 빈 화덕에라도 불을 피웠는데, 이는 이웃들이 그들이 먹을 빵이 없음을 알지 못하게 하기 위함이었다.

마음씨가 고약한 여인이 그의 옆집에 살고 있었다. 본능적으로 수상한 낌새를 느낀 그녀는, 어느 금요일 오후 랍비 하니나의 집 문을 두드려 거의 반 강제로 집안으로 들어갔다. 그녀가 기대한 장면은 랍비 하니나의 아내가 가난한 자기 모습에 부끄러움을 숨기지 못하여 얼굴을 붉히는 것이었다. 그녀의 예상대로 랍비의 아내는 옆방으로 가 있었다. 그러나 이 때 기적이 일어났다. 호기심 많은 이웃이 열어 본 화덕 안에는 빵이 가득 차 있었으며, 옆에 놓인 그릇에는 반죽이 가득했던 것이었다.

그 광경을 본 이웃은 "주걱을 가져오세요. 빵이 눌러 붙을 것 같아요!"라며 다급히 외쳤고, 랍비 하나냐의 아내는 주걱을 가져오며 말하였다. "주걱 가지러 나간 거였어요." 탈무드는 랍비 하나냐의 아내는 많은 기적을 보고 익숙해졌으므로, 그녀가 부끄러움에 옆방으로 도망을 친 것이 아니라 실제로 주걱을 가지러 나간 것이라고 설명하고 있다(타니스[Taanis] 24b).

탈무드는 또한 기록하기를, 그의 아내가 언젠가 남편에게 먹고 마실 것을 위해 하나님께 기도하라고 설득하자, 하늘에서 금으로 만든 식탁 다리가 내려왔다고 한다. 그러나 이 황금 식탁 다리가 하늘에서 받을 보상을 미리 받는 것임을 안 랍비 하나냐와 그의 아내는 이를 다시 가져가 달라고 기도했다. 그러자 두 번째 기적이 일어났는데, 현자들의 말에 따르면 이 두 번째 기적이 처음 기적보다 더욱 컸다고 한다.

랍비 하나냐의 기도

랍비 하나냐는 아픈 사람들을 위해 자주 기도해주곤 했는데, 기도를 해주는 사람이 언제까지 살고 또 언제 죽을지 정확히 예언할 수 있었다 한다. 그는 하나님께서 자신의 기도를 받아주셨는지, 받지 않으셨는지도 알 수 있었다고 전한다(베라호트[Berachos] 34b).

한번은 어느 날 라반 감리엘의 아들이 병을 앓게 되자 그는 두 명의 토라 학자를 보내어 랍비 하나냐 벤 도사에게 기도를 부탁했다. 랍비 하니나는 집으로 오고 있는 두 사람을 보고는 그들이 도착하기도 전에 곧장 다락방으로 올라가 기도했다.

이윽고 기도를 마치고 다락방에서 내려온 그는 이렇게 말하였다. "돌아가십시오. 그 아들이 나았습니다."
"당신은 선지자이십니까?" 토라 학자들이 물었다.
그러자 랍비 하니나가 말하였다.
"저는 선지자도 아니고, 선지자의 아들도 아닙니다. 하지만 제 기도가 순조롭게 이루어지면 하나님께서 그 기도를 받아주시곤 하십니다."

두 학자는 곧장 랍비 하니나가 그 말을 한 시간을 노트에 기록한 후 라반 감리엘의 집으로 돌아왔다. 그때 그의 아들은 이미 건강해져 있었다. 랍비 하니나가 말한 그 시간에 정확히 회복되었던 것이다(ibid.).

또 다른 일화가 있다. 랍비 하니나 벤 도사가 랍비 요하난 벤 자카이와 토라를 배우러 갈 때, 랍비 요하난의 아들이 병을 앓고 있었다. 요하난은 하니나에게 기도를 부탁했고, 이에 하니나가 무릎을 꿇고 엎드려 기도하자 요하난의 아들의 병이 물러갔다. 랍비 요하난 벤 자카이가 말하였다. "내가 하루 종일 엎드려 기도하였더라면 아무런 일도 일어나지 않았을 것이오."

그러자 그의 아내가 물었다. "그럼 하니나가 당신보다 위대하다는 말인가요?"
"그렇지 않소. 하니나가 왕의 종과 같다면, 나는 왕의 신하와 같소. 종은 왕의 허락 없이 왕 앞에 나아갈 수 있지만, 신하는 왕을 알현하기 전에 먼저 왕의 허락을 받아야 하는 법이라오."

더 나아가 현자들은 하니나의 이웃 여인의 일화도 함께 전해주고 있다. 그녀는 하니나의 집 옆에 새로 집을 짓게 되었는데, 지붕의 기둥이 짧은 것을 발견하였다. 이에 이 여인은 랍비 하니나를 찾아갔다. 하니나는 그녀에게 별다른 조언은 해주지 않고, 문득 이름을 먼저 물었다. 이에 그녀가 자기 이름을 말했다.

"제 이름은 '이크후'입니다." 그러자 랍비 하니나가 대답했다.
"이크후, 야리리크후(길어질지어다)"(타니트[Taanis] 25a).
그리고 랍비 하니나 보다 150년 후에 살았던 현자 플리무[Plimu]는 그 집과 그 집의 천장 기둥이 양쪽으로 50센티 이상 튀어나와 있는 것을 보았다.

또 다른 경우, 네후니아라는 이름의 한 의인에게 딸이 있었는데, 그는 절기를 지키기 위해 예루살렘을 찾아오는 나그네들을 위해 우물을 팠다. 어느 날, 네후니아의 딸이 발을 헛디뎌 우물에 빠지고 말았다.

사람들은 랍비 하니나에게 찾아와 이 사실을 알렸다. 처음 한 시간 동안, 그는 딸이 무사할 것이라고 안심하라 했다. 두 시간이 지난 후에도 하니나는 그녀가 괜찮다고 전했다. 그로부터 또 한 시간이 지나자 그는 네후니아의 딸이 우물에서 나왔다고 말했다.

이에 사람들은 우물로 가 이를 확인하였는데, 그의 말대로 네후니아의 딸이 우물에서 무사히 빠져나온 후였다. 사람들이 그녀에게 어떻게 나왔는지 묻자, 그녀는 "아브라함이 이끄는 이삭의 숫양이 나타나 끌어주었어요"라고 대답했다.

이 일을 본 사람들은 랍비 하니나에게 찾아가 물었다. "당신은 선지자입니까?"

이에 그가 대답했다.

"아닙니다. 저는 선지자도 아니고, 선지자의 아들도 아닙니다. 하지만 사람들을 섬기기 위해 헌신하여 우물을 파는 의인의 자녀가 도리어 우물에 빠져 큰 일을 당하지 않으리라는 것은 잘 압니다"(예바모트[Yevamos] 121b).

랍비 하니나의 기도 능력은 너무나 강했으므로, 대속죄일 지성소에서 행하는 대제사장의 기도보다도 더 강하기도 했다고 한다. 이런 사실은 다음의 사례에서 확인할 수 있다.

어느 날 그가 길을 걷는 중에 큰 비가 내려 괴로워하며 길을 멈출 수밖에 없었다. 이에 그는 기도하였다.

"우주의 주인이시여, 전 세계가 평안하나 하니나는 마음이 괴롭습니다."

그러자 즉시 비가 그쳤다.

대속죄일에 대제사장은 분명히 "(비 때문에 여행길에 방해를 받지 않기를 원하는)나그네들의 기도를 들어주지 마소서"라고 기도하였을 것임에도, 하나님께서는 하니나의 기도를 들어주시고 비를 그치도록 하신 것이다. 대제사장의 기도를 들어주셨더라면 비가 내렸을 것이나, 여행자들의 기도를 들어주셨더라면 비는 절대 내리지 않았을 것이다.

랍비 하니나가 집에 도착하자, 그는 다시 한 번 하나님께 간구하였고, 그 즉시 다시 비가 내렸다고 한다(타니스[Taanis] 24b).

기적으로 가득한 삶

랍비 하니나의 삶은 기적으로 가득하였다.

한 번은 금요일 해가 진 후, 랍비 하니나는 그의 딸이 안절부절 하는 모습을 보았다.

"딸아, 무슨 문제라도 있느냐?" "안식일 등불에 기름이 아니라 식초를 넣고 말았어요."

그러자 그는 답하였다. "딸아, 그게 무슨 상관이 있겠느냐? 기름더러 불이 붙으라 말씀하신 분께서 식초에도 불이 붙으라 하실 것이다." 그러자 실제로 초에 불이 붙어 방 전체를 밝혔는데, 그 불이 오래도록 꺼지지 않았으므로 하브달라 등불(토요일 해가 진 후에 밝히는 등불)로도 사용하기까지 하였다고 한다(타니트[Taanis] 25a).

올바른 행실로 하나님을 섬기며 살아가면서도 정작 하나님의 초월적인 보호하심을 기대하지는 않는 사람에게 랍비 하니나는 가르침을 주기도 했다.

한번은 사람들이 랍비 하니나에게 찾아와 독사가 마을 사람들을 물어 해를 입힌다고 알려주었다. 그러자 하니나는 사람들에게 어느 굴에서 독사가 나오는 지를 알려달라고 했다. 사람들이 손가락으로 굴을 가리키

자, 그는 자기 발꿈치를 그 굴에 넣었다. 바로 그의 발꿈치를 문 독사는 곧 죽고 말았다.

랍비 하니나는 죽은 뱀을 자기 어깨에 걸치고 학당으로 갔다. 그 곳에서 그는 학생들에게 이렇게 말하였다. "보라, 이 뱀은 사람을 죽이는 독사가 아니라, 죄를 짓는 독사이니라."

이 모습을 본 사람들은 말하였다. "슬프다, 독사를 마주친 사람들이여. 하지만 더 슬프도다, 랍비 하니나 벤 도사를 마주친 뱀이여!"(베라호트 [Berachos] 33a)

미드라쉬는 랍비 하니나 벤 도사와 제사 이야기를 들려주고 있다. 마을 사람들이 제사를 드리러 예루살렘으로 제물을 가져가는 것을 본 하니나는 스스로에게 물었
다.
"모든 사람들이 예루살렘으로 제물을 가져가는데, 나는 왜 그리하지 않는 것인가?"

마을 밖으로 나간 하니나는 곧 큰 바위 하나를 발견했다. 곧 그는 그 바위를 잘 닦은 후, 이를 예루살렘으로 가져가 하나님께 바칠 것이라고 선언했다. 그 바위를 옮기기 위해 다섯 사람을 고용하였으나, 그들은 큰 돈을 임금으로 줄 것을 요구했고, 애석하게도 하니나에게는 그만한 돈은 없었다.
이 모습을 본 하나님께서는 인간의 모습을 한 다섯 천사를 그에게 보내셨다. 다섯 천사는 그에게 최소한의 임금만을 요구하며 바위를 옮겨주

겠다고 했다. 단, 조건이 하나 있었다. 바로 하니나는 손가락 하나로 돌을 옮기는 걸 도와준다는 것이었다. 그 조건에 동의한 하니나는 손가락을 바위에 올렸다. 아주 짧은 순간이 지나고 하니나는 다섯 천사와 함께 예루살렘에 서 있는 자신을 발견할 수 있었다.

하니나는 다섯 천사에게 약속한 임금을 주려 했으나, 그 '사람들'은 이미 떠나버린 후였다. 그는 곧 산헤드린의 현자들에게 찾아갔는데, 이 일에 대해 말하자 현자들은 이렇게 대답했다.

"당신의 바위를 예루살렘으로 가져온 사람들은 하나님께서 당신을 도우라 보내신 구원의 천사들인 것 같군요"(코헬레트 라바[Koheles Rabbah] 1:1).

또 언젠가 랍비 하니나의 이웃들이 그에게 찾아와 하니나의 염소들이 자신들의 밭을 망쳤다고 따졌다. 하니나는 그에게 이렇게 말했다. "만일 제 염소들이 실제로 당신들의 밭을 망쳐놓았다면, 곰에게 잡혀 먹히고 말 것입니다. 하지만 그렇지 않다면, 오늘 저녁에 제 염소들이 각자 뿔로 곰을 들고 돌아올 것입니다."

그리고 그날 저녁, 풀을 뜯다가 돌아온 염소들은 각자 뿔로 곰을 한 마리씩 들고 왔다고 한다(타니트[Taanis] 25a).[2]

---

[2] 랍비 하니나는 가난했으므로, 그에게 염소가 있었다는 이 이야기는 의구심을 불러일으키기 충분하다. 탈무드에서는 그가 다른 기적을 통해 염소를 가지게 되었다고 전한다.

만일 사람이 죄를 두려워함이 그의 지혜보다 앞선다면 그의 지혜는 오래도록 남을 것이다.

이전 구절에서 토라를 배울 의무와 토라를 배우는 사람의 칭송받을만한 본성에 대해 이야기한 랍비 하니나는 이 가르침에 더하여 천국에 대한 두려운 마음을 함께 가져야 한다고 가르친다.

현자들은 "거룩하신 주님, 축복의 주님께서는 피조물들이 오직 그분만을 경외하도록 이 세상을 창조하셨도다. 그러므로 솔로몬 왕이 말한 바 '하나님이 이같이 행하심은 사람들이 그의 앞에서 경외하게 하려 하심인 줄 내가 알았도다'(전 3:14)라 하였다"(샤보트[Shabbos] 31b). 더 나아가 전도서의 끝에서 바로 앞 구절은 이렇게 전하고 있다. "일의 결국을 다 들었으니 하나님을 경외하고 그의 명령들을 지킬지어다 이것이 모든 사람의 본분이니라"(전 12:13).

그러므로 토라를 배우고 하나님의 계명을 지키는 목적은 곧 천국에 대한 두려움을 각인하기 위함이다. 곧 성경이 말하는 바 "여호와께서 우리에게 이 모든 규례를 지키라 명령하셨으니 이는 우리가 우리 하나님 여호와를 경외하여 항상 복을 누리게 하기 위하심이며 또 여호와께서 우리를 오늘과 같이 살게 하려 하심이라"(신 6:24)함과 같다.

사람이 지혜를 자기 마음에 품어 감정과 인성의 기초로 삼지 않으면, 그 지혜는 아무런 소용이 없는 것이다. 그러므로 기록된 바 "미련한 자는 무지하거늘 손에 값을 가지고 지혜를 사려 함은 어찜인고"(잠 17:16)라 하였다.

아보트 데랍비 노쏜[Avos DeRabbi Nosson]의 본 구절과 평행되는 구절 (22:1)에서, 라반 요하난 벤 자카이는 죄를 두려워하는 지혜로운 사람을 전문 도구를 든 장인에 비유하는 반면 지혜로우나 죄를 두려워하지 않는 장인은 전문 도구를 가지지 못한 장인에 비유하고 있다. 기술이 아무리 뛰어나다 할지라도 도구가 없다면 그 기술은 무용지물이요, 글을 읽을 줄 모르나 죄를 두려워하는 사람이 그보다 더 낫다고까지 할 수 있다는 것이다. 적어도 이런 사람은 전문 도구를 든 아마추어와 같아서, 결함이 있다고는 할지라도 최소한 부서진 것을 고칠 수는 있기 때문이다.

그러나 만일 사람의 지혜가 자기 죄를 두려워함보다 앞선다면 그의 지혜는 오래도록 남지 못할 것이다.

"슬프도다, 천국에 대한 경외함이 없는 토라 스승이여!"(요마[Yoma] ibid.) 비록 토라를 가르치는 사람이라 할지라도, 천국에 대한 경외함이 없다면 토라를 그저 학문으로만 받아들이는 것이라고 할 수 있다. 악한 마음은 곧고 좁은 길을 가는 우리를 빼내기 위해 화려한 것들로 우리를 유혹한다. 현자들은 '위대한 사람일수록 악한 마음도 더 크다.'(쑤카[Succah] 52a)고 가르친다.

거칠고 무지한 사람을 잘못된 길로 유혹하는 데에는 특별한 방법이 필요하지 않다. 게다가 악한 마음은 이런 사람을 꾀어내려 큰 힘을 들이려 하지 않는데, 이런 사람은 다른 사람들에게 미치는 영향이 크지 않기 때문이다. 반면 악한 마음은 비옥하고 기름진 땅, 즉 토라 학자를 찾아 해를 입히려 하는데, 이는 토라 학자와 같은 사람이 죄를 지으면 그 영향은 크고 또 오래도록 남기 때문이다.

천국에 대한 경외함이 없는 학자는 특별히 악한 마음이 주는 유혹에 취약하다. 이런 사람은 자기가 가진 지혜를 사용하여 정당화하지 못할 일을 정당화하고, 변호하지 못할 일을 변호한다. 즉 '악을 행하기에는 지각이 있으나 선을 행하기에는 무지하도다'(렘 4:22).

기록된 바 "모세가 이스라엘 자손에게 선포한 율법은 이러하니라"(신 4:44)라 했다. 현자들은 이 구절의 의미를 설명하기를, 토라가 우리 앞에 자유로이 놓인 것이라고 했다. 모든 사람은 각자 토라의 지식을 선한 곳에 사용할지, 악한 곳에 사용할지를 선택해야 한다. "토라의 지식들이 가치 있다면 그것은 삶의 만병통치약이 된다. 그러나 토라의 지식들이 가치 없다면 그것은 치명적인 독이 될 것이다"(요마[Yoma] ibid.).

하나님을 경외함

"여호와를 경외함이 지혜의 근본이다"(시 111:10)라고 다윗 왕은 말한다. 그리고 그의 아들 솔로몬 왕은 여기에서 한 걸음 더 나아간다. "하나님을 경외하는 것이 지식의 시작이다." 하나님을 경외하지 않는 곳에는 토라가 있을 자리도 없다.

현자들은 이와 관련된 비유를 하나 들려주고 있다. 어떤 사람이 가게에 들어가 "포도주 한 컵만 주시오"라 말했다.
이에 가게 주인은 대답했다.
"그럼 컵을 주시오."
"나는 컵이 없소" 손님은 이렇게 말한 후, 가게를 나섰다.
잠시 후, 그 손님은 가게에 들어와 다시 기름을 한 통 달라고 말했다. 가게 주인은 또 말했다. "그럼 통을 주시오." 그러자 이번에도 손님은 "나는 통이 없소"라고 말했다.

이에 가게 주인은 그를 꾸짖었다.

"바보같으니! 컵도, 통도 없으면서 포도주와 기름을 사갈 생각은 어찌 했단 말이오?"

더러운 생각으로 가득한 영혼을 깨끗이 하고 악한 본성이 가득한 마음을 정화하기 위해서는, 더 나아가 자기 자신을 축복을 담는 그릇으로 만들기 위해서는 먼저 천국에 대해 경외하는 마음을 가져야 한다. 이 그릇, 즉 하나님을 두려워하는 마음이 없다면 어찌 토라를 배우고 또 받아들일 수 있겠는가?

'모든 자에게 내가 지혜를 주어...'(출 31:6) 이미 '지혜로운 마음'을 가진 자만이, 오직 토라를 받아들일 수 있는 마음을 가진 사람이 지혜를 얻을 수 있는 것이다.

토라와 두려움 - 무엇이 우선인가

이 미쉬나 구절은 토라를 배우기 전에 먼저 천국을 경외하는 마음을 가져야만 한다고 가르치고 있는 것으로 보인다.

그러나 이미 우리는 앞에서 '시골뜨기는 죄를 두려워할 수 없다.'(2:6)고 배웠을 뿐만 아니라, 이 뒤의 구절에서는 '지혜가 없다면 하나님에 대한 두려움이 없다'(3:21)는 구절에 대해서도 배우게 될 것이다. 이 구절들은 명백히 토라의 지식이 하나님을 경외함보다 우선해야 한다는 관점을 보여준다.

기록된 토라에서도 이런 모순은 분명히 드러나고 있다. 다음 구절에서는 토라를 배우라는 계명보다 경외가 우선한다고 가르친다. '이스라엘아 네 하나님 여호와께서 네게 요구하시는 것이 무엇이냐 곧 네 하나님 여호와를 경외하여 그의 모든 도를 행하고 그를 사랑하며 마음을 다하고 뜻을 다하여 네 하나님 여호와를 섬기고'(신 10:12).

그러나 반대로 다른 구절에서는 '여호와께서 우리에게 이 모든 규례를 지키라 명령하셨으니'라 한 다음 '우리가 우리 하나님 여호와를 경외하여'(신 6:24)라 말하며 하나님을 경외하는 것을 뒤에 두고 있다.

토라를 가지고 있음에도 하나님을 두려워하지 않는 사람의 이미지에도 동일한 모순이 나타난다. 첫 번째 이미지에서 이 사람은 토라 지식이라는 보물의 안쪽 문을 여는 열쇠를 가진 보물 사냥꾼이다. 그러나 이 사람에게는 그 바깥 문을 열 수 있는 열쇠, 즉 하나님을 두려워하는 마음이 없다(샤보트[Shabbos] 31). 그러므로 하나님을 두려워하는 마음이 토라를 아는 지식보다 먼저임이 분명하다는 것이다.

그러나 반면 랍비 야나이는 이런 사람에 대하여 비유하기를, 토라의 문은 열었으나 그 안에는 지성소가 없다 하였다(ibid., 요마[Yoma] 72b). 즉, 토라는 우리가 들어가야 하는 문이지만 그 문은 우리를 하나님을 경외하도록 인도해야만 한다는 것이다.

이런 모순에 대한 가장 일반적인 해답은 토라의 지식이 하나님을 두려워하는 마음보다 먼저이지만, 배움을 시작하기 전 먼저 하나님을 경외하는 마음을 배움의 궁극적인 목표로 잡아야만 한다는 것이다.

따라서 이 구절은 죄를 두려워하는 마음이 지혜보다 우선한다고 말하고 있는데, 즉 토라를 배움의 결과는 죄를 두려워하는 사람이 되게 한다는 것이다. 그는 그 자신이 죄를 두려워하는 모습으로 행동하는 방법을 아직 알지 못하지만 하나님을 두려워하는 마음을 그 마음 속에 두고, 이를 실천하고자 한다면 이는 그에게 토라를 더욱 더 열심히 배울 동기가 될 것이다.

다른 의견으로, 라쉬는 죄를 두려워하는 마음이 그 지식보다 우선하는 사람은 어떤 일이든지 행하기 전에, 먼저 그 행동이 자신의 악한 본성으로 기인한 것인지, 자기 자신을 죄로 이끌만한 행동인지를 먼저 생각해본다고 말했다. 이렇게 함으로써 그에게는 죄를 두려워하는 마음이 그의 모든 행동들보다 우선하게 되고, 그의 지혜가 오래도록 그와 함께 한다는 것이다.

자기 죄를 두려워하는 마음

이 미쉬나는 문자적으로 '죄를 두려워하는 마음'이라고 말하지 않는 대신, '자기 죄를 두려워하는 마음'이라고 표현하고 있다. 이런 표현을 통해 본 구절은 사람이 '자기 자신의 죄', 즉 이전에 지었으며 또 다시 지을 수 있는 자기 자신의 죄를 두려워하여야 한다고 가르치고 있는 것이다.

마하랄은 다른 해석을 제시하고 있다. 이 미쉬나는 그 누구도 죄로 향하는 본성에서 자유로울 수 없다고 가르치고 있다는 것이다(전 7:20). 이 사실을 분명히 기억하고 있다면, 자기의 악한 본성을 인정할 것이며 또 자신의 모든 행동을 조심할 것이다.

미드라쉬 슈무엘은 여기에서 한 걸음 더 나아가 본 구절이 지칭하는 대상은 다른 상황에 있는 사람이라고 설명하고 있다. 즉 사람이 어떤 행동을 하기 전, 먼저 자기 죄를 회개해야 한다는 것을 깨닫는다면 그의 지혜가 오래도록 그와 함께 하리라는 것이다. 그러나 '만일 사람의 지혜가 자기 죄를 두려워함보다 앞선다면', 즉 자기의 죄로 인해 자신이 위험에 빠져 있음을 알지 못하고 도리어 자기 지식을 과신하여 스스로의 노력으로 어려움에서 빠져나갈 길을 찾으려 한다면, 결국 그의 노력은 모두 실패하고 말 것이므로 그의 지혜는 그와 오래도록 함께 하지 못할 것이라는 것이다. 그러므로 이런 사람은 자기의 악한 마음이 그를 절벽으로 인도할 것이다.

두려움과 지혜의 균형이 이루어질 때

미드라쉬 슈무엘은 이 미쉬나의 처음과 마지막 부분에 나타나는 모순을 지적하고 있다. 이 미쉬나의 전반부는 지혜와 죄를 두려워함이 동일하게 균형을 이루면 그의 지혜가 오래도록 남지 못할 것이라고 암시하는 반면, 후반부에는 반대로 균형을 이루면 지혜가 오래도록 남을 것이라 암시한다. 즉 앞뒤가 완전히 상반된 말을 하고 있는 것이다.

이런 모순에 대해 그는 다음과 같이 설명하고 있다. 전반부에는 죄를 두려워하는 것이 자기의 지혜보다 우선한다면, 그의 지혜가 초자연적인 방법으로 오래도록 그에게 남아 있을 것이라는 것이다. 이런 사람은 본래 기억력이 탁월한 사람이 아니라 할지라도, 하늘의 도움을 받아 그의 토라 지식이 오랫동안 그의 삶에 남아 있을 것이다. 그러므로 솔로몬 왕은 "내 아들아 나의 법을 잊어버리지 말고 네 마음으로 나의 명령을 지키라"(잠 3:1)고 말한 것이다. 즉 '나의 토라를 잊지 않기 위하여, 네 마음, 즉 하나님을 경외하는 마음이 네 속에 있는지를 보고, 내 계명을 네 마음에 간직하여라.'라고 말하고 있는 것이다.

반면, 후반부는 만일 지혜가 자기 죄를 두려워하는 것보다 우선한다면, 계명을 실천하는 것을 비평하고 토라를 배우는 것을 다른 지식들과 같은 것으로 본다면, 하늘나라의 징계로 인해 그가 기억력이 뛰어난 사람이라 하더라도 배운 것들을 금방 잊고 말 것이므로, 지혜가 오래도록 남지 못할 것이라는 것이다.

이 두 양 극단 사이에서, 사람은 항상 하나님을 경외하는 마음만을 가지고 살아가는 것도 아니며 반대로 이런 감정을 무시하지 않으며 살아간다. 이런 사람의 배움은 자기애적인 동기로 인해 더럽혀져 있으나, 그의 이상적 목표는 죄를 멀리하는 것이다. 이런 사람에게 하늘은 축복도 징벌도 내리지 않는다. 즉 중간에 있는 사람은 하나님의 섭리로부터 특별한 능력을 얻지도 않고, 징계도 받지 않는다는 것이다. 그가 배우며 얻은 토라 지식은 그의 원래 능력에 따라 남아 있다가 잊혀질 것이다.

지혜는 마음에 새겨진다

랍비 모쉐 알샤카르([R' Moshe Alshakar], 미드라쉬 슈무엘이 인용)는 여기에 더하여 새로운 견해를 제시한다. 이 구절에 나오는 지혜는 곧 '그분의 지혜'로, '그분의 지혜가 오래도록 남을 것이다', '그분의 지혜가 오래도록 남지 못할 것이다.'라고 읽어야 한다는 것이다. 즉 우리의 지혜가 우리의 죄를 두려워하는 마음으로부터 올 때, 우리의 말은 그 말을 듣는 사람들의 마음에 오래도록 남을 것이라는 말이다.

단순히 화려하게 열변을 토해내는 것으로는 충분치 않다. 자기가 가진 지혜의 말씀이 듣는 이의 마음에 새겨져 오래도록 남아 있게 하려면, 먼저 자기의 죄를 두려워하는 마음이 자기 지혜보다 우선하는지를 살펴보아야 한다.

그러므로 "사람이 하늘을 두려워하는 마음을 가지고 있을 때, 사람들이 그의 말에 귀를 기울이리라. 기록된 바 '일의 결국을 다 들었으니 하나님을 경외하고'(전 12:13)라 함과 같다(이 구절은 '결론은 이것이다. 모든 사람들이 하나님을 두려워하는 자의 말을 들으리라'로 번역될 수도 있다)"(버레이쉬트 라바[Bereishis Rabbah] 34:14).

미쉬나 12절　　　　　　　　　　　משנה יב

הוּא הָיָה אוֹמֵר,
כֹּל שֶׁמַּעֲשָׂיו מְרֻבִּין מֵחָכְמָתוֹ, חָכְמָתוֹ
מִתְקַיֶּמֶת.
וְכֹל שֶׁחָכְמָתוֹ מְרֻבָּה מִמַּעֲשָׂיו, אֵין חָכְמָתוֹ
מִתְקַיֶּמֶת:

[랍비 하니나 벤 도사가] 그는 말하곤 했다.
만일 사람의 선한 행실이 그의 지혜보다 더 크다면,
그의 지혜가 오래도록 남을 것이다.
그러나 만일 그의 지혜가 그의 선한 행실보다 더 크다면,
그의 지혜는 오래도록 남지 못할 것이다.

미쉬나 12절

동전의 양면성

대부분의 주석가들은 본 미쉬나 12절의 두 번째 후반부를 11절을 보완하는 것으로 보고 있다. 본 미쉬나의 초반부에서는 죄를 피해야 한다고 말하는 반면(만일 사람이 죄를 두려워함이 지혜보다 앞선다면…), 본 구절의 절반은 계명을 지켜야 하는 우리의 의무에 대하여 말하고 있다.

토라를 배운다 하더라도 천국을 경외하는 마음이 나타나지 않는다면 그에게 토라는 아무런 의미가 없는 것이다. 마찬가지로, 토라를 배운다 하더라도 그 배움이 행동으로 나타나지 않는다면 그에게 토라는 속이 비어있는 껍데기와 같은 것이다.

기록된 바 "너희가 내 규례와 계명을 준행하면"(레 26:3)라 말하는 것과 같다. 이 구절은 곧 힘써 토라를 연구하면 지식과 지혜를 얻을 것이라고 말한다. 그러나 이것만으로는 충분하지 않다. 때문에 이 구절은 '내가 명한 계명을 그대로 받들어'(ibid.), 즉 '금지된 계명들을 범하지 않고'라고 이어서 말하는 것이다. 바로 이 구절의 도입부에서 언급된 죄를 두려워하는 것과 동일하다. 또한 이 구절의 마지막은 '(계명을 그대로)지키면'으로 끝난다. 즉 하나님께서 하라고 명하신 계명들을 행하는 것을 의미하므로, 이 구절이 두 번째 격바의 주제와 일맥상통한다. 토라를 배우는 것만으로는 충분하지 않다. 배운 것을 '받들어 지켜야' 한다.

만일 사람의 행실이 그의 지혜보다 더 크다면

어떻게 행실이 지혜, 즉 토라 지식보다 더 클 수 있는가? 계명이 있다는 것조차 모르고, 어떻게 행하는지도 모르고 계명을 지킬 수 있는가?

라베이누 요나는 이 구절이 토라를 배우는 올바른 자세에 대해 말하고 있다고 해석한다. 즉 토라를 배울 때, 배우는 것은 모두 바로바로 행동으로 옮겨야 한다는 마음을 가지고 배움에 임하라고 이 구절은 가르치고 있다는 것이다.

아보트 데랍비 노손([Avos DeRabbi Nosson] 2:1)의 평행구절은 시내산에 섰던 유대인들이 바로 이런 자세를 보여주었다고 기록하고 있다. 그들은 말씀을 듣자마자 "여호와의 모든 말씀을 우리가 준행하리이다"라고 선언했다(출 24:7). 언약의 책을 들을 때 그들의 첫 번째 목적은 그들이 듣고 배운 계명들을 바로 '행하는 것'이었다.

이런 동기가 있는 사람은 자기 행동에 먼저 우선순위를 둘 것이므로, 이런 사람은 곧 배우게 될 계명까지도 지키는 것으로 받아들이는 것과 같다. 때문에 시내산에서 백성들이 "받들어 지키겠습니다"라고 하자마자,

마치 그들이 꼭 계명을 이미 지킨 것처럼 그 즉시 보상을 받게 되었던 것이다. 바로 하늘에서 목소리가 들려 이르되, "천사들을 다스리는 이 비밀을 누가 내 백성들에게 알려주었는가?"(샤보트[Shabbos] 88a)라고 현자들이 가르치는 이유가 바로 이것이다. 천사들은 하나님 앞에 서서 그분의 뜻을 기다리며, 하나님께서 명하시면 이를 재고하거나 다른 생각을 하지 아니하고 바로 그 명령을 행한다. 즉 천사들은 이미 하나님께서 말씀하시는 것을 바로 실행에 옮기려는 마음으로 하나님 앞에 서있기 때문에, 천사들이 하나님의 명령을 실행하기 전임에도 그들은 이미 그 일을 행한 것처럼 여겨진다는 것이다(키두세이 아가도트의 마르샤[Maharsha in Chiddushei Aggados] 참고, 샤보트[Shabbos] ibid.).

시내산에서 유대인들은 그런 뜨거운 의지를 가지고 있었으며 또 위와 같은 열정으로 하나님의 말씀을 지키려 했으므로 그들 역시도 천사와 같다고 여김을 받게 되었다.

실제로(라쉬바쯔의 말에 따르면) (니산월 초에)모세는 이집트에서 유대인들에게 유월절 양의 제물을 바칠 것을 명했다. 이에 '이스라엘 자손이 물러가서 그대로 행하되 여호와께서 모세와 아론에게 명령하신 대로 행하니라'(출 12:28). 어떻게 이 일이 가능했는가? 이스라엘은 2주가 지나고 이집트에서 탈출한 후에야 하나님께 제사를 드릴 수 있었다(메힐타[Mechilta] ibid., 얄쿠트 쉬모니 보[yalkut Shimoni Bo] 208). 이런 일이 가능했던 이유는, 이스라엘 백성들이 이집트에서도 계속해서 계명을 지켜왔기 때문이었다. 그들은 하나님께서 말씀하시자마자 즉각적으로 그 명령에 순종할 수 있었다.

우리의 행동이 지혜보다 더 클 때, 하나님의 뜻을 실천하고 그분의 계명을 지키는 것이 토라를 배우는 목적이 될 때, 우리는 그 마음만으로도 이미 그 계명을 실천한 것처럼 여김을 받게 된다. "그의 크심은 땅보다 길고, 바다보다 넓으니라"(욥 11:9)고 한 것과 같이 우리가 토라를 모두 배우지 못했다 하더라도, 하나님께서는 우리가 모든 계명을 지킨 것처럼 여기실 것이다. 그러므로 이 구절은 우리의 '행위가 (우리의)지혜보다 크면' 곧 토라 전체를 실천한 것과 마찬가지이다.

그의 지혜가 오래도록 남을 것이다.

라쉬는 설명하기를 사람의 지식이 단순히 머릿속에서만 맴도는 것이 아니라 실제로 그의 행동으로 나타나는 사람은 곧 토라의 목적을 이룬 것이요, 그 가르침이 실천으로 드러난 것이라고 설명한다. 대부분의 주석가들은 이 구절이 '그의 지식보다 행위가 더 큰 사람은 토라 지식을 얻을 것이다'라는 가르침을 준다고 이해한다.

그렇다면 행위는 어떻게 지혜를 유지시키는가?

한 가지 대답은 하나님을 섬기고 계명을 지킨다는 올바른 동기를 가진 사람에게 하늘의 도움이 임하여 그가 본래 가진 지식과 능력보다 더 많은 것을, 더 깊은 것을 얻을 수 있도록 한다는 것이다. 이런 관점은 4장 5절에 대한 설명에서 이미 논한 바 있다.

그러나 람밤과 다른 주석가들은 여기에서 한 걸음 더 나아가 덧붙인다. 즉 계명을 실천하는 습관을 들이면 그의 영혼이 사랑과 선행을 더욱 발전시킨다는 것이다. 이런 사람은 토라를 배우고 계명을 실천할 때 더욱 큰 열정을 발휘할 것이므로, 그의 배움이 그의 선한 행실을 더욱 보완해준다는 것이 람밤의 해석이다.

뿐만 아니라, 실천하기 위해 율법을 배우는 사람은 무엇을 할지, 어떻게 할지 배우려고 하므로, 더 집중하여 토라를 배우고 분명히 이해하고자 노력할 것이다. 즉 선을 실천하고자 하는 그의 열정으로 인해 그의 배움은 열의를 더할 것이며, 자연스럽게 배움의 기준이 높아진다는 것이다.

수많은 행위들

라베이누 바흐야[Rabbeinu Bachya]는 말하길 하나님의 말씀을 뜨겁게 실천하고자 하는 사람은 그의 열정이 그로 하여금 아름답고도 완전하게 토라의 기준을 넘어서고도 남도록 이끌어준다고 했다. 예를 들면, 토라에서는 한 해 동안 버는 소득의 십분의 일을 어려운 사람들을 돕는데 쓰라고 가르치지만, 이 십일조를 바로 내야 한다는 말씀은 없다. 즉 한 해 동안 내는 십일조의 금액을 맞추기만 하면, 지금 당장 자신이 필요한 데에 그 돈을 먼저 쓸 수 있다는 것이다.

그러나 어떤 사람은 혹여나 십일조의 의무를 잊지 않도록, 매번 소득을 얻을 때마다 십분의 일을 미리 떼어놓을 수도 있을 것이다. 이 사람은 토라가 요구하는 것보다 더 많은 것을 실천하였으므로, 이 사람의 행위는 그의 지혜(토라 지식)보다 더 많다고 말할 수 있을 것이다. 이로 인해 '그의 지식은 오래토록 남아' 토라의 모든 말씀을 실천할 수 있는 능력을 축복으로 얻게 될 것이다.

지혜를 넘어선 행동들

온 마음이 담긴 헌신으로 토라를 실천하는 데에 전념한다면, 그의 행위가 지혜보다 더 크다고 말할 수 있을 것이다.

계명은 세 부분으로 나눌 수 있다.

첫 번째 범주는 합리적으로 이해할 수 있는 계명들로 구성되어있다. 토라가 없이도 세상 모든 문명들이 만들 수 있는 명령들, 부모를 공경하고 살인하지 말라는 등의 계명들이다. 이런 '합리적인' 계명들을 '미쉬파팀'이라 부른다.

두 번째 범주는 인간의 지성으로는 굳이 필요에 의해 만들지 않아도 되지만 토라에서는 지켜야 한다고 말하는 계명들이다. 여기에는 안식일 계명이나 할례가 들어간다. 이런 계명들도 '미쉬파팀'이라는 이름이 붙는다.

세 번째 범주는 왕의 명령으로 여겨지는 계명들이다. 즉 그 의미가 인간의 지성으로는 이해하기가 어려운 것들로, 붉은 암송아지의 예식과 정결 의식의 복잡함 등이 여기에 포함된다. 이런 계명들을 '후킴'[chukim]이라 한다.

후킴을 포함해 이런 토라의 모든 계명들을 힘써 지키는 사람은 그 행위가 그의 지혜보다 더 크다고 여김을 받을 것인데, 이는 후킴의 계명이 인간의 지적 능력을 초월하기 때문이다(이런 관점은 자기가 이해하지 못하는 계명이라도 일단 실천하는 태도에도 적용될 수 있다).

반면 지혜가 자기 행위보다 더 큰 사람은 할라카가 자기 머리로 이해되고, 또 옳다고 여겨질 때에만 그 계명을 실천한다. 결국 그의 지혜는 오래가지 못할 것이며, 다른 모든 사람들이 옳다 인정하는 계명들도 지키지 않는 정도에까지 이르게 되는데, 이는 악한 마음이 우리를 절벽으로 몰아가는 방식이다. 이 악한 마음은 그로 하여금 언젠가 자기가 이해하지 못하는 계명을 어기도록 이끌 것이다. 더 나아가 하나님의 말씀을 거역하는 것은 바로 불순종으로 이어지고 말 것이다.

이런 점에서 볼 때 우리는 '너희가 내 규례와 계명을 준행하면'(히브리어 성경 레 26:2, 한글성경 26:3)이라는 구절을 다음과 같이 해석할 수 있을 것이다. 즉 이해할 수 없는 하나님의 계명들을(하킴) 따르고 지키는 데에 전념한다면, 곧 이해할 수 있는 계명들(미쉬파팀)도 지킨 것과 같다는 것이다.

또한 15절에서는 "내 규례를 멸시하며 마음에 내 법도를 싫어하여 내 모든 계명을 준행하지 아니하며 내 언약을 배반할진대"(레 26:15)라고 말하고 있다. 즉 위와 마찬가지로, 인간의 지성으로는 이해하지 못하는 계명들이라 하여 지키지 않는다면 곧 이해할 수 있는 계명들도 함께 어기는 것과도 같다는 것이다.

우리는 자세한 설명과 해석이 없어도 하나님의 뜻을 실천한다. 코쯔크[Kotzk]의 랍비 메나헴 멘델 모르겐스턴[R' Menachem Mendel

Morgenstern]이 '하나님의 지식과 나의 지식이 일치하지 않으므로 따르지 않아도 된다고 한다면, 하나님이 나보다 더 뛰어나신 분이라고 말할 수 있겠는가?'라고 말한다. 생각이 있는 사람이라면 하나님의 지식이 자기 지식보다 무궁무진하게 뛰어나다는 것을 인정할 것이다.

지혜의 실천

람반[Ramban]은 편지를 통하여 아들에게 "토라를 배운 후에는, 네가 배운 것을 반드시 행동으로 옮기도록 하여라"라고 말했다. 마찬가지로 다윗 왕은 말한 바 "내가 주의 법도들을 작은 소리로 읊조리며 주의 길들에 주의하며"(시 119:15)라고 했다. 즉 다윗도 하나님의 율법을 배운 후에는, 주님의 길을 지킬 수 있는 지 생각해 보았을 것이다.

위와 같은 맥락에서 미드라쉬 슈무엘은 이 구절을 다음과 같이 번역하고 있다. "만일 사람의 행실이 더 크다면, 이는 그의 지혜 때문이다." 뿐만 아니라 이런 사람의 지혜는 오래도록 남아 그와 함께 할 것이다.

모범으로 섬김

레브 아보트[Lev Avos]의 관점에서, 이 구절의 가르침은 특별히 교사들을 향하고 있다고 볼 수도 있다. 청중들, 즉 학생들이 자기의 말을 주의 깊게 듣기를 원하는 교사라면 그들의 행실이 그들의 지혜보다 더 커야 한다는 것이다. '만일 사람의 행실이 그의 지혜보다 더 크다면, 그의 지혜가 (학생들의 삶에) 오래도록 남을 것이다.'

때문에 토라를 배우는 학생들에게는 현자들의 말씀에 귀를 기울여야 할 뿐만 아니라 그들을 섬기기도 해야 한다. 현자들을 돕고 섬김으로써 그들의 행실을 볼 기회를 얻을 수 있기 때문이다. 현자들의 실제 모습을 보면서 얻은 지식은 마음에 깊이 새겨져 그 배움의 깊이를 더해 줄 것이다.

'행실'은 무엇인가?

탈무드에서는 토라를 배우는 주된 목적이 선한 행실을 행하기 위한 준비과정이라는 가르침을 찾을 수 있다. 반면 토라를 배우는 것 그 자체가 가장 중요한 가치라고 강조하는 가르침들도 많다. 이와 같이 명확히 일치하지 않는 문제를 어떻게 해결할 수 있을까?

볼로진의 랍비 하임[R' Chaim of Volozhin]의 가르침에서 그 해답을 찾을 수 있다. 그는 '행실'이라는 단어가 몸의 행동뿐만 아니라 자기 자신을 더 나은 사람으로 만드는 행동들, 즉 토라를 연구하는 일 등도 포함된다고 설명하고 있다. 즉 현자들이 '율법은 오직 사람을 연단하기 위해 주어졌다'고 말함과 같다(버레이쉬트 라바[Bereishis Rabbah] 44:1).

'행실'이라는 단어에 대하여 위의 해석을 적용해 본다면, 이 미쉬나는 토라를 배우기 전 먼저 자신의 인격을 연단하고 자신이 배우는 말씀이 비옥한 토지에 뿌리는 씨앗이 되게 하여 '그 지식이 오래도록 남게' 하라는 것이다. 토라를 연구할 때, 인격을 연단하고 더 나아가 영의 눈이 더욱 높은 곳을 보게 하는 것을 배움의 목적으로 삼아야 한다.

이런 자기 연단이 바로 우리가 이 세상에 온 이유이다. 이 목표를 이루는 것은 쉽지 않은 일이며, 목표에 이르도록 정진하여 힘쓰지 않으면 단순히 토라를 배운다고 해서 이 목표가 자연스럽게 이루어지지도 않는다.

때문에 랍비 이스라엘 살란테르[R' Israel Salanter]가 말한 바 "탈무드 전 권을 배우는 것이 하나의 결함을 바로잡는 것보다 더 쉽다."라고 말한 것이다.

그러나 만일 그의 지혜가 그의 행실보다 더 크다면, 그의 지혜는 오래도록 남지 못할 것이다.

그러나 만일 사람의 지혜가 그의 행실보다 더 크다면, 즉 자기 인격을 개선하기 위해 노력하지 않는다면, 그의 지혜는 의미도, 목적도 없는 무언가가 되고 말 것이기 때문에 오래도록 남지 못할 것이다.

사람의 지혜가 행실을 능가할 때, 그의 지식은 도리어 토라에 충성하지 못하게 하는 장애물이 되고 자기 죄를 합리화하는 도구가 되고 말 것이다.

리진의 랍비 이스라엘[R' Israel of Rizhin]은 이를 적에게 포위된 군대에 비유한다. 적에게 포위된 상태에서 창고에 보급품을 가득 모아놓은 모습을 상상해보자. 그 창고가 모든 보급품을 모아놓을 수 있을 정도로 크지 않다면, 적은 창고에 들어가지 못하는 보급품을 **빼앗아가고** 말 것이다. 마찬가지로, 선한 인격이라는 이름의 '창고'가 그의 지혜를 담을 만큼 크지 못하다면 적(악한 마음)은 그의 연단되지 못한 지혜에 침투하여 **빼앗**고, 이것을 자기합리화에 사용하여 더 이상 그가 토라에 전념하지 못하도록 하고 말 것이다.

미쉬나 13절　　　　　　　　　　　משנה יג

הוּא הָיָה אוֹמֵר,
כֹּל שֶׁרוּחַ הַבְּרִיּוֹת נוֹחָה הֵימֶנּוּ, רוּחַ הַמָּקוֹם נוֹחָה הֵימֶנּוּ.
וְכֹל שֶׁאֵין רוּחַ הַבְּרִיּוֹת נוֹחָה הֵימֶנּוּ, אֵין רוּחַ הַמָּקוֹם נוֹחָה הֵימֶנּוּ.

[랍비 하니나 벤 도사가] 말하곤 했다.
　만약 사람의 동료들의 영이 그를 기뻐한다면,
　　편재하시는 하나님의 영이 그를 기뻐할 것이다.
그러나 만약 그의 동료들의 영이 그를 기뻐하지 않는다면,
　편재하시는 하나님의 영이 그를 기뻐하지 아니할 것이다.

미쉬나 13절

진실로 경건한 자 누구인가?

학구적이고 또 경건하나 사회성은 부족한 사람이 있다. 반면 다른 사람들과 무리 없이 잘 지내고 공동체 생활도 열심히 하지만 특별히 경건해 보이지 않는 사람도 있다.

이 미쉬나가 우리에게 주는 가르침은, 곧 아무리 영적인 사람이라 할지라도 다른 사람들에게 받아들여지지 못한다면, 하나님께서도 그를 받아들이지 않으신다는 것이다. 반면 다른 사람들과 가까이하는 사람은 곧 하나님께 더 가까이 가는 것이라고 가정할 수 있다.

진실로 경건한 사람이라면, 주위 사람들은 그가 옆에 있는 것만으로도 편안함을 느낄 것이다. 호감 가는 사람은 하나님께서도 좋아하시는 사람임이 분명하다. '기분 좋은 사람은 천국을 경외하고 있음이 분명하도다'(쑤카[Succah] 49b). 자기의 결점과 불쾌한 모습을 오랫동안 숨길 수 있는 사람은 없다. 하나님과의 관계와 사람과의 관계는 곧 인격을 형성한다. 곧 사람이 '은총과 귀중히 여김을 받을 때'에는 하나님과 사람 앞에서도 그리한 것이기 때문이다(잠 3:4).

그러므로 십계명은 '나는 여호와다'로 시작하여 '네 이웃의 것을 탐내지 말라'로 끝나는 것이다. 이는 우리가 사람과의 관계를 하나님과의 관계와 마찬가지로 여겨야 함을 의미한다. 더 나아가, 십계명의 두 돌판에서 첫 번째 돌판은 하나님과 사람 사이의 관계를, 두 번째 돌판은 사람과 사람 사이의 관계를 보여줌으로써 우리 예배의 두 영역이 서로를 비추고 있음을 나타내고 있다. 마지막으로, '돌판'이라는 뜻의 히브리어인 '루코스'에는 알파벳 바브(ו)가 들어가 있지 않다. 때문에 복수형으로 '돌판들'이 아닌 단수로 '돌판', 즉 두 돌판이 하나임을 뜻하고 있다.

**[랍비 하니나 벤 도사가] 그는 말하곤 했다.
만약 사람의 동료들의 영이 그를 기뻐한다면
편재하시는 하나님의 영이 그를 기뻐할 것이다.**

한 사람이 다른 사람을 기쁘게 하는 것은 곧 하늘에 계시는 그분의 이름에 제사를 드리는 것으로, 그는 하나님도 기쁘게 하는 것이다.

탈무드는 '네 하나님 여호와를 사랑하라'(신 6:5)고 명령하고 있는데, 이는 우리 자신이 모범이 되어 다른 사람들도 우리를 보고 하나님을 사랑하도록 만들어야 한다는 의미이다. 이에 대한 탈무드의 표현을 보자. "토라를 연구하고 현자들을 섬기며 다른 이들을 기쁘게 하는 자를 보고 사람들은 이렇게 말하리라. '복 되도다, 그에게 토라를 가르친 아비여, 복 되도다, 그에게 토라를 가르친 랍비여, 토라를 배우지 못한 사람에게 화가 있다. 이 사람의 행실이 얼마나 온전하고 그의 길이 얼마나 기쁨으로 충만한지 보라.' 또한 하나님께서는 이 사람을 두고 '이스라엘아, 너는 나의 종이요'(사 49:3)라고 하시리라."

탈무드는 그 반대의 경우도 말하고 있다. "토라를 연구하지 않고 현자들을 섬기지 아니하며 정직하지 아니하고 다른 이들을 기쁘게 하지 아니하는 자를 보고 사람들은 이렇게 말하리라. '토라를 배운 자에게 화가 있다. 그에게 토라를 가르친 아비에게 화가 있다. 토라를 배웠음에도 이 사람의 행실이 얼마나 악하고 그의 길이 얼마나 더러운지 보라.'라는 말씀은 그를 두고 말한 바 '그들이 이른 바 그 여러 나라에서 내 거룩한 이름이 그들로 말미암아 더러워졌나니 곧 사람들이 그들을 가리켜 이르기를 이들은 여호와의 백성이라도 여호와의 땅에서 떠난 자라 하였음이라.'(겔 36:20)라 하였음이라"(요마[Yoma] 86a).

스스로 영적인 수준이 높다고 하면서도 그와 일치하지 않는 인간관계를 보여주는 사람은 곧 계명을 어긴 것이다. '네 하나님 여호와의 이름을 망령되게 부르지 말라'(출 20:7, 페시크타 드라브 카하나[Pesikta DeRav Kahana] 22) 이런 사람은 그 행실로 하나님의 이름을 욕되게 한 것으로, '여호와는 그의 이름을 망령되게 부르는 자를 죄 없다 하지 아니하리라'(출 20:7)

우리의 현자들은 안식일 직전 금요일 오후 마을에 도착한 상인에 대하여 이야기 한다(미드라쉬 아가다[Midrash Aggadah], 부버[Buber], 출 20:7). 그는 먼저 상당한 액수의 돈을 담은 배낭을 보호하기로 했다. 그리고 그는 처음 만나는 정직해 보이는 사람에게 그 돈을 맡기기로 결정했다.

그는 먼저 학당으로 들어갔다. 그리고 그 곳에서 그는 탈릿과 테필린을 몸에 차고 토라를 공부하는 한 사람을 보았다. 이 사람이 바로 자기 가방을 맡길 만한 최적의 사람이라고 생각한 상인은, 공부에 열중하고 있는 그에게 다가가 안식일 동안 가방을 맡아줄 것을 정중하게 부탁했고 그 남자는 가방을 맡아주기로 했다.

그러나 다음날 밤, 안식일이 끝나고 상인이 가방을 찾으러 가자 존귀한 모습으로 토라를 공부하던 그 사람은 도리어 언성을 높이며 가방을 받은 적이 없다고 부인했다.

충격과 경악을 금치 못한 상인은 하나님께 간구하였다. "우주의 주인이시여, 주님의 이름이 적힌 테필린을 찬 것 하나만을 보고 저 사람에게 가방을 맡겼습니다. 주님을 믿고 주님의 이름을 믿기 때문이었습니다. 저는 저 사람을 보고 가방을 맡긴 것이 아니라, 주님을 보고 가방을 맡겼단 말입니다."

그의 진심어린 기도는 하늘나라에 큰 소란을 불러 일으켰고, 하나님의 이름이 이 일로 인해 크게 모독을 받았다.

그날 밤, 엘리야 선지자가 상인의 꿈에 나타났다. "내일 아침 이 남자의 아내에게 찾아가 자네를 남편이 보낸 사람이라 소개하고, 가방을 찾으러 왔다고 전하게. 자네가 진실하다는 것을 증명하기 위해, 그와 그의 남편만이 아는 일들을 말해 주게. 첫 번째는 유월절 밤 그들이 누룩 있는 빵을 먹었던 일이고, 두 번째는 대속죄일날 그들이 만찬을 즐겼던 일이라네"(유월절 밤에는 누룩 없는 빵을 먹어야 하며, 대속죄일에는 금식해야 한다 –

역자 주) 상인은 꿈에 나타난 엘리야 선지자의 말대로 하여 마침내 가방을 되찾았다.

엘리야 선지자가 상인에게 두 가지 일을 알려준 이유는 바로 사람과의 관계가 잘못될 때 하나님과의 관계도 흠이 생긴다는 것을 가르쳐주기 위함이었다.

사람을 산채로 삼킬 자들

다윗 왕의 인생 전반을 걸쳐 살펴보면, 그의 인생은 경건한 사람들로부터 받은 핍박의 연속이었다고 할 수 있다. 사울이 그를 죽이려 하였고, 에돔의 도엑이 그를 죽이려 하였으며, 그일라 사람들은 그를 모욕했고, 아히도벨은 반역을 일으킨 그의 아들 압살롬의 모사였다.

그를 핍박하였던 사람들은 위대한 토라 현자들로 받아들여지는 사람들로 산헤드린의 수장들 가운데 하나였으며, 도엑은 '사울의 목자장'(삼상 21:7)이었는데, 라쉬는 이 표현을 보고 그가 재판장이었다고 해석했다. 또한 아히도벨은 '다윗의 모사'(삼하 15:12)였다.

그를 핍박하던 대적들의 증오를 마주한 다윗 왕은 "나는 벌레요 사람이 아니라"(시 22:6)라고 울부짖었다. 이 단순한 한 마디에서 다윗의 비참함이 적나라하게 드러난다. 그러나 코쯔크의 랍비[rebbe of Kotzk]는 이 구절이 자신이 아닌, 자신을 대적하는 대적자들을 두고 한 말이라고 해석했다. "너는 하나님과 사람 사이의 계명을 지켜 벌레가 빠져 죽은 음식을 먹지 않도록 조심하지만, 동시에 나를 산 채로 삼킬 준비를 하는구나. 너는 나를 반대하고 나와 내 행실을 비웃는다. 너는 끊임없이 나의 이름을 너의 입에 달고 산다. '내게 그 입을 벌림이 찢으며 부르짖는 사자 같으니이다'(히브리어 성경 시 22:14, 한글 성경 22:13). 토라에서 하나님과 사람에게는 하기 말라는 것을 내게 하는 이유는 무엇이냐? '나는 벌레요', 나를 입에 넣지 못할 벌레처럼 대하라."

아브라함의 때에, 소돔 사람들은 하나님을 예배하는 것과 사람에 대한 공의를 서로 다른 것으로 구별했다. 이상하게 들리겠으나, 실제로 토라는 '소돔 사람은 여호와 앞에 악하며 큰 죄인이었더라'(창 13:13)고 기록하고 있다. 이 구절에서 죄란 하나님이 아닌 사람에 대한 잘못된 행실을 뜻한다.

코쯔크의 랍비는 소돔인들과 같은 사람들은 스스로 올바르고 경건한 사람이라고 생각하였으므로 이 구절을 '소돔 사람들은 악하였으며, (다른 사람들에게)온갖 죄를 짓고 있었다. 그러나 그들은 크게 하나님께 죄를 짓고 있는 것이었다.'고 분석하고 있다. 그들은 자신들이 하나님과 좋은 관계를 맺고 있는, 크게 경건한 사람들이라고 생각한 위선자들이었던 것이다. 그러나 이 구절의 단순한 의미는 다른 사람에게 죄를 짓는 것은 곧 하나님께 죄를 짓는 것이라는 사실을 분명히 보여주고 있다.

사람의 영과 하나님의 영

'사람의 영이 다른 이의 마음에 합하다'의 뜻은 곧 누군가와 친해지고자 하는 마음으로 인하여, 그 사람의 행동을 받아들인다는 것을 뜻한다. 또한 현자들은 "사람은 언제나 형제, 친척, 더 나아가 모든 사람과 평화를 이루어야 한다. 시장의 이방인일지라도 말이다. 그리하면 이 땅에서 귀히 여김을 받음 같이 위에서도 사랑을 받을 것이다"라고 가르치고 있다(베라코트[Berachos] 17a). (주석가들은 이를 "이땅 에서 사랑받는 자는 위에서도 사랑 받는다"라고 해석하고 있다.).

이 미쉬나는 '사람의 생각'이 아닌, '사람의 영'에 대해 말하고 있다. 누군가의 마음에 합하다는 것은 단순히 상대방을 피상적으로 받아들인다는 것이 아니라, 마음 속 깊이 상대를 내 마음에 받아들인다는 것인데, 즉 마음에 합한 사람과 함께 할 때에는 진실되고 참된 기쁨을 느낄 수 있다는 것이다(미드라쉬 슈무엘[Midrash Shmuel], 레브 아보트[Lev Avos]를 인용).

그러므로 우리는 사람과의 관계를 하나님과의 관계로 나타내는 지표로 삼을 수 있는 것이다. 우리는 우리의 행동이 그분을 기쁘시게 하도록 진심으로 그분을 섬기고 있는가? 아니면 그저 자기 자신의 목적을 성취하기 위하여 하나님을 섬기는 것인가?

인류에 대한 하나님의 지식을 나타내기 위하여, 이 미쉬나에서는 하나님에 대해 '마콤'[makom], 즉 '편재하시는'이라는 표현을 사용하고 있다. 하나님께서는 온 우주를 충만하게 채우시며 세상 모든 것들을 속속들이 알고 계신다. 하시드 야베츠[Chasid Yaavetz]는 "온 세상이 주님의 영광으로 가득 차 있으며, 온 세상이 주님의 명령에 따르기에, 주님의 눈은 세상 모든 것을 보신다."라 하였다. 오직 주님만이 사람의 영이 진심으로 마음에 합한지를 아신다는 것이다.

이 구절은 특별히 "영"[루아흐]이라는 단어를 사용하고 있는데, 이 말은 사람이 다른 사람의 영적인 필요에 주의를 기울여야 하는 책임이 있다는 것을 의미한다. 혼자서는 하나님을 섬길 수 없다. 다른 사람들을 돕는 행동을 통하여 영성을 기를 때만이 하나님의 마음에 합한 자가 될 수 있다(미드라쉬 슈무엘[Midrash Shmuel] 참조).

모든 피조물은 위대하고도 초라하다

이 구절에서 '사람'이라고 번역된 히브리어 단어는 '비리요트'[beriyos]이다. 이 단어의 문자 그대로의 의미는 '피조물'이라는 뜻으로, 아무리 작고 초라한 사람이라도 이 구절의 대상이 된다는 것을 암시하고 있다. 동일한 맥락에서, 이전 구절의 가르침인 '사람들을 사랑하고 토라에 더욱 가까이 하게 하라'(1:12)에서 역시 '비리요트'라는 단어를 사용하고 있다. 여기서 '비리요트'는 지금은 토라에서 멀리 떠나있는 사람들로 볼 수 있는데, 이는 '토라를 가까이 하게 하라'라는 말에 함축되어 있다.

이 단어는 '브'리야'[b'riyah], 즉 '창조'에서 나온 단어로, 사람이 하나님에 의해 창조되었으므로 주님의 기쁨을 느끼고 함께 할 수 있다는 것을 나타낸다(하시드 야베쯔[Chasid Yaavetz]). 그 아무리 단순한 사람일지라도 옳고 그름이 무엇인지 직감적으로 알 수 있다. 그러므로 사람을 기쁘게 하는 사람은 곧 하나님을 기쁘시게 하는 것과 마찬가지로 여겨지는 것이다.

그러나 랍비 요나단 아아부츠츠[R' Yonasan Eibeschutz]는 '비리요트'가 이스라엘의 현자들을 뜻하는 것으로 해석했다(야아로트 드바쉬[Yaaros Devash] 2:2). 실제로 평행 구절에서 랍비 하니나는 "우리 현자들의 영이 합하면…"이라고 말하고 있다(샤보트[Shabbos] 153a).

진실한 비판

미쉬나는 가르치기를, 오직 하나님 보시기에 은혜를 입을 만한 사람만이 사람에게도 은혜를 입는다 했다. 그러므로 우리는 다른 사람에 대하여 말할 때는 진실하고 솔직해야 한다.

많은 지도자들이 아랫사람의 잘못된 행동을 용납하고 칭찬함으로써 인기를 얻어온 것은 사실이다. 실제로 현자들은 "토라 학자는 좋은 사람이라서 마을 사람들에게 사랑받는 것이 아니다. 사람들의 잘못된 영적 실태를 꾸짖지 않으므로 사랑받는 것이다"라 말했다(케투보트[Kesubos] 105b). 그러나 이런 인기는 오래 가지 못한다. 결국 "뱃속의 아기라도 아첨꾼을 저주하리라"(쏘타[Sotah] 41b) 함과 같다.

반면, "사람이 하늘의 목적을 위하여 친구의 죄를 꾸짖으면 그는 거룩한 주님, 축복의 주님으로부터 그 기업을 받을 것이다. 기록된 바 '사람을 경책하는 자는 혀로 아첨하는 자보다 나중에 더욱 사랑을 받느니라'(잠 28:23) 함과 같다. 또한 친절의 실타래가 그의 머리 위로 내려올 것이다"(탄후마 미쉬파팀[Tanchuma Mishpatim] 7).

하나님께 합한 자는 사람에게도 합하다

다수의 주석가들은 이 미쉬나를 하나님을 기쁘시게 하는 사람은 사람들로부터 은혜를 얻을 것이며, 이것이 곧 보상임을 가르친다고 해석하고 있다.

기록된 바 '하나님과 사람 앞에서 은총과 귀중히 여김을 받으리라.'(잠 3:4)라 함과 같다. 먼저 하나님 앞에서 은혜를 입은 후에 사람 앞에서도 은혜를 얻을 것이라는 말이다. 동일한 가르침이 "사람의 행위가 여호와를 기쁘시게 하면 그 사람의 원수라도 그와 더불어 화목하게 하시느니라"(잠 16:7)는 다른 구절에서도 발견된다. 하나님께서 원수의 생각을 돌이키실 것이기 때문이다(하시드 야베쯔[Chasid Yaavetz]).

그러므로 "밤에 토라를 공부하는 자에게(그리함으로써 하나님을 기쁘시게 하는 자에게) 거룩하신 주님, 축복의 주님께서는 낮에 친절의 실타래를 그의 머리 위로 내려주신다"(아보다 자라[Avodah Zarah] 3b). 그리하면 이런 사람은 다른 사람들 앞에서 은혜를 얻는다(라쉬[Rashi]). 성경에서 그 예를 찾을 수 있다. 요셉은 하나님의 뜻을 따랐으므로, '여호와께서 요셉과 함께 하시고 그에게 인자를 더하사 간수장에게 은혜를 받게'(창 39:21) 하셨다.

그러나 만약 그의 동료들의 영이 그를 기뻐하지 않는다면 편재하시는 하나님의 영이 그를 기뻐하지 아니할 것이다.

다음의 말은 필자의 장인이신 랍비 이삭 여디디야 프란켈[R' Yitzchak Yedidiah Frenkel]이 슈피토프케의 랍비 야곱 심손[R' Yaakov Shimshon of Shpitovke]의 이름으로 인용하여 말한 것이다.

현자들의 가르침에 따르면(기틴[Gittin] 31b), 언젠가 후나와 히즈다라는 두 랍비가 있었다. 또 다른 랍비 게네이바가 그들에게 다가오자, 서로 이야기했다. "우리 이 사람을 지지합시다, 그는 많은 것을 배운 사람이오." 그러자 다른 한 명이 반대하였다. "우리는 이 사람을 지지할 수 없소 불화를 일으키는 사람이기 때문이오"(그 당시 게네이바는 당시 아브 베이스 딘이라고도 하는 산헤드린의 부의장을 맡은 마르 우크바와 논쟁 중에 있었다[라쉬 Rashi]).

그들이 대화를 나누는 것을 본 게네이바가 다가와 무슨 말을 나누었는지를 물었다. 이에 두 랍비는 "바람에 대하여 토론하고 있었소."라고 대답했다.

이 이야기에서 중점은 랍비 후나와 랍비 히즈다가 게네이바에 대해 어떻게 생각했는지가 아니다. 중점은, 랍비라는 사람들이 어떻게 거짓말을 할 수 있냐는 것이다. 그러나 사실 그들은 거짓말을 한 것이 아니다. '바람'이라는 단어는 '영', 즉 개인의 성격이라는 뜻도 함께 가지고 있다. 본 구절이 말하는 바 "사람의 영이 다른 이의 마음에 합하면 하나님의 영도 그의 마음에 합할 것이라"고 하였다. 시작점은 결국 인간의 영이라는 것이다.

사람이 사람을 좋아하면, 하나님도 사람을 좋아하신다. 그러나 예루샬미의 가르침은 이와 반대의 견해를 보인다. "하나님의 영이 사람의 마음에 합하면, 사람의 영도 하나님의 마음에 합한다."

랍비 후나와 랍비 히즈다가 게네이바에게 했던 대답의 취지가 바로 이것이었다. 위 대화에서, 첫 번째 랍비는 게네이바가 토라 학자이므로 그의 편에 서야 한다고 말했다. 그가 토라를 많이 알고 있으므로 그가 하나님의 마음에 합한 자일 것이며, 때문에 결국 사람들의 마음에도 합할 것이었기 때문이다.

그러나 두 번째 랍비의 생각은 달랐다. 게네이바가 분쟁을 일으키고 사람들의 영에 합한 자가 아니었으므로, 하나님의 영 또한 그의 마음에 합하지 않을 것이라 생각했던 것이다. 그러므로 이 두 랍비는 이에 대해 논쟁을 했고, 결국 게네이바의 편에 설 수 없었다.

인에 없으면 밖에도 없으리라

이 미쉬나는 문자적으로 '사람의 영이 다른 사람으로부터 기쁨을 얻으면'이라고 해석할 수 있다. 즉 사람의 영이 다른 이의 마음에 합한다면, 그 기쁨은 그 자신으로부터, 곧 자신의 행동과 성향으로부터 비롯된다는 것이다. 반대의 경우도 마찬가지이다. 사람의 영이 다른 이의 마음에 합하지 아니한 것 역시 그 자신 때문이다.

이런 맥락에서 아리잘[Arizal]은 주석에서 동일한 가르침을 제시하고 있다. "만약 나병에 걸린 자가 나병환자에서 치유되면"이라는 한 문구에서 끝 부분에 불필요하게 '나병환자에서'(레 14:3)라는 수동태를 사용한 목적은 무엇인가? 그는 해석하기를, 만일 나병 환자의 고통이 낫는다면 이는 그 자신 안에 있는 무언가, 즉 그의 마음의 근본적인 변화로 인해 나음을 얻은 것이라고 말하고 있다.

사람의 일부, 시간의 일부

모든 사람들의 마음에 합할 수는 없는 일이다. 그러므로 에스더서의 마지막 부분에서 모르드개는 '그의 허다한 형제에게 사랑을 받고'(에 10:3)라고 말한 것이다. 현자들은 가르치기를 그는 '유다 사람 모두의 마음에 그러한(합한) 것은 아니었으나, 산헤드린 공의회의 일부가 그에게로 마음을 돌렸다'고 기록하고 있다(메길라[Megillah] 16b).

하나님께서 아브라함에게 하신 '너를 축복하는 자에게는 내가 복을 내리고 너를 저주하는 자에게는 내가 저주하리니.'(창 12:3)라는 언약 속에서도 이것을 확인할 수 있다. 모든 사람에게 축복을 받는다 할지라도, 꼭 한 명은 저주하는 사람이 있다. 그리하여 이 미쉬나는 '모든 사람으로부터 합한 자'가 아닌, '사람의 영에 합한 자'라고 말하고 있는 것이다.

의인과 세대

이 미쉬나에서 사용된 '합하다'라는 뜻의 동사 '노카흐'[Nochah]는 '임재하다'라는 뜻을 함께 가지고 있다.

이런 유사성을 이용하여 바알 셈 토브[Baal Shem Tov]는 이 구절을 '사람의 영이 다른 이의 마음에 합할 때', 그의 선한 행실과 다른 유대인들을 사랑하는 아름다운 마음으로 인해 '하나님의 영(즉 하나님의 거룩하심)이 (온 세대 위에) 임하신다'라고 해석하고 있다.

반면, 하나님의 영이 그 세대 위에 임재하지 않으시면, 이는 '사람의 영이 그의 마음에 합하지 않았으므로' 하나님께서 임하시지 않은 것이다. 때문에 비난할 수밖에 없는 것이다(케쎄르 셈 토브[Kesser Shem Tov] 그리고 톨도트 야코브 요셰프[Toldos Yaakov Yosef], 아카레이 모트[Acharei Mos]).

하늘로부터 음성이 들려와 이르기를 "온 세상이 내 아들 하나나로 인하여 유지되고 있다"라고까지 하였으며(베라호트[Berachos] 17b), 현자들 역시 가르치기를 "온 세대가 랍비 하나나로 인해 용서를 받았다"라고 하였다(하기가[Chagigah] 174a). 그러므로 이 구절의 가르침이 당대의 위대한 의인인 랍비 하나나 벤 도사로부터 나옴은 적절하다고 할 수 있다.

미쉬나 14절　　　　　　　משנה יד

רַבִּי דוֹסָא בֶן הַרְכִּינַס אוֹמֵר,
שֵׁנָה שֶׁל שַׁחֲרִית, וְיַיִן שֶׁל צָהֳרַיִם, וְשִׂיחַת
הַיְלָדִים, וִישִׁיבַת בָּתֵּי כְנֵסִיּוֹת שֶׁל עַמֵּי הָאָרֶץ,
מוֹצִיאִין אֶת הָאָדָם מִן הָעוֹלָם:

랍비 도사 벤 하르키나스는 말한다.

늦은 아침 잠,

한낮의 와인,

어린이들의 수다 그리고

무지한 자들의 회중에 앉아 있는 것은

세상으로부터 사람을 내어쫓는다.

미쉬나 14절

랍비 도사 벤 하르키나스는 말한다

탈무드는 랍비 도사 벤 하르키나스[R' Dosa ben Hyrkanus]가 (랍비 아키바 벤 마할렐[Akiva ben Mahalalel], 라반 요하난 벤 자카이[Rabban Yochanan ben Zakkai], 케투보트[Kesubos] 105a), 부제사장이었던 랍비 하니나(너가임 [Negaim] 1:4)와 할라카에 대하여 나눈 대담이 기록되어 있다(즉 이 대담에 참여한 모든 사람들이 두 번째 성전이 파괴되기 전이나 그 직후에 살았던 사람들이다). 랍비 도사는 야브네에서 다른 현자들의 대담에 합류하였다(로쉬 하샤나[Rosh Hashanah] 2:8-9).

그는 나이가 많았으나 기품이 있었다고 하는데, 이런 사실은 다음의 이야기를 통해 확인할 수 있다(예바모트[yevamos] 16a).

랍비 도사가 허약해지고 눈이 보이지 않게 되어 더 이상 학당으로 갈 수 없게 되었다(라쉬[Rashi] ibid.). 이에 유대교 랍비들의 할라카 회의에서는 그의 할라카 판결을 금지했는데, 그는 덕망 있는 사람이었으므로 현자들은 이 소식을 그에게 어떻게 전할지 고민했다. 이에 세 명의 현자(랍비 여호수아, 랍비 엘라자르 벤 아자리아, 랍비 아키바)가 그에게 이 소식을 전하기로 하였다.

세 랍비는 그의 집으로 찾아가 랍비 도사와 앉아 할라카에 대하여 대화를 나누었다. 이 때 랍비 도사는 이렇게 말하였다. "하늘과 땅이 증인이 되어줄 것이네. 학개 선지자가 지금 이 의자에 앉아 다음의 세 마디 말을 전했다네." 그리고는 랍비 엘라자르 벤 아자리아를 보며 말했다. "그를 알아볼 수 있었다네. 그는 에스라의 10대 후손으로, 에스라와 눈이 꼭 닮았기 때문이었네."

즉 랍비 도사는 어릴 적 학개와 에스라를 개인적으로 보았다고 말했다. 그러므로 그의 나이는 열 세대, 즉 400년이 넘는다는 뜻이었다!(이는 람밤의 견해이다. 그러나 라쉬바쯔는 이에 동의하지 않는다) 이처럼 긴 수명을 가진 사람은 어떻게 하면 자신의 삶을 버리지 않을 것인지에 대한 방법을 조언해 주어야 한다.

좋은 것의 너무 많은 것들(과유불급)

피르케이 아보트의 다른 두 구절(2:16과 4:28)에서도 '세상으로부터 사람을 내어 쫓는다'라는 표현이 발견된다. 그러나 이 미쉬나와 위의 두 구절에는 다른 점이 있다. 바로 위의 두 구절에서는 질투와 증오와 같이 명확하게 위험한 성격에 대해서 이야기하고 있는 반면, 이 구절에서는 사람이 인식하지 못하는 속성들이 사실은 치명적이며, 실제로는 적당히 하면 유익한 것으로 여기고 있기 때문이다.

이 세상에서, 장차 올 세상에서

주석가들은 이 구절에서 언급한 행동들은 장차 올 세상에서 받을 지분을 잃는 결과를 가져온다고 설명한다. 그러나 다른 주석가들과 달리 라베이누 요나[Rabbeinu Yonah]는 이런 사람은 이 세상에서도 설 곳을 잃을 것이라고 주장한다.

사람은 할 수 있는 한 많은 것을 성취하고 높은 곳에 오르기 위해 분투하도록 창조되었다. 자기 시간을 자고 마시며 쓸데없이 수다를 떠는 데에 보내는 사람은 스스로를 깎아내리는 것이며 자기 안에 잠재된 능력을 낭비하고 마는 것이다. 랍비 요나는 이런 사람을 왕의 시종에 비유했다. 어느 왕이 자기 시종에게 많은 돈을 주었는데, 이 시종은 그 돈다발을 바다에 던져버렸다. 이 시종이 왕에게 뻔뻔하게 더 많은 돈을 요구할 수 있는 대담함을 가질 수 있겠는가? 마찬가지로, 하나님으로부터 시간과 능력이라는 선물을 받은 사람은 이 선물을 낭비할 수 없다는 것이다.

늦은 아침 잠

이 미쉬나는 '늦은 아침 잠'을 피해야 한다고 말한다. 이 구절과 평행을 이루는 바라이사[baraita, 아슈케나쉬어로는 baraisa로, 미쉬나에 포함되지는 않으나 구전으로 전해져 온 율법들을 뜻함 - 역자 주]에서는 이 구절이 아침에 슈마를 읊는 시간까지 잠에 빠져 있으면 안 된다는 뜻이라고 주장하고 있다(아보트 데랍비 노쏜[Avos DeRabbi Nosson] ibid.). 이런 사람은 아침에 슈마를 읊는 계명을 지키지 못하는 것뿐 아니라 토라를 배우는 기회 또한 얻지 못할 것이기 때문에(ibid.) 낮에 일어나서도 아침에 슈마를 읊지 않음으로 다른 죄를 범하게 될 것이기 때문이다(4:2).

우리는 아침에 일어나 슈마를 읊음으로써 하늘의 왕국에서 내리는 명에를 받들며 쉬어지고, 이 명에는 나머지 하루를 밝게 비추어준다. 그러므로 랍비 쉬므온[R' Shimon]은 "일어나 슈마를 읊고 기도(쉐모네 에스레이[Shemoneh Esrei] 기도문을 기도)하기를 힘쓰라"고 가르치고 있는 것이다. 이 두 계명은 우리가 하나님께 연결되어 있음을 가장 완전하게 표현해주는 것이다(2:18).

악순환

하시드 라베이누 요세프 야베쯔[Chasid Rabbeinu Yosef Yaavetz]는 "(이른) 아침만큼 숨겨진 것을 이해하는 데에 좋은 시간이 또 없다"라고 가르친다.

랍비 슐로모의 아들 라베이누 이삭[Rabbeinu Yitzchak ben R' Shlomo]은 '늦은 아침 잠'이라는 구절은 순전히 기쁨을 위해 아침에 일어났다가 다시 침대로 돌아가 잠드는 것을 나타낸다고 해석한다. 실제로 이것은 사람을 더욱 피곤하게 만든다. 피곤한 기운이 남아 나머지 하루에 영향을 주고 사람을 게으르게 만드는 것이다.

라쉬바쯔[rashbatz]는 '늦은 아침 잠'이라는 구절이 곧 새벽 시간을 넘겨 잠에 빠지는 것을 뜻한다고 주장하고 있다. 현자들은 "주 하나님께서는 깊은 잠을 (아담에게)내리셨다."(버레이쉬트 라바[Bereishis Rabbah] 17:5)에 주석을 남겨 설명하기를, "인간의 타락은 잠에서 시작되었다."라고 했다. 라쉬바쯔는 이를 해석하기를, 잠자는 사람은 토라를 공부하거나 계명을 실천함으로 하나님을 섬길 수 없기 때문이라고 했다.

그러므로 삼과 세으름은 서로 얽여 악순환을 만들어내는 것으로, 둘 중 하나를 끊어내어 이 순환에서 벗어나는 것은 힘든 일이 되고 만다.

솔로몬 왕은 "문짝이 돌쩌귀를 따라서 도는 것 같이 게으른 자는 침상에서 도느니라."(잠 26:14, 랄베그[Ralbag]와 머주다트 다비드[Metzudas David]의 해석)라고 말했다. 빌나의 랍비 엘리야후[R' Eliyahu of Vilna, 빌나 가온]는 여기에 더하여 말하길 모든 사람들이 일어나 집을 떠나며 문을 닫으므로 문이 경첩으로 돌아간 후에도, 게으른 사람은 침대에 남아 잠에 빠져있다고 했다(이븐 에즈라[Ibn Ezra] 참고).

다음 구절에서는 '게으른 자는 그 손을 그릇에 넣고도 입으로 올리기를 괴로워하느니라'라고 전한다. 그러므로 음식을 들어 자기 입에 넣는 것조차 게으른 사람에게는 게으름을 극복해내고 이겨내는 것이 된다는 것이다.

게으른 사람이 성취하는 것은 그 가치가 적고 자기가 필요한 기본적인 것들을 거의 충족시키지 못하는 것들이다. 즉 '입에 풀칠만 하며' 사는 것이다. 더 나아가 이같이 사람은 게으른 나머지 이런 계명들(특별히 토라를 배우라는 계명)을 지켜 장차올 세상에서 받을 기업을 모으는 것조차 힘들어한다. 그러나 토라를 배우라는 계명은 '오직 그 말씀이 네게 매우 가까워서 네 입에 있으며 네 마음에 있은즉 네가 이를 행할 수 있느니라'(신 30:14, 즉 '말씀을 입에서 행동으로 나타내라', 드바림 라바[Devarim Rabbah] 8:6 참고)고 기록된, 토라를 배우라는 계명까지도, 이런 사람에게는 게으름으로 인해 지키기조차 힘든 계명이다. 이런 사람은 장차 올 세상에서 받을 기업이 적다.

아침잠과의 전투

악한 본성은 자기 힘을 다하여 사람을 침대에서 일어나지 못하도록 붙잡아두어 하루 중 가장 귀한 시간을 낭비하고 게으름이 버릇으로 몸에 배도록 만든다.

춥든지 덥든지 상관없다. 모든 것은 이불 속에 파묻혀있는 좋은 핑계가 된다. 게으름은 모든 것들을 핑계로 만들 수 있기 때문이다. 그러므로 '게으른 자는 길에 사자가 있다 거리에 사자가 있다 하느니라'라고 했다 (잠 26:13, 드바림 라바[Devarim Rabbah] 8:6 참고).

그러나 현실은 다르다. 일찍 일어나는 것은 하루의 기초이다. 랍비 요세프 카로[R' Yosef Karo]가 슐한 아루크[Shulchan Aruch]를 '사자와 같이 허리띠를 단단히 동여 아침에 일어나 창조주 하나님을 섬기라.'라는 말씀으로 시작한 것을 보라.

지피지기면 백전백승이라 했다. 적은 최선을 다해 우리가 시간을 유용하게 사용하고 있다고 안심시키려고 한다. 한 위대한 현자에 대한 이야기를 보자. 어느 날 아침, 현자가 일어나자 그의 악한 본성이 그를 유혹하며 말하였다. "너무 일찍 일어나 밖이 아직 어둡다. 일어나기엔 아직 이르다." 이를 들은 랍비는 침대에서 벌떡 일어나 말하였다. "나를 다시 잠에 빠져들도록 하려 하느냐! 너는 이미 일어나 나를 꾀는 데에 열심을 내고있지 않느냐!"

페쉬스카[Peshis'cha]의 신실한 유대인 랍비 야코브 이삭[R' Yaakov Yitzchak]은 어릴 때를 회상하며, 한 대장장이에게 이 모든 것을 배우고 익힐 수 있었다고 말했다.

그는 어릴 때 추운 겨울날 아침에 일어나는 것을 힘들어했다. 그러나 그가 이불 속에서 있을 때마다 대장장이의 망치 소리에 잠을 이룰 수 없었다. 대장장이가 먹고 살기 위해 이토록 일찍 일어나는데, 창조주 하나님을 섬기기 위해서는 얼마나 더 일찍 일어나야 하겠는가?

이렇게 생각한 그는 다음날 아침에는 대장장이보다 일찍 일어나 공부를 시작했다. 잠자리에서 일어나 옆집에서 토라를 소리내어 말하는 것을 들은 대장장이는 혼잣말을 했다. "가족을 먹여 살릴 필요가 없는 저 젊은 이도 벌써 일어나 토라를 배우거늘, 가족을 책임져야 하는 나는 얼마나 더 일찍 일어나야 하겠는가."

이렇게 대장장이와 학생 사이에 소리 없는 전투가 시작되었다. 이런 방법으로 랍비 야코브 이삭은 잠을 덜 자는 습관을 몸에 익혔고, 이로 인해 남들보다 더 많은 시간 동안 토라를 배울 수 있었다.

토라를 배우기 위해 잠을 줄이는 자는 오래 살 것이다. 현자들의 말에 따르면 이스라엘 땅에 살았던 랍비 요하난은 어느 날 바벨에 오래토록 장수한 유대인들이 있다는 소식을 듣고 놀랐다. 후마쉬에서는 거룩한 땅에 사는 유대인들만이 장수할 것이라 기록하고 있기 때문이었다. "너희 조상들에게 주리라고 맹세하신 땅에서 너희의 날과 너희의 자녀들의 날이 많아서 하늘이 땅을 덮는 날과 같으리라"(신 11:21)

그러나 요하난은 바벨의 사람들이 아침 일찍 학당으로 가서 저녁 늦도록 있다는 것을 듣고 "그들이 어떤 기업을 받았는지는 의심의 여지가 없겠소"라고 말했다고 한다(버라호트[Berachos] 8a).

한낮의 와인

포도주에는 긍정적인 면이 많다. '사람의 마음을 기쁘게 하고'(시 104:15), 사람의 지식을 날카롭게 하며(요마[Yoma] 76b), 두려움을 잊게 해 주고(바바 바스라[Bava Basra] 10a) 기억력을 향상시킨다(호라요트[Horayos] 13b).

그러나 적절한 때에 적절하게 마시지 않으면 포도주는 오히려 해가 된다. 현자들은 '야인'(포도주)이 이 세상에 '옐랄라'[yelalah], 즉 '통곡'이 된다고 가르치는데, 라쉬의 해석에 따르면 이는 사람을 부도덕적인 행동으로 이끌기 때문이다. '티로쉬'[tirosh, 새 포도주]라는 단어는 '라쉬'[rash], 즉 '빈곤하게 되다'라는 단어와 연관되어 있는데, 이는 술 취함이 가난으로 이어지기 때문이다. 더 나아가 '라바'[Rava]는 포도주가 '사람의 마음을 즐겁게'도 하지만 동시에 사람을 파멸로 이끌기도 한다고 기록하고 있다(요마[Yoma] 76b).

한낮에 마시는 포도주는 특히 더 해롭다. 밤에 취하면 바로 잠들어버릴 수 있다. 그러나 낮에 포도주를 마시면 종일 취한 채로 하루를 보내야 한다. 나른하여 배움의 시간에 집중할 수 없다. 뿐만 아니라 낮에 이미 취한 사람은 하루를 내내 술집에서 보내고 싶어질 것이다.

이런 포도주의 양면성에 대해 말하며 라브 카하네[Rav Kahane]는 '티로쉬'(새 포도주)라는 단어의 이중의미를 발견했다. 이 단어는 '라쉬'(빈곤하게 되다)뿐만 아니라 '로쉬'(지도자)라는 단어와도 연관된다는 것이다. 다수의 주석가들은 이 구절의 의미를 넓게 보아 '한낮의 와인'이라는 구절이 모든 불필요한 기쁨을 뜻한다고 해석하고 있다(하시드 야베쯔[Chasid yaavetz]).

어린이들의 수다 그리고

이 구절의 평행 바라이사(아보트 데랍비 노쏜[Avos DeRabbi Nosson] ibid.)가 확증하는 것으로써 이 구절의 '어린이들의 수다'라는 표현은 불필요하게 많은 시간을 아이들과 대화하며 보내는 성인을 지칭한다고 단순하게 이해할 수 있다. 이런 사람은 태만하여 토라를 배우는 시간이 그만큼 줄어들게 된다. 바로 이 구절의 평행 바라이사에서 아이들에게 정신이 팔리는 것보다 집에서 토라를 공부하지 않는 편이 낫다고 말하는 이유가 이와 같다. 부모가 아이와 대화를 나누거나 아이들의 말을 들어서는 안 된다는 가르침이 아니다. 그러나 어른은 어른의 역할을 다하여 가르치는 자로 남아 자녀들에게 깨달음을 주어야 하는 것은 사실이다.

그러나 미드라쉬 슈무엘은 '어린이들의 수다'를 유치하고 미성숙한 말로 해석하였다. 솔로몬 왕의 아들 르호보암이 정책을 결정해야 했을 때, 자신과 함께 태어나고 자란 젊은 사람들의 조언을 받아들였다(왕상 12:1-17을 참고하라). 궁극적으로 이 결정은 유다와 베냐민 지파의 통치권에서 나머지 열 지파가 분리 독립을 하게 되는 결과로 나타났다. 이런 점에서 현자들은 "노인은 부수라 하고 아이는 세우라 한다면, 부수고 다시는 짓지 말라. 노인의 부숨은 세움과 같으며 아이의 세움은 부숨과 같으니."라 가르치고 있는 것이다(메길라[Megillah] 31b).

어떤 이들은 이 미쉬나를 아이들에게 진마 말로 해석한다. 즉 이 구절의 가르침은 어리다 하더라도 젊은 때의 귀중한 기회를 미래의 삶을 세울 기초를 세우는 데에 사용하도록, 유치한 것들을 말하지 말라고 권면하고 있다는 것이다.

또한 미드라쉬 슈무엘은 이 구절이 자녀들의 말을 감찰해야 하는 부모의 의무에 대해 말하는 것이라고 해석한다. 아이들이 무례하거나 오만한 말을 하고 욕을 한다면 이것은 아이들뿐만 아니라 부모에게도 악영향으로 되돌아와 결국 세상에서 내쳐지고 말 것이라는 것이다.

아이에 관한 대화
더 나아가 '어린이들의 수다'라는 구절은 부모가 자기 자녀들의 미래에 대해 서로 대화를 나누는 것을 뜻한다고 해석할 수도 있을 것이다. 특히 아이가 성인이 되었을 때 자기들을 어떻게 봉양할지 대화를 나누는 것을 지칭한다. 아이에게 믿음을 심어주기도 전에 벌써 아이에게 적절한 토라의 가르침을 생각한다면, 곧 부모는 아이를 '세상에서 내치는' 것이다. 뿐만 아니라 이런 부모는 아이의 봉양 문제로 자기 시간을 다 날린 것이 되므로, 부모 역시도 스스로를 '세상에서 내치는'것이라고 할 수 있을 것이다(코즈니쯔의 랍비 이스라엘 아보다트 이스라엘[Avodas Yisrael by R' Yisrael of Kozhnitz).

현자들은 '마지막 때를 계수'하는 사람들을 비판한 바 있다(산헤드린

[Sanhedrin] 97a). 이 비판은 이 구절에 교훈적으로 적용될 수도 있다. 즉 자기 자녀의 미래를 자기 멋대로 재단하는 부모들은 곧 '마지막 때를 계수'하는 사람들이라는 것이다(크네세트 이스라엘[Knesses Yisrael]).

무지한 자들의 회중에 앉아 있는 것은
세상으로부터 사람을 내어 쫓는다.

'지혜로운 자와 동행하면 지혜를 얻고 미련한 자와 사귀면 해를 받느니라'(잠 13:20).

어리석은 자의 삶은 어리석은 말들로 가득하기 때문에 이런 사람은 이 세상에서 내어 쫓긴다. 그러므로 이런 사람과의 깊은 대화는 시간을 크게 낭비하는 것이기 때문에 이로 인해 영적인 것에 집중하지 못하게 된다.

시편의 도입부 역시 나쁜 인간관계의 위험성에 대해 경고하고 있다. '복 있는 사람은 악인들의 꾀를 따르지 아니하며 죄인들의 길에 서지 아니하며 오만한 자들의 자리에 앉지 아니하고'(시 1:1) 이 구절과 같이, 사람은 처음에는 걷다가(어리석은 자들과 시간을 보내는 경우), 점점 그 걸음이 느려지다가 서게 되고, 결국 그들과 함께 자리에 앉게 된다(아보다 자라 [Avodah Zarah] 18b).

만남의 집

주로 '시나고그'를 뜻하는 히브리어 베이트 크네세트는 문자 그대로는 '만남의 집'이라는 뜻을 가지고 있다. 그러나 이 미쉬나에서는 시나고그를 뜻하는 것이 아니라 어리석은 사람과 만나는 실 어뮤, 즉 극장과 같은 오락의 장소를 의미한다(아보트 데랍비 노쏜[Avos DeRabbi Nosson] ibid.).

이런 오락의 목적은 이 세상을 잠시 잊고 일탈하는 것에 있다. 오락에 빠지는 사람은 결국 사라질 허상이라는 거품 속에 살기 때문에 그 안개가 그로 하여금 사소한 것들에 주의를 빼앗기게 하고 삶의 목적을 깨닫지 못하도록 가리게 되며 결국 이 세상에서 쫓겨날 것이다.

인생의 세 단계

미드라쉬 슈무엘은 랍비 모세 알샤카르[R' Moshe Alshakar]의 견해를 따라 이 구절이 인생의 여러 단계를 나타내고 있다고 해석했다.

사람은 젊을 때, 즉 인생의 아침에는 늦은 아침잠으로 시간을 낭비해서는 안 된다. 젊은 날은 곧 의미 있는 삶의 기반을 크게 다져야 하는 시기이다. 인생길의 시작을 잠으로 보내버리면, 정작 깨어 일어나고 난 후에는 이미 늦고 말 것이다.

성인이 되어서는 한낮의 와인에 노출된다. 이 시기에는 이 세상의 것들에 취하게 된다. 이 세상의 것들이란 곧 먹고 사는 일, 집안일, 직장 등이다. 이때에는 진정으로 무엇을 우선해야 하는지를 분간하도록 깨어 있어야 한다.

마지막으로 노인의 때, 즉 자신의 가장 심오한 책임으로 돌아갈 만한 여유가 있는 때에는 특히 조심하여 유치한 말과 어리석은 자와의 만남으로 인해 길을 잃지 않도록 주의해야 한다.

프레미슐란의 랍비 메이어[R' Meir of Premishlan]는 '만 이 년 후에 바로가 꿈을 꾼즉'(창 41:1)이라는 창세기의 구절을 교훈적으로 해석하여 목표와 책임에서 벗어나게 하는 행동들에 관해 말하고 있다.

현자들은 "그리고 ~때에"라는 구절이 슬픔을 암시한다고 가르치고 있다(메길라[Megillah] 10b). מקץ(미케이쯔[mikkeitz])라는 단어는 "그가 깨어있을 때에"라고 해석이 가능하며, 'שְׁנָתַיִם יָמִים'(셰나타임 야밈[shenataim yamim])은 '발견된'으로 해석이 가능하다.

그러므로 이 미쉬나에서 찾을 수 있는 교훈적인 가르침은 사람이 나이가 들고 깨어 현실에 눈을 떴을 때 지금까지 자기가 살아온 인생이 하루 이틀의 꿈처럼 지나가버렸다는 슬픈 현실을 발견하게 된다는 것이다.

미쉬나 15절   משנה טו

רַבִּי אֶלְעָזָר הַמּוֹדָעִי אוֹמֵר,
הַמְחַלֵּל אֶת הַקֳּדָשִׁים, וְהַמְבַזֶּה אֶת הַמּוֹעֲדוֹת,
וְהַמַּלְבִּין פְּנֵי חֲבֵרוֹ בָּרַבִּים, וְהַמֵּפֵר בְּרִיתוֹ שֶׁל
אַבְרָהָם אָבִינוּ עָלָיו הַשָּׁלוֹם, וְהַמְגַלֶּה פָנִים בַּתּוֹרָה
שֶׁלֹּא כַהֲלָכָה, אַף עַל פִּי שֶׁיֵּשׁ בְּיָדוֹ תּוֹרָה וּמַעֲשִׂים
טוֹבִים, אֵין לוֹ חֵלֶק לָעוֹלָם הַבָּא:

랍비 엘아자르 하모다이는 말한다.
성스러운 물건을 더럽히고,
절기를 불명예스럽게 만들고,
공공연히 그의 동료를 욕보이고,
우리의 조상 아브라함의 언약을 무효로 만들거나,
할라카와 반대로 토라를 곡해하는 자
그런 사람은 토라를 가지고 있고 연구하고 선한 행동을 했을지라도
그는 다가올 세계에서 토라 연구에 대한 몫을 받지 못한다.

미쉬나 15절

랍비 엘아자르 하모다이는 말한다

랍비 엘아자르 하모다이는 예루살렘 근방의 모다임 산 출신이다(바바 바스라의 라쉬[rashi on Bava Basra] ibid, 페샤힘[Pesachim] 93b). 그는 분명히 랍비 요하난 벤 자카이의 제자였으므로(바바 바스라[Bava Basra] 10b), 탄나임의 두 번째 세대의 사람이며 랍반 가말리엘[Rabban Gamaliel], 랍비 여호수아 벤 하난야[R' Yehoshua ben Chananiah], 랍비 엘아자르 벤 히르카누스[R' Eliezer ben Hyrkanus]와 동시대 사람이었으리라 유추할 수 있다. 더 나아가 그는 랍비 타르폰과 랍비 이스마엘과도 함께 토라를 연구했다고 기록되어 있다(요마[Yoma] 76a).

랍비 엘아자르의 이름이 본 구절의 할라카 형식에는 나타나지 않으나, 아가다 주석과 인용(특히 메힐타[Mechilta]에서 정리된 부분들)은 명성이 높다.

랍비 엘아자르 하모다이는 로마의 베이타르 포위 공격 때 세상을 떠났다. 현자들이 언급하는 바에 따르면(에이하 라바[Eichah Rabbah] 2:4, 예루샬미 타아니트[Yerushalmi Taanis] 4:5), 로마 황제 하드리아누스는 군대와 그 지휘관 바르 코흐바[Bar Kochba]가 주둔하고 있는 베이타르를 3년 6개월 간 포위했다. 이 당시 베이타르에는 랍비 엘아자르 하모다이도 함께 있었는데, 그는 매일 베옷을 입고 금식하며 기도했다고 한다. "온 우주의 주님, 오늘 저희 유대인들에게 심판을 내리지 마소서."

결국 하드리아누스는 끝나지 않는 포위 작전에 지친 나머지 철군을 결정했다. 그러나 이 때 사마리아 사람이 와서 철군을 하지 말 것을 부탁하였다. "유대인들의 힘은 랍비 엘아자르 하모다이의 기도에 달려있습니다. 몇 시간만 지나면, 저 도시가 오늘 폐하의 손에 떨어질 것입니다. 장담하지요."

사마리아인은 몰래 베이타르로 숨어 들어가 랍비 엘아자르 하모다이에게 다가갔다. 그는 평소와 같이 기도에 열중하고 있었다. 사마리아인은 그런 엘아자르에게 다가가 귓속말을 하는 흉내를 냈다. 이런 행동은 바르 코흐바에게 바로 보고되었고, 사마리아인은 곧 그의 앞에 불려가게 되었다. 바르 코흐바는 사마리아인에게 귓속말의 내용이 무엇이었는지 물었.

그러자 교활한 사마리아인은 대답했다. "이실직고 한다면 하드리아누스가 날 죽일 것이요, 입을 다물고 있으면 장군이 날 죽일 겁니다. 어차피 죽을 거, 장군의 손에 죽기보다는 하드리아누스의 손에 죽겠소. 랍비 엘아자르 하모다이는 베이타르가 하드리아누스에게 항복해야 한다고 말했소."

이 말을 들고 잔뜩 화가 난 바르 코흐바는 그 길로 랍비 엘아자르 하모다이에게 쫓아가 사마리아인에게 들은 이야기가 무엇이었는지를 물어보았다.

"아무것도 아닙니다" 아무것도 모르는 랍비 엘아자르가 천진난만하게 대답했다.

"그럼 그에게 무슨 말을 했소?"

"아무 말도 하지 않았소"

그의 대답에 분노한 바르 코흐바는 랍비 엘아자르를 발로 찬 후 죽이고 말았다.

그때 하늘에서 음성이 들려왔다. "화 있을진저 양 떼를 버린 못된 목자여 칼이 그의 팔과 오른쪽 눈에 내리리니 그의 팔이 아주 마르고 그의 오른쪽 눈이 아주 멀어 버릴 것이라"(슥 11:17), 다른 말로 하자면 바르 코흐바는 엘아자르의 기도가 포위 속에서도 버틸 수 있도록 해주었으므로 이스라엘을 받치고 있는 오른팔이자, 엘아자르가 토라의 빛으로 이스라엘의 눈을 밝혀주었으므로 이스라엘의 오른 눈인 랍비 엘아자르 하모다이를 죽인 자격 없는 지도자라는 것이었다. 그러므로 바르 코흐바의 오른 팔은 말라 비틀어질 것이며, 그의 오른 눈은 멀어버릴 것이었다.

엘아자르가 죽자 하드리아누스는 베이타르를 바로 점령했고 바르 코흐바는 죽임을 당했다.

장차 다가 올 세상에서 몫을 받지 못하는 자

비록 말씀은 "모든 이스라엘 사람들은 다가 올 세계에서 그들의 몫을 가지고 있다"라고 가르치고 있으나, 현자들은 여기에도 세 가지 예외가 있다고 전한다. 첫째, 죽은 자의 부활을 부정하는 자이며, 둘째, 토라를 부정하는 자요, 셋째, 아피코루스의 사상을 가진 자(아피코루스[Apikorus], 미쉬나에서 에피쿠로스 학파를 뜻하는 말로, 이들은 하나님께서 선지자를 통하여 인간과 소통하심을 거부하므로 여기에 포함되었다 - 역자 주)이다(산헤드린[Sanhedrin] 90a).

주석가들에 따르면 이 구절에서는 다섯 종류의 사람을 보여주고 있는데 각각 에피쿠로스 학파 사람들의 모습에 대응한다(라쉬바쯔[Rashbatz]). 이 사람들의 공통점은 그들이 하나님의 말씀을 멸시하고 유대교의 거룩한 것들을 모두 모독한다는 것이다. 이 사람들은 자기의 욕망 때문에 죄를 짓는 것이 아니라 공개적으로 하나님의 말씀을 멸시함으로 죄를 짓는다.

이전의 미쉬나에서, 사람은 죄로 인하여 세상에서 쫓겨난다고 했다. 이 구절에서는 잘못된 관점을 관철함으로 인하여 세상에서 쫓겨남을 당한다고 가르치고 있다.

아피코루스 학파 사람의 첫 번째 부류는 '성스러운 물건을 더럽히는 자'이다. 이런 사람은 하나님께서 이 세상에 편재하시다는 생각을 받아들이지 않는다. 따라서 그 어떤 것들도 거룩해질 수 없다고 말한다. 또한 이런 사람은 '거룩한 희생 제사를 모독'하는데, 말하자면 제사를 그저 평범한 것들로 치부해버리고 마는 것이다. 이런 사람은 제사나 예배 속에 하나님께 드릴만한 것은 아무것도 없다고 생각한다.

아피코루스 학파 사람의 두 번째 부류는 바로 '절기를 불명예스럽게 만드는 자'이다. 곧 하나님께서 이 세상을 창조하시고, 하루도 빠짐없이 세상을 이끌고 계신다는 것을 부정하는 자다. 이런 사람에게 있어 이 세상은 영원히 존재하는 것으로, 일정한 자연의 법칙에 따라 움직이고 있다. 하나님께서 세상을 창조하시고 또 이끌고 계신다는 것을 증거하는 안식일과 절기들을 멸시하는 것은 이런 불신자에게 있어 극히 자연스러운 일이다. 먼저 안식일은 '창조의 역사를 기념'하는 의미를, 절기들은 '이집트에서의 출애굽과 광야에서의 기적들을 기념'하는 의미를 가지고 있다. 그러므로 안식일과 절기들을 지키는 사람은 하나님께서 세상을 창조하시고 또 이끌어 가고 계신다는 사실을 믿는 자기의 믿음을 증거하는 것이다. 반면 이 절기들을 멸시하는 자는 스스로 믿음의 기본 토대에 의문을 제기하고 있음을 나타내는 것이다.

아피코루스 학파 사람의 세 번째 부류는 '공공연히 그의 동료를 욕보이는 자'이다. 즉 사람이 하나님의 형상대로 창조되었으며 하나님께서 그 코에 생기를 불어주셨다는 것을 부정하는 자다. 이런 사람은 사람을 동물 이상의 존재로 보지 않는다. 따라서 이런 관점으로 인해 다른 사람들을 존중하지 않게 되므로, 거리낌 없이 다른 사람들을 공공연히 모욕할 수 있게 되는 것이다.

네 번째 부류는 '우리의 조상 아브라함의 언약을 무효로 만드는 자'로, 하나님의 선민이라는 유대 민족의 특별함을 부정하는 자이다. 이런 사람은 유대인이 제사장의 나라로, 거룩한 민족으로 하나님께 선택받았다는 것을 받아들이지 않는다. 이런 사상은 '나(하나님)와 너희 사이의 언약의 표징'(창 17:11)인 할례의 계명을 파기하는 것이다.

다섯 번째 부류의 아피코루스 학파 사람은 바로 '할라카와 반대로 토라를 곡해하는 자'이다. 곧 구전 전통을 믿지 않는 자로 이런 사람은 모세가 시내산에서 구전으로 받은 가르침을 부정하고 현자들의 권위 있는 해석들을 거부한다(미드라쉬 슈무엘[Midrash Shmuel], 티페레스 이스라엘[Tiferes Yisrael]과 메이어 네시브[Meir Nesiv] 참고).

죄인들은 피르케이 아보트와 무슨 관계가 있는가?

피르케이 아보트는 인성의 함양에 대해 다루고 있는 책이다. 그렇다면 완전히 구제할 수 없는 죄인에 대해서도 다루고 있는 이유는 무엇인가?

라쉬바쯔[Rashbatz]는 이 구절의 주요 목적이 다른 사람을 함부로 꾸짖는 부주의로 다른 사람들을 모욕하지 않도록 경고하는 것이라고 해석하고 있다. 이 죄를 언급하면서, 본 구절은 위에 언급된 것과 동일한 출처에서 기원한 다른 공격적인 행위들도 함께 다루고 있다.

그러나 이 질문은 람밤의 가르침을 보면 좀 더 심도 있게 해결될 수 있는 것으로 보인다. 람밤은 장차 다가 올 세상에서의 자기 몫을 잃게 되는 죄에 대하여 말하고 있다. 그는 어떤 죄는 비교적 사소해 보일지라도, 그 결과는 매우 심각할 수 있다고 가르치고 있다. 이런 죄들 중에는 미쉬나의 죄도 포함되어 있으며, 이 구절은 이런 종류의 죄들을 범하지 말라고 우리에게 경고하고 있다는 것이다.

영성이 지나치면

하시드 야베쯔는 이 미쉬나에서 언급된 사례들의 공통점으로 죄인이 의식적으로 죄를 지은 것이 아니며 고의로 믿음을 저버린 것이 아니라는 것을 말한다. 오히려 토라에서 말하는 거룩한 것들을 멸시하는 태도를 말하고 있다.

마하랄은 이런 견해를 지지하는 동시에 새로운 요소를 더하고 있다. 이 구절의 각 사례에서 나타난 악인들의 의도는 실제로는 긍정적이며 영적이라는 것이다.

마하랄의 본 구절의 이해를 바탕으로 보면, 이 구절에서 말하는 사람이란 영성을 동일시하고 거룩함과 순전함, 하나님과의 하나 됨을 강하게 바라는 나머지 물질적인 것을 경멸하므로, 물질적인 것들 속에서도 거룩한 것을 발견할 수 있다는 것을 이해하지 못하는 사람이라고 할 수 있다.

그러므로 이런 사람은 고기 조각에 거룩함이 있을 수 있다는 데에 의문을 제기하며(희생 제사를 모독하거나), 먹고 마심으로써 절기를 거룩케 할 수 있다는 생각을 비웃는다(절기를 멸시하거나). 이런 사람에게 하나님의 형상이 피와 살로 이루어진 피조물에 들어있을 수 있다는 생각은 얼마나 현실성이 있겠는가?(다른 사람에게 공연히 모욕을 주거나) 더 나아가, 하나님께서 이토록 형체를 가진 미천한 인간과 언약을 맺으신다는 것이 가능한 일이겠는가?(우리의 조상 아브라함의 언약을 범하거나) 마지막으로, 이와 같은 사고방식은 물질세계에 대한 토라의 가르침을 도리어 영적인 의미로 잘못 이해하게 하므로 할라카에 대해서도 잘못된 결론으로 이끌게 된다(할라카를 바르게 지키지 아니하면).

성스러운 물건을 더럽히고

성스러운 물건을 더럽히는 죄는 주로 하나님께 바쳐진 고기를 잘못된 곳에 사용하는 것에 적용된다. 제물의 주인이 "이것은 번제로 바쳐질 제물입니다"라고 선포하는 순간, 그 제물은 한낱 동물에서 '하나님께 바쳐진 것'이 된다. 그러므로 하나님께 바쳐진 순간부터, 이 제물을 개인적 용도로 사용하거나, 성전 바깥에서 그 동물을 죽이거나, 그 고기나 지방, 피를 허락되지 않은 데에 사용하는 사람은 그 누구든지 희생 제사를 모독하는 것으로 간주된다.

황소가 성전 안에서 올바른 방식을 따라 도살되었다 하더라도 정작 황소를 도살하는 사람이 그 고기를 잘못된 곳에 사용하고자 하는 마음(허가되지 않은 장소에서 고기를 먹는 것 등)을 품고 있는 것 역시 희생 제사를 모독한 것으로 간주된다.

하시드 야베쯔는 주석에서 이 구절은 '모독하다'라는 단어를 사용하여 죄인의 사고방식이 어떻게 진행되는지를 보여주고 있다고 했다. 이 동물은 이미 더러운 것이므로(정결해지지 아니하였으므로) 하나님께 바쳐진 제물을 이토록 하찮게 다룬다는 것이며, 더 나아가 그 상태가 이제 변화되었다는 것도 받아들이지 않는다는 것이다.

주석가들은 여기에서 한 걸음 더 나아가, 사람이 정결 예식을 거친 동물을 함부로 다루는 것 역시 희생 제사를 모독하는 것으로 여겨진다고 가르치고 있다.

그 예를 탈무드에서 찾을 수 있다. 크파르 바르카이의 잇사갈이라 불리는 제사장이 있었는데, 그는 비단 스카프를 손에 걸어 제물을 바칠 때 그의 손이 더럽혀지지 않도록 했다. 이는 그가 성전의 제사를 더러운 것으로 생각했기 때문이었다. 선지자는 이런 사람을 가리켜 '너는 나의 성물들을 업신여겼으며 나의 안식일을 더럽혔으며'(겔 22:8)라고 선포하고 있다. 이 제사장은 결국 로마 사람들에게 양손을 잘림으로 죽임을 당하고 생을 마치게 되었는데, 곧 라브 요세프[Rav Yosef]가 (올 세상을 기업으로 받도록)"이 세상에서 보상을 가져 가시는 하나님은 축복의 하나님이시로다"(페샤힘[Pesachim] 57a)라고 한 결과가 이와 같다.

라쉬바쯔에 따르면, 현자들은 하나님께 바쳐진 제물을 하나님께서 정하신 축일에 먹는 것처럼 올바른 방법으로 요리하고 간을 해서 먹어야 한다고 가르치고 있다(훌린[Chullin] 132b). 이렇게 하지 않는 사람은 '하나님의 말씀을 모독하는' 것으로 간주될 것이다.

마지막으로, 라베이누 요나와 바르테누라의 랍비 오바디아는 성전에 바쳐진 기물들을 오용하는 것도 이 구절에 포함된다고 해석하고 있다(베데크 하바이트[bedek habayis]).

절기를 불명예스럽게 만들고

랍비 엘아자르 하모다이가 살던 때는 현자들이 새 달[month]과 절기의 날짜를 정했다. 때문에 절기를 무시하는 자는 곧 스스로 현자들의 권위를 무시한다는 것을 나타낸다는 것이다(라베이누 요세프 벤 슈산[Rabbeinu

Yosef ben Shushan]).

'절기를 불명예스럽게'하는 것에는 충분한 열의를 다해 절기를 지키지 않는 것도 포함된다. 람밤은 다음과 같이 가르친다. "안식일을 기쁨으로 지키라는 계명은 다른 절기들에도 적용된다...(중략) [예를 들어] 사람이 절기 전날 저녁에 식사를 하지 않는다면(간단히 말하여, 이로 인해 배가 고픈 나머지 절기 음식에 식욕을 느낀다면), 절기를 지키지 않는 사람은 우상을 섬기는 것으로 여겨질 것이다"(힐코트 욤 토브[hilchos Yom Tov] 6:16).

평일의 절기(콜 하모에드[Chol Hamoed])

몇몇 주석가들은 '성스러운 물건을 더럽히고'라는 구절이 안식일과 절기를 지키지 않는 것도 함께 다루고 있다고 해석한다. 때문에 다음 구절인 '절기를 불명예스럽게 만들고'라는 부분은 콜 하모에드, 즉 초막절과 유월절 사이에 일부 노동만이 허용되는 기간을 존중하지 않는 사람을 일컫는 말이라는 것이다(라쉬[Rashi], 산헤드린[Sanhedrin] 99a, 라베이누 요나[Rabbeinu Yonah], 베르테누라의 랍비 오바디야[R' Ovadiah of Bartenura], 라쉬밤[Rashbam]). 콜 하모에드의 거룩함은 초막절이나 유월절보다는 덜 부각되기 때문에 많은 사람들이 별 생각 없이 이 기간을 지키지 않기도 한다.

미드라쉬 슈무엘은 콜 하모에드를 지키지 않음으로 받는 징계는 '이에는 이 눈에는 눈' 수준으로 가혹하다고 설명하고 있다. 즉 이 날의 거룩함을 지키지 않는 사람은 장차 다가 올 세상에서 거룩함을 누릴 자격이 없다.

공공연히 그의 동료를 욕보이고

토라는 다른 사람을 모욕하는 행위를 금하고 있다. "너희 각 사람은 자기 이웃을 속이지 말고"(레 25:17) 현자들은 이 구절이 악독한 말로 상대방의 마음을 상하게 하는 것을 뜻한다고 해석한다(바바 메찌야[Bava Metzia] 58b). 심지어 영업사원 앞에서도, 물건에 관심이 없다면 물건을 살 것처럼 굴지 말아야 한다는 것이다(ibid.).

다른 사람에게 부끄러움을 주는 죄(특히 다른 사람들 앞에서 부끄러움을 주는 죄)는 크게 비통한 것이라 할 만하다. 현자들은 이런 행동을 피를 흘리는 것으로 비유하였는데(ibid.), 이는 부끄러움을 당한 사람의 얼굴은 하얗게 질리고 그 심장이 잠깐 멎기까지 하기 때문이다.

라베이누 요나는 말하길 이 비유는 단순히 수사적인 표현이 아닌, 문자 그대로의 표현이라고 했다. 즉 이 비유를 심각하게 받아들여 다른 사람을 모욕하기보다는 자기 생명을 주기까지 존중하고 사랑하라는 것이다(슈아레이 테슈바[Shaarei Teshuvah] 3:139).

누군가를 모욕하는 것은 그를 죽이는 것보다 악하다.

이 구절은 남을 모욕하는 자는 살인한 자보다 더욱 가혹한 징벌을 받을 것이라고 말하고 있다. 살인자와 달리, 남을 모욕한 자는 장차 다가 올 세상에서의 기업을 잃게 될 것이기 때문이다.

마찬가지로 현자들은 가르치기를(바바 메찌야[Bava Metzia] ibid.) 게힌놈 골짜기로 가는 모든 사람들은 결국 해방될 것이나, 여기에도 세 가지 예외가 있다고 한다. 이 세 예외 중 두 가지가 바로 남을 공연히 모욕하는 사람과 남을 경멸적인 명칭으로 부르는 자이다. 이 두 부류는 사실 동일한 계명을 위반한 것이지만, 현자들은 모욕을 당한 사람이 경멸적인 명칭을 감수하고 받아들인다 하더라도 그 경멸적인 명칭을 사용하면 안 된다는 것을 가르쳐주기 위해 공연히 모욕하는 것과 경멸적인 명칭을 부르는 것을 따로 나누어 이야기하고 있다.

그렇다면 모욕이 살인보다 더 심각한 이유는 무엇인가?

한 가지 이유는, 남에게 굴욕감을 주는 사람은 자기가 얼마나 큰 상처를 주었는지를 깨닫지 못하기 때문이다. 어쩌면 "내가 뭘 했는데? 때리기라도 했나? 그냥 상대방이 좋아하지 않는 말을 했을 뿐이잖아!"라고 생각할 지도 모른다. 이런 사람은 자기 행동을 바꿀 만한 동기가 거의 없으므로 같은 죄를 수없이 반복하게 될 것이다(슈아레이 테슈바[Shaarei Teshuvah] 3:142).

뿐만 아니라 남에게 부끄러움을 주는 사람은 곧 하나님의 형상으로 창조된 인간 존재를 인정하지 않는다는 것을 스스로 보여주는 것이다. 살인자는 일시적 분노 때문에 사람을 죽이지만, 남을 모욕하는 자는 인간의 존재 전반을 모욕하는 것이다.

다수의 주석가들은 이 구절의 문자적 의미는 '그의 이웃(동료)을 공연히 모욕하는'이라고 해석한다. 즉 이 구절의 대상은 화를 낼만한 이유가 있거나 잘못된 대우를 받고 보복해야 할 이유가 있어서 상대방을 모욕하는 것이 아니다. 오히려 그의 모욕의 대상은 그와 함께하는 '이웃'이 되는데, 이는 단순히 상대방을 존중하지 않아서가 아니라, 상대방의 감정을 지켜줄 책임을 느끼지 못하므로 자기 옆에 있는 사람을 모욕하는 것이다 (티페레트 이스라엘[Tiferes Yisrael]).

올바른 꾸짖음

위에 언급한 대로, 라쉬바쯔는 경건한 사람이라 할지라도 남을 꾸짖다보면 모욕을 줄 수도 있기 때문에 남을 모욕하지 말라는 가르침이 이 구절에 들어가게 되었다고 설명한다.

잘못된 모습을 지적하고 꾸짖는 것은 하나님께서 명령하신 계명이지만(레 19:17), 남을 꾸짖을 때에도 부끄러움을 주지 않도록 조심해야 한다. 그렇지 않으면 크게 꾸짖는 것 또한 죄가 되고 마는 것이다. 토라에서 (남을 꾸짖어 부끄러움을 줌으로 인해) "사람 때문에 죄를 품지 말라"고 가르치고 있는 것이다(아라힌[Arachin] 16b, 라쉬[Rashi]의 본 구절 주석).

하지만 실제로 이렇게 하는 것은 매우 어려운 나머지 랍비 엘아자르 벤 아자리아는 "이 세대에서 남을(부끄러움을 주지 아니하고) 꾸짖을 수 있는 사람이 있다는 것이 내게는 매우 놀라운 일이었다"라고 말하고 있다 (아라힌 그리고 라쉬[Arachin and Rashi] ibid.).

"다른 사람의 피를 흘리면 그 사람의 피도 흘릴 것이니"(창 9:6). 하시디즘에서는 이 구절을 다음과 같이 교훈적으로 해석한다. "그 누가 '사람의 피를 흘릴'(즉 꾸짖음으로써 부끄럽게 할) 자격이 있느냐?" 사실 그 자격이 있는 사람은 있다. 바로 꾸짖는 사람을 위하여 자기 피를 기꺼이 흘릴 수 있는 사람이다. 자기가 꾸짖는 사람이 겪는 아픔을 공감하고, 최선을 다하여 기꺼이 그를 도울 수 있는 사람만이 부끄러움을 줄 정도로 그를 꾸짖을 수 있는 것이다.

꾸짖음에 있어 적절함과 부적절함을 나누는 기준은 매우 분명하다. 그러므로 현자들은 말하길, 여로보암은 솔로몬을 꾸짖었으므로 유대인들의 왕이 되었으나, 다른 사람들 앞에서 꾸짖은 것이므로 결국 통치권을 잃고 말았다고 가르친다(산헤드린[Sanhedrin] 101b).

토라의 이 계명에서 가장 중요한 핵심은 바로 다른 사람을 존중할 의무이다. 우리 곁에 있는 사람들은 한 명 한 명이 '하나님의 형상'이기 때문이다. 그러므로 아바예[Abaye]가 라브 디미[Rav Dimi]에게 이스라엘 땅 유대인들이 가장 조심하는 것이 무엇이냐 물었을 때, 디미는 "남을 부끄럽게 하지 않는 것이오"라고 대답했다(바바 메찌야[Bava Metzia] 58b).

우리의 조상 아브라함의 언약을 무효로 만들거나

이 구절이 말하는 대상은 "우리의 조상 아브라함의 언약을 무효로 만든 자"에 대해 말하고 있는데, 곧 할례를 간접적으로 표현한 것이다.

그렇다면 이 구절은 왜 스스로나 자기 아들에게 할례를 하지 않은 자를 직접적으로 말하지 않고 있는가? 이는 바로 할례를 하지 않는 것이 곧 아브라함, 더 나아가 아브라함의 자손들과 하나님께서 맺으신 언약을 취소해 버린다는 깊은 의미 때문이다. 할례를 거부하는 자는 곧 하나님과의 거룩한 유대에 매이기 싫다는 것을 표현하고 있다는 것이다.

모든 방법을 동원하여 할례를 행하라.

산데크(할례 시에 아이를 무릎 위에 눕히는 자 - 역자 주)로 섬길 때마다, 블루조브의 랍비는 다음의 이야기를 들려 주었다고 한다. 세계 2차 대전 당시, 그가 나치 독일의 수용소에 갇혀 있을 때였다. 어느 날 한 무리의 여성들과 아이들이 수용소에 수감되었는데, 그들 중 한 여자가 작은 가방을 하나 들고 있었다. 곧 그 무리는 가스실로 끌려 갔다. 그때 가방을 들고 있던 여자가 갑자기 독일 군인에게 칼을 빌려 달라고 요청했다.

그녀가 스스로 목숨을 끊으려 한다고 생각한 군인은 스스럼없이 칼을 빌려주었다. 그러나 그녀는 가방을 열어 안에 담겨있던 아이를 꺼내들었다. 무슨 일이 일어나고 있는지 사람들이 알아채기도 전에, 축복 기도문(우리의 조상 아브라함의 언약으로 이끌라 명하신자 누구신가)을 읊고 할례를 한 후, 이렇게 소리쳤다 한다. "온 우주의 주님, 건강한 아이를 제게 주셨으니 거룩한 유대인 아이를 다시 돌려드립니다!"

할라카와 반대로 토라를 곡해하는 자

'할라카와 반대로 토라를 곡해하는 자'라는 의미에 대해 주석가들은 크게 두 가지의 견해를 제시하고 있다.

대부분의 견해는 이 구절이 토라의 신성을 부정하고, 토라를 그저 다른 지식들과 같은 것으로 보는 사람을 대상으로 한다고 해석한다. 이런 사람은 토라가 자신의 얕고 좁은 지식의 범위를 벗어난다고 인정하지 않으므로, 토라를 읽더라도 그 가르침에 동의하지 않거나 이해하지 못하므로, 자의적인 해석을 만들어내고 말 것이다.

율법의 의미에 대해 새로운 해석을 제시하는 것을 금지하는 것이 아니다. 그러나 할라카는 유대교에서 받아들여진 것일 뿐만 아니라 성문화된 것이기도 하므로, 이를 잘못된 것이라 하여 바로잡으려 하거나 뒤집는 것은 금지된다(메이리[Meiri]).

이 구절에 대한 두 번째 해석에 따르면, 이 구절은 단순히 할라카를 지킬 마음이 없는 사람을 뜻한다. 탈무드는 이런 사람의 예로 유다 왕국 요시아 왕의 아들 여호야김을 들고 있다. 여호야김은 사람들 앞에서 하나님의 계명을 범하고 죄를 지었다(예루살미 페아[Yerushalmi Peah] 1:1).

람밤은 여호야김을 들어 사람들 앞에서 토라를 범한 사람의 예라고 설명한다. "일부러 죄를 지은 사람은 주를 모독한 것이므로…(중략) 나 여호와의 말을 경멸하고 그분의 명령을 어겼다"(본 구절에 대한 람밤의 주석 및 힐코트 테슈바[Hilchos Teshuvah] 3:11).

라베이누 요나는 더하여 이 구절이 토라 학자들을 욕되게 한 사람에게도 적용된다고 하였다(cf. Sanhedrin 99b).

**그런 사람은 토라를 가지고 있고 연구하고
선한 행동을 했을지라도
그는 다가올 세계에서 토라 연구에 대한 몫을 받지 못한다.**

위 모든 사례의 공통점은 바로 이런 사람은 장차 다가올 세상에 들어갈 수 없다는 것이다. 그러나 이런 사람이라도 회개한다면 장차 다가올 세상에서 다시 그의 자리가 있을 것이다. 그 회개가 죽기 직전에 짧게 한 것일지라도, 마음으로만 회개한 것이라도 말이다(람밤[Rambam], 힐코트 테슈바[Hilchos Teshuvah] 3:14).

"배역한 자식들아 돌아오라"(렘 3:14), 이미 배신한 사람이라 하더라도, 마음으로라도 회개하기만 하면 하나님께서는 그 회개를 받아주실 것이다.

미쉬나 16절   משנה טז

רַבִּי יִשְׁמָעֵאל אוֹמֵר,
הֱוֵי קַל לָרֹאשׁ וְנוֹחַ לַתִּשְׁחֹרֶת, וֶהֱוֵי מְקַבֵּל
אֶת כָּל הָאָדָם בְּשִׂמְחָה:

랍비 이쉬마엘은 말한다.
기꺼이 지도자를 섬기고,
어린 자에게 예의를 지키며,
모든 사람을 기쁨으로 영접하라.

미쉬나 16절

랍비 이쉬마엘은 말한다

탈무드에서 '랍비 이쉬마엘'이라 할 때는 모두 랍비 이쉬마엘 벤 엘리사 하코헨[R' Yishmael ben Elisha HaKohen]을 언급하는 것이다(훌린[Chullin] 49a). 랍비 이쉬마엘은 탄나임의 세 번째 세대 사람이다. 랍비 여호수아 벤 하나니야([R' Yehoshua ben Chananiah], 기틴[Gittin] 58a), 랍비 엘리에제르 벤 히르카누스[R' Eliezer ben Hyrkanus], 랍비 너후니야 벤 하카네([R' Nechunia ben Hakane], 샤부오트[Shavuos] 26a)의 제자였고 랍비 아키바의 동료였다. 특히 랍비 아키바와는 토라의 올바른 해석이 무엇인지를 놓고 자주 논쟁하곤 했다.

랍비 이쉬마엘은 토라를 해석하는 방법을 열세 가지로 정리하였으며(토라트 코하님[Toras Kohanim], 레위기의 도입부), 우리에게 잘 알려진 '토라는 연대기적 순서로 쓰인 것만은 아니다'(메힐트[Mechilt], 버샬라흐[Beshalach] 7)는 원리와 '토라는 사람의 언어로 말하고 있다'(시프레이[Sifrei], 마미드바르[Bamidbar] 112)라는 원리를 세운 사람이기도 하다.

그는 이스라엘 남부(케투보트[Kesubos] 64a) 케파르 아지즈([Kefar Aziz], 킬라임[Kilayim] 6:4)에서 살았으며, 그 곳에서 '랍비 이쉬마엘 학당'을 세우고 학생들을 가르쳤으며, 그가 가르친 내용은 마침내 메힐타 쉐모트 [Mechilta Shemos]로 정리되었다. 그의 제자로는 랍비 메이어([R' Meir], 에이루빈[Eiruvin] 13a), 랍비 요나탄[R' Yonasan], 랍비 요시야([R' Yoshiah], 메나호트[Menachos] 57a), 랍비 예후다의 아버지인 랍비 일라이([R' Illai], 기틴[Gittin] 7b)가 있다.

어린 시절 랍비 이쉬마엘은 로마 군인들에게 납치된 적이 있었다. 탈무드는 말하길(기틴[Gittin] 58a) 랍비 여호수아 벤 하나니아가 로마의 수도를 지나다가 한 수려하고 단장한 아이가 감옥에 갇힌 것을 보았다고 한다. 이에 여호수아는 감옥 입구로 가서 "야곱이 탈취를 당하게 하신 자가 누구냐 이스라엘을 약탈자들에게 넘기신 자가 누구냐?"(사 42:24)라는 구절을 읊었다. 그러자 감옥에 있던 아이가 "여호와가 아니시냐 우리가 그에게 범죄하였도다 그들이 그의 길로 다니기를 원하지 아니하며 그의 교훈을 순종하지 아니하였도다"(ibid.)라고 그 후반절을 완성함으로 대답했다.

이 답을 들은 랍비 여호수아가 간수에게 말했다. "이 아이는 나중에 유대인의 선생이 될 것이 분명하오. 부르는 대로 이 아이의 몸값을 지불하기 전에는 이 자리에서 떠나지 않겠소" 그리하여 랍비 여호수아가 큰 금액의 몸값을 지불함으로 마침내 이 아이를 감옥에서 꺼내 주었다고 한다.

랍비 이쉬마엘은 할라카와 아가다에 특히 많은 지식을 알고 있는 것으로 유명했다. 이쉬 벤 예후다[Issi ben Yehudah]는 수많은 현자들을 기록하며 랍비 이쉬마엘을 두고 '가득 찬 창고'라 표현하였다. 라쉬의 설명에 따르면 이는 가득 찬 창고의 주인이 손님을 기다리게 하지 않듯이 랍비 이쉬마엘 또한 토라에 관한 질문을 들으면 막힘없이 대답하였다는 뜻이라 하였다(기틴[Gittin] 67a).

랍비 이쉬마엘은 유대인의 든든한 후원자였다. 그는 유대인을 언급할 때마다 언제나 "내가 그들의 대속이 될 것이요"(너가임[Negaim] 2:1)라 했다. 특별히 그는 한 유대인 여성의 명예를 지켜줌으로써 크게 명성을 얻었다.

어느 날 랍비 이쉬마엘이 문제를 해결해달라는 부탁을 받게 되었다. 한 남자가 있는데, 조카로부터 그 어떤 이득도 취하지 않을 것이라 맹세했다는 것이다. 문제는 그가 이 맹세를 한 이유였는데, 바로 조카가 아름답지 않았기 때문에 조카와 결혼하라는 말을 듣지 않으려고 그 맹세를 했던 것이었다. 랍비 이쉬마엘은 그의 조카를 불러 아름답게 치장해주었다. 그리고는 그 남자를 불러 물었다.
"여보게, 자네가 이 여자를 두고 맹세를 했다고 하지 않던가?"
"아니요, 아닙니다." 아름다운 여자의 모습을 본 사내가 고개를 저으며 답하였다. 그러자 랍비 이쉬마엘은 그의 맹세를 취소시키고는, 울며 "이스라엘의 딸들이 이처럼 아름다우나, 가난함으로 아름답다 여김을 받지 못하는구나"라고 말했다.
랍비 이쉬마엘이 세상을 떠날 때에 유대인 여자들은 애통하며 외쳤다고 한다. "이스라엘의 딸들이여! 랍비 이쉬마엘을 애도하라!"(너가림 [Nedarim] 66a).

기꺼이 지도자를 섬기고

주석가들은 이 구절을 다양한 관점에서 접근하고 있다.

람밤, 라쉬바쯔, 바르테누라의 랍비 오바디야는 (자신의 첫 번째 글에서) '지도자'를 인격과 지식이 남들보다 뛰어난 사람으로 해석했다. 쉽게 말하여 다른 이를 이끌고 지도할 수 있는 사람이라는 것이다.

우리는 이와 같은 사람, 곧 지도자가 허락할 때까지 그의 앞에 서야 한다. 마치 아버지 앞에 선 아들과 같이 말이다. 이런 사람을 섬김으로써 우리는 현자, 토라의 성장에 반드시 필요한 사람들을 섬기라는 격언을 실천하게 되는 것이다.

'기꺼이 섬겨라'는 뜻의 히브리어 "הֱוֵי קַל"[헤베이 칼]은 문자적으로 '가벼워져라'라는 뜻이다. 그러므로 '열심을 내어 빨리 달려라.'라고 해석할 수 있다. 즉 민첩하게 지도자를 섬기라는 것이다.

'가벼운'이라는 뜻의 '칼'(קַל)은 이외에도 '머리가 가벼운'이라고도 해석이 가능하다. 이런 해석을 적용한다면, 이 구절은 지도자를 섬길 때에는 자기중심적인 생각과 자신의 명예를 제쳐두어야 한다는 의미를 가진다.

모세의 수제자였던 눈의 아들 여호수아는 이런 가르침을 따라 모세를 섬겼는데, 이는 하나님께서 유대 백성들을 이스라엘 땅으로 인도하도록 선택하신 사람이 바로 모세였기 때문이었다.

분명 여호수아는 특별히 지혜롭고 의로운 사람이었으나, 토라는 그의 지혜와 의를 언급하지 않고 있다. 그보다는 그가 '눈의 아들 젊은 수종자 여호수아는 회막을 떠나지 아니하니라.'(출 33:11)는 것을 그의 특별한 성품으로 부각시키고 있다. 즉 여호수아가 젊은 시절부터 진실하게 모세를 섬겨왔다는 점이 특별히 언급된다는 것이다. 더 나아가 토라는 이후에도 여호수아를 '젊다'고 표현하고 있다. 이는 그가 모세를 섬기기 위해 자기의 권위를 세우지 않고 젊은 사람처럼 남아있었기 때문이다. 학당의 의자를 정리하는 일과 같이 가장 하찮고 낮은 일도 그의 아래에 있었다. 토라에 따르면 그는 '모세를 보좌하기 위해' 자기중심적인 마음을 내버렸던 것이다(민 11:28, 수 1:1).

이런 겸손을 통해 여호수아는 그 누구보다 모세의 위대함을 흡수했으며 그의 행동을 따름으로, 마침내 하나님께서는 모세가 세상을 떠난 후 그를 후계자로 세워 유대 민족을 이끌도록 하셨다. 이런 점에 미루어 현자들은 '토라 현자들을 섬김이 배움보다 더 위대하도다'라고 말한 것이다(베라호트[Berachos] 7b).

어린 자에게 예의를 지키며

우리는 우리보다 어린 사람들에게 인내심을 가지고, 필요하다면 끊임없이 모든 질문을 들어주며, 모든 질문에 대답해주며, 예의를 지켜야 한다. 그러나 그들의 수준으로 내려가거나 그들의 모든 변덕에 일일이 반응해서는 안 된다. 현자들은 "어린 사람은 거부할 것이나, 어른은 거부하지 아니하리라"(바바 메찌아[Bava Metzia] 87a, 교훈적으로 해석할 경우)고 가르친다. 우리보다 더 위대한 사람의 요구는 즉시 들어주어야 하지만, 어린이의 모든 요구를 다 들어주어야 할 필요는 없는 것이다(메이리[Meiri]).

유대교는 바보처럼 아이와 어울리기 위해 자기의 권위를 내던지는 행위를 거부한다. 아이의 이상한 행동들을 인내함으로 따뜻하게 대하며, 주의하여 아이들을 지도해 주어야 한다. 그러나 어른은 아이와 같지 않고, 아이의 친구도 될 수 없다. 어른이 아이와 어느 정도 거리를 둘 때에야 아이에게 좋은 영향을 주고 지도하며, 건강한 인격을 형성할 수 있을 것이다(랍비 오바디야 스포모[R' Ovadiah Sfomo]).

그러나 이 가르침이 꼭 아이를 무미건조하게 대해야 한다거나 업신여겨야 한다는 것을 의미하는 것은 아니다. 랍비 이쉬마엘은 이어서 "모든 사람을 기쁨으로 영접하라."하고 말한다. 즉 어리든 나이가 많든 모두 기쁨으로 대하라는 것이다.

이 구절은 장로 샴마이가 모든 사람들을 공손하게 대하라 한 가르침 (1:15)보다 한 걸음 더 나아간 것이다. 랍비 이쉬마엘은 단순히 예의를 차리라는 것을 넘어서서 상대방을 진심으로 기쁨으로 대하라는 것이다. 그리하면 상대방과 진정한 유대를 쌓을 수 있을 것이다.

왕과 신하

라베이누 요나는 '지도자'라는 단어를 정부 공무원을 포함한 모든 권위자들로 이해하고 있다. 높은 위치에 있는 사람 앞에서는 상대를 자기와 동등한 위치에 있는 것처럼 대할 수도 없고, 무언가를 설득하기 위하여 지나친 열심을 낼 수도 없다. 솔로몬 왕이 "왕 앞에서 스스로 높은 체하지 말며 대인들의 자리에 서지 말라"(잠 25:6) 한 것과 같다. 오히려 이런 사람 앞에서는 자기 책임을 회피하려 하거나 일을 질질 끌지 말고 그가 지시한 것을 열심을 다해, 신속히 하게 수행해야 한다.

라베이누 요나는 '티쉬코레트'라는 단어를 '젊은이'가 아닌 '왕의 신하'로 번역하고 있다. 신하는 왕이 세운 법을 실행하고 세금을 징수하는 책임을 가진다. 우리는 이런 '신하'(공무원)들을 존중해야 한다. 하지만 그들 역시 위의 명령을 따르는 사람들로, 그들 앞에서 움츠러들어서도 안 된다.

왕이신 하나님, 인간인 왕

랍비 모세 알샤카르는 이 구절의 첫 부분(기꺼이 지도자를 섬기고)을 하나님을 향한 우리의 의무라고 교훈적으로 해석한다.

하시드 라베이누 요세프 야베쯔는 여기에 더하여 말하길, '머리를 비우고', 즉 우리의 개인의 명예와 점잖은 모습을 기꺼이 버리고 하나님을 섬겨야 한다고 했다. 법궤가 예루살렘으로 들어올 때에 다윗이 그랬던 것처럼 말이다.

법궤가 오벧에돔의 집에서 예루살렘으로 들어올 때, 다윗은 "다윗이 여호와 앞에서 힘을 다하여 춤을 추었다"(삼하 6:14). 그는 이스라엘의 왕이었지만, 자신을 완전히 잊어버린 채 하나님의 권위 앞에서 뛰었던 것이다.

축제는 법궤가 예루살렘에 입성할 때까지 계속됐다. "사울의 딸 미갈이 창으로 내다보다가 다윗 왕이 여호와 앞에서 뛰놀며 춤추는 것을 보고 심중에 그를 업신여기니라" 왕의 딸, 즉 공주로서 미갈은 다윗이 왜 그토록 왕의 권위를 스스로 실추시키는지를 이해하지 못했던 것이다.

다윗이 집에 돌아오자, 미갈은 그를 혼내며 기를 죽였다. "사울의 딸 미갈이 나와서 다윗을 맞으며 이르되 이스라엘 왕이 오늘 어떻게 영화로우신지 방탕한 자가 염치 없이 자기의 몸을 드러내는 것처럼 오늘 그의 신복의 계집종의 눈앞에서 몸을 드러내셨도다"

이에 다윗은 답하고 있다. "이는 여호와 앞에서 한 것이니라 그가 네 아버지와 그의 온 집을 버리시고 나를 택하사 나를 여호와의 백성 이스라엘의 주권자로 삼으셨으니 내가 여호와 앞에서 뛰놀리라." 즉 다윗은 하나님의 권위 앞에서 '머리를 비우고' 행동했다는 것이었다.

다윗은 계속해서 말한다. "내가 이보다 더 낮아져서 스스로 천하게 보일지라도 네가 말한 바 계집종에게는 내가 높임을 받으리라."

하시드 야베쯔는 이 구절의 두 번째 부분이 반대로 인간적인 왕을 뜻한다고 해석한다. 즉 왕의 뜻을 기꺼이 따르는 것으로 충분하다는 것이다. 왕을 대신하여 일하는 것에 열과 성을 다해야 한다. 그러나 그의 뜻을 우리의 뜻이라고 생각해서는 안 된다.

젊을 때와 노인의 때에
라쉬는 이 구절을 서로 다르게 해석하고 있다.

그는 '로쉬'를 '지도자'가 아닌 '시작'으로 해석한다. 즉 인생의 시작, 어릴 때라는 것이다. 사람이 어릴 때에는 민첩하고 열정적으로 하나님을 섬겨야 한다. 둘째, 라쉬는 '티쉬코레스'를 '젊은'이 아니라 반대로 '나이든'으로 해석한다. 사람의 얼굴이 어두워지고 힘이 점점 약해질 때라는 것이다(משחורות[티쉬코레트]의 어원은 שחור[샤호르], 즉 '검은'이라는 단어이다).

그러므로 이 구절은 우리가 어릴 때에는 하나님을 민첩하고 열정적으로 섬겨야 함을 뜻하며 나이가 들어서 이만큼의 에너지가 없을 때에도 열정을 잃지 말고 우리의 행실이 하나님을 기쁘시게 하기를 원해야 한다는 것이다. 라쉬의 이 두 주장은 하나로 모인다. 즉 젊어서 하나님을 뜨겁게 섬긴 사람은 자연스럽게 나이가 들어서도 그렇게 한다는 것이다.

산 정상에 오르고자 한다면

산 정상에 오르고자 할 때에는 불필요한 다른 모든 열망들을 버려두어야 한다.

"여호와의 산에 오를 자가 누구며 그의 거룩한 곳에 설 자가 누구인가?"(시 24:3) 육신의 짐과 육의 기쁨을 버려둔 가벼운 사람이 바로 그 산에 쉽게 오를 수 있다.

그러므로 본 구절의 첫 번째 부분인 '머리를 향해 가벼이 하라'(문자적 해석)는 곧 산의 머리, 즉 정상으로 오를 수 있도록 육신의 기쁨을 버리라는 뜻인 것이다(톨도트 야아코브 요세프[Toldos Yaakov Yosef]).

다른 해석들

'기꺼이 지도자를 섬기고'는 우리가 이스라엘의 토라 지도자들을 섬겨야 함을 뜻한다. '여호와께서 네게 복을 주신 대로...' (신 16:10).

동시에 우리는 '티쉬코레트'(젊은이), 즉 열심히 토라를 배우고자 그 얼굴이 검어진 학생들, 즉 토라를 배우고자 하는 열망으로 먹지도 자지도 아니하며 육신의 기쁨을 절제하는 학생들에게 예의를 지켜야 한다('젊은'이라는 뜻의 히브리어 '티쉬코레트'는 '검은'이라는 뜻의 히브리어 '샤코르'를 어근으로 가진다). 이런 학생들을 우리는 영적으로 지원해 주어야 하며, 필요할 경우 물질적인 지원도 아끼지 말아야 한다(리트바[Ritva]).

'티쉬코레트'는 '샤카르', 즉 '요구하다'라는 단어와도 연관이 있다. 그러므로 이 구절은 우리가 기꺼이 의로운 지도자들, 즉 하나님께 간구하는 의인들에게 예의를 지켜야 한다는 가르침이 되기도 한다.

이 구절의 대상을 도움을 요청하는 사람들에게 공동체의 지도자로 해석할 수도 있으며, 이 경우 이 구절은 도움을 요청하는 사람을 박대하지 말라는 가르침을 지도자들에게 주는 것이라고 이해할 수 있다.

미드라쉬 슈무엘은 이 구절을 교훈적으로 해석하고 있다. 먼저 우리는 하나님의 뜻에 뜨거운 마음으로 순종해야 한다. 또한 하나님께서 주신 율법의 멍에를 기쁨으로, 신속히 받아들여야 한다. 더 나아가 '티쉬코레투', 즉 암흑기(포로가 된 때)와 같은 고난을 '기쁘게' 받아들여야 한다. 혹은 문맥을 따라 해석하면, '기꺼이' 받아들여야 한다.

또한 이 미쉬나는 사람의 얼굴이 고통에 사로잡힌다 하여도 그는 그 고난을 기쁘고 즐겁게 받아들여야 한다는 것을 가르치고 있는 것을 읽을 수 있다. 또한 다른 사람을 맞이할 때도 기쁨으로, 기꺼이 맞이해야 한다. 왜냐하면 '경건한 자는 마음의 눈물을 숨기고 얼굴에 기쁨의 미소를 띄운다' 함과 같다.

어릴 때 시작하라

위에서 언급한 라쉬와 바르테누라의 랍비 오바댜의 해석에 따르면, 이 미쉬나는 개인의 청년기와 노년기를 언급하고 있으며, 우리는 모세와 파라오 사이의 대화를 이해할 수 있다. 유대인들 일부가 이집트를 떠나 하나님을 섬기러 가는 것을 마침내 파라오가 허락했다. 그때 파라오는 모세에게 누가 떠날 것인지를 물었다. 모세는 이에 '어린이와 노인들이 가야 할 것'이라 대답했다고 한다. 즉 그 누구도 뒤에 남기지 않겠다는 뜻이었다.

미드라쉬는 파라오의 이 질문을 다윗 왕의 질문에 비유하였다. 그는 "누가 하나님의 산에 올라갈 수 있는가?"라고 물었다. 다윗의 질문은 수사학적이며 영적이었다. 그리고 그의 반응은 순결하고 정직한 사람들만이 이와 같이 높은 곳을 갈망할 수 있다는 것이었다(시편 24).

모든 사람을 기쁨으로 영접하라.

우리는 '모두', 즉 모든 사람을 하나하나 기쁨으로 맞이해야 한다. '모두'를 뜻하는 히브리어 단어는 '사람 전부', 즉 '전인'(全人)으로 해석될 수도 있다. 이 말은 곧 사람의 좋은 면과 나쁜 면 모두를 말한다. 모든 사람이 천성적으로 다른 사람을 깊이 공감할 수 있는 능력을 가지고 있는 것은 아니다. 그러나 공감 능력은 '기쁨이 본성의 일부가 될 때까지'(라베이누 이쯔하크 벤 랍비 슐로모[Rabbeinu Yitzchak ben R' Shlomo]) 훈련하여 후천적으로 얻어질 수 있다.

아루흐 하슐칸(Aruch Hashulchan)의 저자인 랍비 예히엘 미카엘 엡스타인[R' Yechiel Michael Epstein]은 노바르독[Novardok, 벨라루스에 위치한 도시 - 역자 주]의 랍비였다. 그 곳에서 그는 한 자유로운 사상을 가진 유대인과 친구가 되었는데, 몇몇 유대인들이 다윗 왕이 말한 "여호와여 내가 주를 미워하는 자들을 미워하지 아니하오며 주를 치러 일어나는 자들을 미워하지 아니하나이까 내가 그들을 심히 미워하니 그들은 나의 원수들이니이다"(시 139:21-22)라는 시편 구절에 근거하여 이에 반대했다.

그러자 랍비 엡스타인은 그들에게 "이게 내 잘못이라는 것은 잘 알겠네. 하지만 내가 유대인을 미워할 수 없으니, 나는 어찌해야 하겠는가?"라고 말했다.

20세기 초반 이스라엘 땅에 거하였던 랍비 아브라함 이쯔하크 하코헨 쿡[R' Avraham Yitzchak HaKohen Kook] 또한 마찬가지로 율법의 권위를 거부한 유대인들을 도와주었다는 이유로 비판을 받게 되자 다음과 같이 말하였다 한다.

"난 그들을 정죄하지 않고 사랑할 수는 있소. 아마 내게는 그럴 권한이 없을 것이오. 하지만 난 이들을 너무 미워해서 잘못하기보다 너무 사랑해서 잘못하는 편을 택하겠소."

미쉬나 17절   משנה ג

רַבִּי עֲקִיבָא אוֹמֵר,
שְׂחוֹק וְקַלּוּת רֹאשׁ, מַרְגִּילִין לְעֶרְוָה.
מָסוֹרֶת, סְיָג לַתּוֹרָה.
מַעַשְׂרוֹת, סְיָג לָעֹשֶׁר.
נְדָרִים, סְיָג לַפְּרִישׁוּת.
סְיָג לַחָכְמָה, שְׁתִיקָה:

랍비 아키바는 말한다.
  냉소와 경박함은 사람으로 하여금 부도덕함에 익숙해지게 만든다.
  전승된 구전 토라는 토라 주위의 울타리이다.
  십일조는 부에 대한 울타리이다.
  맹세는 절제에 대한 울타리이다.
  지혜에 대한 울타리는 침묵이다.

미쉬나 17절

랍비 아키바는 말한다

탄나임의 세 번째 세대 사람인 랍비 아키바[R' Akiva]는 이스라엘의 가장 위대한 현자들 중의 한 명으로, 오늘날까지 유대교 전통에 큰 영향력을 행사한 사람이다. 그의 위상은 하나님께서 아키바에게 모세를 환상으로 보여주셨다는 일화에도 잘 반영되어 있다. 환상 속에서 모세는 이렇게 외쳤다 한다. "우주의 왕이시여, 이와 같은 사람이 있다면 왜 저를 통해 토라를 이스라엘에게 주신 것입니까?"(메르타호트[Mertachos] 29a)

아키바의 집안은 평범했다. 그의 아버지 요세프는 드보라 사사의 때에 이스라엘을 침략하였던 가나안 장군 시스라의 후손으로, 유대교로 개종한 자였다(사사기 4장, 람밤[Rambam], 미쉬나 토라[Mishina Torah] 개요, 산헤드린[Sanhedrin] 96b).[3]

랍비 아키바는 예루살렘에서 가장 부유한 사람이었던 카이바 사브아

---

[3] 랍비 아키바의 일생은 다양한 원전에서 인용한 것으로, 각 원전들의 아키바의 일생에 대한 내용이 정확히 일치하지는 않는다.

[Kaiba Savua]의 양떼를 지키는 양치기였다. 거친 양치기들 중에서도 40세의 아키바의 뭔가 특별한 면을 본 카이바 사브아의 딸 라헬은 그에게 이렇게 요청했다. "만일 제가 당신과 결혼하면, 토라를 연구하러 가실 건가요?"

아키바가 그녀의 요구를 받아들임으로써 둘은 결혼하게 되었다. 카이바 사브아는 라헬의 선택에 화가 난 나머지 그녀를 집에서 쫓아내고 말았고, 아키바와 라헬은 결국 궁핍한 처지에 내몰리고 말았다(케투보트[Kesubos] 62b, 느바림[Nebarim] 50a). 신혼 시절 그들 부부의 집은 짚을 모아놓는 창고였으며(느바림[Nebarim] 50a), 이 때 랍비 아키바는 아내에게 여유가 생기면 예루살라임 쉘 자하브([Yerushalayim shel Zahav], 예루살렘의 스카이라인이 새겨진 작은 관)을 선물해주겠다고 약속했다고 한다.

아키바가 처음 토라를 배울 때에는 단어들을 이해하는 것조차 어려웠으므로 절망적이었다. 그러나 어느 날 랍비 아키바는 물방울이 오랜 세월 떨어져 바위에 구멍을 낸 것을 보고는 깨달음을 얻었다 한다. '물방울이라도 바위를 능히 뚫을 수 있거늘, 토라도 나의 마음을 관통할 수 있으리라'(아보트 데랍비 노쏜[Avos DeRabbi Nosson] 6:2).

랍비 아키바는 그의 아들이 결혼하기 전에(빈얀 버호슈아[Binyan Vehoshua]) 함께 토라를 공부하러 갔는데, 아들과 같은 수업을 들었다고 한다. 그 곳에서 아들과 함께 토라를 배운 후에 아키바는 당대에 가장 위대한 랍비들이었던 랍비 엘리에제르[R' Eliezer]와 랍비 예호슈아[R' Yehoshua]에게 배우기 시작했다. 이 두 랍비들은 아키바를 가르칠 때면 먼저 자리를 뜨고 가르칠 내용을 깊이 있게 연구한 후에 다시 자리로 돌아와 더욱 명쾌한 가르침을 주는 선생들이었다. 랍비 아키바는 공부에 특별히 깊이 매진하였으므로, 그의 동료였던 랍비 타르폰[R' Tarfon]은 그에 대해 말하길 "랍비 아키바는 인간에게는 감춰진 것들에게 빛을 비춘다."라고 표현하였다.

또한 랍비 쉬므온 벤 엘아자르[R' Shimon ben Elazar]는 끊임없이 공부에 매진하는 랍비 아키바를 보고 산을 뿌리째 뽑기 위해 모든 것을 다 내던지는 사람에 비유했다.

이 여자 덕분에

토라 공부를 시작한 지 12년이 지나 랍비 아키바는 다시 집으로 돌아가기로 했다.[4] 집에 거의 다 도착해갈 즈음, 그는 한 노인이 그의 아내 라헬에게 말하는 것을 듣게 되었다. "언제까지 과부처럼 살면서 남편을 기다릴 것이오?"

이에 그녀가 답하였다. "제 남편이 제 말을 제대로 들었다면, 앞으로 12년은 더 학당에서 공부에 매진해야 할 것입니다." 이 말을 들은 랍비 아키바는 집에 들어가지 않고 그 길로 다시 학당으로 돌아가 12년을 더 공부했다고 한다.

랍비 예호슈아와 랍비 엘아자르에게서 배운 것 외에도, 랍비 아키바는 나훔 이쉬 감주[Nachum Ish Gamzu]를 22년간 섬기며 (하기가[Chagigah] 12a), 그에게서 랍비 이스마엘과는 다른 토라 해석학을 배웠다. 또한 나훔 이쉬 감주의 깊은 믿음을 자신의 것으로 흡수했다. 랍비 아키바는 랍비

---

4 한 원전에 따르면 그때 랍비 아키바의 제자 12,000명이 그의 귀향길에 동행하였다고 전한다.

타르폰[R' Tarfon]에게서도 배웠는데, 랍비 타르폰은 그의 동료가 되었다 (케투보트[Kesubos] 84b). 혹자는 말하길 그의 첫 스승이었던 랍비 엘리에제르와 랍비 예호슈아도 나중에는 랍비 아키바를 동료로 받아들였다고 전한다(칼랄리 라바시[Kallali Rabbasi] 2).

랍비 아키바는 토라를 공부하는 동안 매우 가난하게 살았다. 매일 그는 나무를 하여 그 중 반은 시장에 내다 팔아 번 돈으로 먹을 것을 구하였으며 남은 반은 자신의 개인을 위해 사용했다. 그의 이웃들은 그가 나무를 태울 때 나는 연기가 맵고 불편하여, 그에게 찾아가 나무를 모두 사줄 테니 그 돈으로 기름을 사서 밤에 공부할 때에 등불을 켜는 데에 사용하라고 했다. 그러나 랍비 아키바는 이를 거부하였는데, 이는 그가 공부를 할 때에만 불을 피우는 것이 아니라 난방 때문에 불을 피우기도 하였으며, 잠도 통나무 위에서 잤기 때문이었다(아보트 데랍비 노쏜[Avos DeRabbi Nosson] ibid.).

또 다시 12년이 흘렀다. 랍비 아키바는 다시 집으로 돌아갔는데, 그때에는 24,000명에 이르는 그의 제자들이 그의 귀향길에 함께 했다. 라헬의 이웃들은 남편을 맞이하는데 좋은 옷을 입어야 하지 않겠느냐며 라헬에게 돈을 빌려주었으나, 정작 라헬은 이를 거부하며 "의인은 짐승의 영혼도 돌볼 줄 안다."라는 구절을 언급하였다.

라헬은 집에 돌아온 랍비 아키바를 보자 그의 앞에 엎드려 발에 입을 맞추었다. 그녀가 누구인지 모르는 학생들은 아키바에게 라헬을 떨쳐내라 했다. 그러나 랍비 아키바는 제자들에게 말했다. "그대로 두어라. 이 여자 덕분에 나와 너희들이 이 모든 것을 할 수 있었다."

그 일 이후(케투보트[Kesubos] ibid.), 카이바 사브아는 딸 라헬과 랍비 아키바를 집에서 쫓아낸 것을 후회했다. 그러나 이미 그는 아키바와 라헬에게 아무것도 도와주지 않겠다고 맹세를 한 후였다. 이에 랍비 아키바는 할라카의 원리에 따라 그 맹세를 무효화했고, 카이바 사브아는 아키바 부부에게 자기 재산의 반을 나누어 주었다고 한다.

(여섯 가지 이유로 – 느다림[Nedarim] ibid. 참고) 부유해진 랍비 아키바는 라헬에게 약속했었던 에루샬라임 쉘 자하브를 선물해 주었다. 어떤 이들은 아키바의 이런 행위가 사치이므로 다른 랍비들에게 부끄러움이 된다고 비판했는데, 이에 랍비 아키바는 "그녀는 토라를 위해 나보다 더 큰 고통을 감내하였소."라고 답하였다고 한다(아보트 데랍비 노쏜[Avos DeRabbi Nosson] ibid.). 말년에 랍비 아키바는 유대교로 개종한 투르누스 루퍼스[Turnus Rufus]의 전처와 결혼하였다(아보다 자라[Avodah Zarah] 20a, 란[ran], 느다림[Nedarim] 50, s.v. 우민[umin]).

위대한 토라 학자, 랍비 아키바

랍비 요나[R' Yonah]는 이사야서의 구절을 들어 랍비 아키바의 위대함을 칭송하고 있다. "그러므로 내가 그에게 존귀한 자와 함께 몫을 받게 하며, 강한 자와 함께 탈취한 것을 나누게 하겠다"(사 53:12). 즉 랍비 아키바가 미드라쉬, 할라카, 아가다를 모두 통달한 사람의 훌륭한 본보기라는 것이다(예루샬미 슈칼림[Yerushalmi Shekalim] 5:1).

또한 랍비 아키바는 카발라에 통달하기도 했다. 우리 현자들은 가르치기를, 아키바가 카발라의 신비(파라다이스[Pardes], 토라 해석의 핵심을 뜻한다 – 역자 주)에 들어가려 하자, 처음에는 구원의 천사들이 그를 막으려 했다. 그러나 하나님께서는 "이 현인을 그대로 두어라, 그는 내 영광을 섬길 만한 자이니라"(메나호트[Menachos] 29b)라고 말씀하셨다. 이 신비에 들어간 네 명의 랍비들 중 그만이 해를 입지 않았다고 한다(하기가[Chagigah] 14b).

랍비 예후다 하나시[Rebbe Yehudah Hanasi]는 랍비 아키바를 일컬어 '보물이 가득 쌓인 집'이라 했는데(아보트 데랍비 노쏜[Avos DeRabbi Nosson] 18:1, 기틴[Gittin] 67a 참고), 이는 그의 머릿속에 토라의 모든 원리가 담겨져 있었기 때문이었다.

그러므로 저자가 알려지지 아니한 미쉬나는 랍비 메이어[R' Meir]의 견해로 보고, 저자가 알려지지 아니한 토세프타[Tosefta]는 랍비 느헤미야[R' Nechemiah]의 견해로 보며, 저자가 알려지지 아니한 시프라[Sifra]는 랍비 예후다[R' Yehudah]의 견해로 이해하고, 저자가 알려지지 아니한 시프레이[Sifrei]는 랍비 쉬므온[R' Shimon]의 견해로 본다. 그리고 이 모든 랍비들의 스승이 바로 랍비 아키바이다(산헤드린[Sanhedrin] 86a).

랍비 아키바의 근면함은 특히 거론할 만하다. 그는 학당을 떠날 때가 한 해에 단 두 번 있다고 하였는데, 바로 유월절 저녁과 대속죄일 저녁이었다. 유월절 저녁에는 유월절 하루 동안 아이들이 잠들지 않고 깨어있을 수 있도록 하기 위해서였으며, 대속죄일 저녁에는 부모들이 아이들을 먹이고 보살필 수 있도록 하기 위함이었다(페샤힘[Pesachim] 109a).

랍비 아키바의 가족

랍비 아키바의 아들인 랍비 쉬므온이 중병을 앓게 되었다. 그럼에도 랍비 아키바는 학생들을 가르치기를 멈추지 않았으며, 대신 사람을 보내어 아들이 무사한지 확인하도록 했다. 아키바가 보낸 사람은 돌아와 랍비 쉬므온이 매우 심각한 상태라고 전하였다. 그러나 랍비 아키바는 학생들에게 계속 질문을 하라고 하며 가르침을 멈추지 않았다.

아키바가 보냈던 두 번째 사람이 돌아왔다. 그는 랍비 쉬므온의 상태가 더 심각해졌다고 보고했다. 그러나 랍비 아키바는 학생들에게 여전히 공부하라고 하며 자리를 떠나지 않았다. 세 번째 사람은 돌아와 이제 아들이 죽어간다고 하였다. 그러나 랍비 아키바는 학생들에게 계속 질문을 하라고 할 뿐이었다. 마지막 사람이 돌아왔다. 그는 아들의 부고를 전해주러 온 것이었다.

그 소식을 들은 랍비 아키바는 일어나 테필린을 벗고, 옷을 찢으며 말하였다. "형제들이여, 들으시오. 지금까지 우리는 토라를 배움에 전념하였소. 이제 세상을 떠난 사람에게 예를 지킵시다."

그의 아들 랍비 쉬므온의 장례식에는 수많은 사람들이 모여 그를 추모하였다고 한다.

장례식 때에 랍비 아키바는 묘지에 의자를 하나 놓아달라고 부탁하였는데, 그곳에서 그는 사람들에게 이렇게 말하였다. "단지 토라를 경외하고 하나님의 계명을 지키기 위해 일부러 이렇게 오셨으니, 받으실 보상이 크실 것입니다"(세마호트[Semachos], 8장 중반). 랍비 아키바에게는 랍비 쉬므온 외에도 랍비 예호슈아[R' Yehoshua]라는 아들이 있었다(라쉬샤부오트[Shavuos 6a]에 따르면, 랍비 여호수아 벤 코르하[R' Yehoshua ben Korchah]가 그의 아들이라 한다). 아키바의 딸들 중 한 명은 랍비 여호수아 벤 하프사이[R'

Yehoshua ben Kapusai]와 결혼하였으며(샤보트[Shabbos] 147a), 다른 한 명은 벤 아자이[Ben Azzai]와 결혼하였으며, 남편에게 예시바에서 토라를 공부하라고 계속해서 말했다. 이로 인해 현자들은 "때로는 어머니처럼, 때로는 딸처럼"이라는 말을 남겼다 한다(케투보트[Kesubos] 63a).

유대인을 위하여

랍비 아키바는 "학생들에게 토라를 가르치는 것으로 스스로를 제한하지 아니하였으며, 한 걸음 더 나아가 학생들이 연단되고 도덕적인 행동을 실천하도록 이끌기도 하였다"(데레흐 에레쯔 라바[Derech Eretz Rabbah], 8-9장).

랍비 아키바는 스스로 그 모범이 되었다. 그는 학생들에게 아버지처럼 대하며 필요한 것들을 모두 채워주었으며, 아플 때에는 돌보고 챙겨주었다. 예를 들어, 언젠가 그는 아픈 학생을 위해 학생의 방을 스스로 치워주기까지 했다(느다림[Nedarim] 40a). 또한 랍비 아키바는 공공을 위한 일을 하기도 하였다. 탈무드는 말하길 그가 자선기금을 모으며(키두쉰[Kiddushin] 27a), 가뭄 때에는 기도를 하였고(타니스[Taanis] 25b), 다른 랍비들을 돌보는 일 등을 했다.

그는 대부분 산헤드린의 의장 라반 감리엘[Rabban Gamliel], 스승 랍비 엘리에제르, 랍비 예호슈아, 랍비 타르폰 및 그의 여러 동료 및 제자들과 함께 공공을 위해 일했다.(마아세르 쉐이니[Maaser Sheini] 5:9, 모에드 카탄[Moed Katan] 28b, 마코트[Makkos] 24a, 59b, 산헤드린[Sanhedrin] 68a, 101a, etc.).

또한 랍비 아키바는 타지의 유대인들을 돕기 위해서나 학당의 대표로 외국으로 나가기도 했다(에이루빈[Eiruvin] 4:1, 산헤드린[Sanhedrin] 4b, 마코트[Makkos] ibid.). 이에 걸맞게 그는 "네 이웃 사랑하기를 네 자신과 같이 사랑하라"(레 19:18)는 구절이 '토라의 위대한 원리'라고 말했다(예루샬미 느다림[Yerushalmi Nedarim] 9:4, 버레이쉬트 라바[Bereishis Rabbah] 24:7).

랍비 아키바의 투옥

랍비 아키바는 메시아가 오실 것이라고 굳게 믿고 있는 사람이었다. 언젠가 그의 동료가 파괴된 성전의 성소 아래 파인 굴에서 여우가 나오는 것을 보고 눈물을 흘렸다. 그러나 랍비 아키바는 이를 보고 크게 웃는 것이 아닌가!

그는 충격을 받은 동료 랍비에게 자신이 웃은 이유를 설명했다. "제가 웃은 이유는, 곧 기록된바 '내가 진실한 증인 제사장 우리야와 여베레기야의 아들 스가랴를 불러 증언하게 하리라'(이사야후Yishayahu 8:2)고 했기 때문입니다. 우리야와 스가랴가 무슨 관계가 있겠습니까? 우리야는 첫 번째 성전이 있던 시대에 살았고, 스가랴는 두 번째 성전의 시대에 살았습니다! 하지만 스가랴의 예언은 우리야의 예언과 이어집니다. 우리야는 '시온은 갈아엎은 밭이 되고'(미 3:12) 라고 예언했습니다. 또한 스가랴는 예언하기를, '예루살렘 길거리에 늙은 남자들과 늙은 여자들이 다시 앉을 것이라'(슥 8:4)고 했습니다. 우리야의 예언이 성취되지 아니하였으므로, 스가랴의 예언도 성치되지 못할 것이라 여겨 두려워했습니다. 그러나 이제 우리야의 예언이 성취되었으므로, 스가랴의 예언도 성취될 것입니다."

이 말을 들은 랍비 아키바의 동료들이 말했다. "아키바여, 당신으로 인해 위안을 얻었습니다!"(마코트[Makkos] 24a-b).

랍비 아키바는 메시아의 도래를 믿는 믿음을 가지고 있었으므로, 바르 코흐바(후일 그는 '바르 쿠지바', 즉 '믿음 없는 자'로 불리었다)를 메시아의 희망이라고 생각했으며, "한 별(바르 코흐바)이 야곱에게서 나올 것이다."라는 구절이 그에 대한 것이라고 했다(민 24:17, 예루샬미 타니트[Yerushalmi Taanis] 35).

바르 코흐바의 반란이 진압된 후, 로마의 반유대인법이 더욱 가혹해지게 되었다. 로마는 토라를 가르치거나 율법을 지키는 것을 금지했으며, 이를 어길 경우 사형에 처하리라 경고했다.

그러나 랍비 아키바는 이 칙령을 거부하고 사람들을 모아 토라를 가르쳤다(베라호트[Berachos] 61b). 로마는 그를 감옥에 가두었으나, 그는 옥중에도 할라카를 가르치고 학생들의 질문에 답해주었다 한다(페샤힘[Pesachim] 112a, 예루샬미 예바모트[Yerushalmi Yevamos] 12:5). 그 곳에서 랍비 아키바는 율법을 계속 지켰을 뿐만 아니라 아주 작은 할라카의 법이라 할지라도 가장 중요한 의무인 것처럼 실천했다고 한다.

투옥 중 랍비 여호수아 하기르시[R' Yehoshua Hagirsi]는 매일 그에게 정해진 양의 물을 가져다 주었다. 그러나 어느 날 간수가 물을 가져오는 랍비 여호수아 하기르시를 제지하며 말했다. "물을 너무 많이 가져오는군. 그 물로 땅굴을 뚫어 탈옥하려는 것 아닌가?" 그리고는 물의 절반을 바닥에 쏟아버렸다.

랍비 여호수아는 감옥으로 들어왔고, 랍비 아키바는 물이 반 밖에 남지 않은 바구니를 보고는 불평하며 말했다. "여호수아, 내가 나이가 많으므로 내 목숨이 너에게 달려있다는 것을 너도 잘 알지 않느냐." 랍비 여호수아가 아키바에게 무슨 일이 있었는지를 말해주자, 랍비 아키바는 그에게 이렇게 말하였다. "손을 씻게 물을 좀 다오."

랍비 여호수아가 대답했다. "물은 마시기에도 부족합니다. 손을 씻으시면 물을 마시지 못하실 것입니다. 괜찮으십니까?"

이에 랍비 아키바가 말했다. "달리 방법이 있겠느냐? 랍비들이 선포한바 식사 전에는 반드시 손을 씻어야 한다 하였다. 내 동료들이 정한 법도를 어기느니 차라리 죽음을 택하는 것이 더 낫다." 결국 그는 랍비 여호수아가 손을 씻을 수 있을 만큼 충분히 많은 물을 가져오기 전까지 물을 마시지 않았다고 한다.

그 이야기를 들은 현자들은 말했다. "랍비 아키바는 노인의 때에도 이렇게 하였다. 그가 젊을 때에는 어떠하였겠는가! 랍비 아키바는 옥중에 있을 때에도 이렇게 하였다. 그가 옥에 갇히지 아니하였을 때에는 어떠하였겠는가!"(에이루빈[Eiruvin] 21b).

평생 천국의 이름을 거룩하게 하다.
악한 로마 정부에서는 토라를 가르치는 것을 법으로 금지하였으나, 랍비 아키바는 그 칙령을 무시하고 공개적으로 토라를 가르치기를 멈추지 않았다. 그의 동료 파푸스 벤 예후다[Pappus ben Yehudah]는 "아키바여, 로마가 무섭지 않은가?"라며 그에게 토라를 가르치지 말 것을 종용했다.

이에 랍비 아키바는 우화를 들어 그에게 답변했다. 한 여우가 시냇가를 걷다가 물 속에서 이리저리 헤엄치는 물고기들을 보게 되었다.

여우가 물고기에게 물었다. "물고기들아, 왜 도망치고 있니?"
"어부의 그물을 피해 도망치고 있어!" 물고기가 답했다.
그러자 여우가 소리쳤다.
"나와 함께 기슭으로 올라가서, 같이 살자꾸나!"
물고기들은 비웃으며 말했다.
"여우야, 너는 동물 중에서도 가장 성격이 날카로운 동물로 유명하지 않느냐! 참 바보로구나! 물은 우리 생명의 근원이다. 우리가 여기서 위험에 처하였으나, 물 밖으로 나가면 훨씬 더 위험한 상황에 처하게 될 것이 확실하단다!"

랍비 아키바는 이 우화를 들려준 후, 다음과 같이 말을 맺었다.
"우리 유대인들도 이와 같소. 우리가 토라를 공부함으로 위험에 처하였으나, 토라를 저버리면 훨씬 더 위험한 상황에 처하게 될 것이오."

로마인들은 곧 랍비 아키바를 체포했다. 그 후 얼마 지나지 않아 파푸스 벤 예후다 역시 체포되어 랍비 아키바가 갇힌 옥에 함께 투옥되었다. 이 때 파푸스는 말하였다. "아키바, 당신은 운이 좋은 것이오. 당신은 토라를 가르친 죄목으로 옥에 갇혔으나, 나는 사소한 것으로 인해 의미 없이 옥에 갇혔소"(베라호트[Berachos] 61b).

목숨을 바쳐 하늘나라에 그 이름을 높이다

랍비 아키바는 강철 빗으로 피부를 긁어 죽이는 극형에 처해졌다. 사형이 집행될 때에, 랍비 아키바는 슈마를 암송하며 고통을 이겨냈다. 제자들이 소리쳤다. "선생이여, 이렇게까지 그러십니까!" 즉, 그 상황에서도 자기 고통을 무시하고 마음을 하나님께로 돌릴 수 있는지 묻는 것이었다.

랍비 아키바는 답하였다. "평생 나는 '네 영을 다하여' 하나님을 사랑하라는 계명을, 즉 하나님께서 영을 거두실지라도 하나님을 사랑하라는 계명을 곱씹었으며, 또 이 계명을 언제쯤 실천할 수 있을까 고민하였네. 이제 이 계명을 실천할 기회가 왔으니, 하지 않을 수 있겠는가?" 이 말을 마친 후 그는 마지막으로 "에하드"(한 분)라는 말을 외친 후 숨을 거두었다.

그가 세상을 떠나자 하늘에서 음성이 들려왔다. "복 되도다, 랍비 아키바여, 네 영은 '에하드'라는 말을 남겼도다. 복 되도다, 랍비 아키바여. 장차 올 세상에서의 삶을 얻을 것이로다."

랍비 아키바의 위대함

랍비들의 말에 따르면 우리의 위대한 랍비 모세가 하늘(시내산)에 올랐을 때, 하나님께서 토라의 말씀에 관(crown)을 씌우시는 것을 보았다고 한다. 모세는 물었다. "온 세상의 주님, 이러시는 이유는 무엇입니까?"

하나님께서 답하셨다. "앞으로 수많은 세대가 지나 아키바 벤 요세프라는 사람이 나타날 것이다. 그가 이 관들 하나하나에서 수많은 할라카의 뜻을 발견해낼 것이다."

이에 모세는 간구하였다. "온 우주의 주님, 제게도 그 뜻을 보여주십시오."

"뒤로 물러서거라." 하나님께서 말씀하셨다.

이윽고 하나님께서는 모세를 랍비 아키바의 학당으로 데려가셨다. 모세는 학당의 뒷편 여덟 번째 줄에 앉아 랍비 아키바의 강의를 들었다. 아키바의 가르침을 자기가 이해할 수 없음을 깨달은 모세는 점점 기분이 상했다. 그때, 강의를 듣던 제자 중 한 명이 아키바에게 물었다. "선생님, 이걸 선생님께서는 어찌 아십니까?"

"이것은 모세가 시내산에서 받은 할라카이다." 랍비 아키바가 답하였다.

이 말을 듣자 모세의 마음이 편안해졌다. 그러나 모세는 하나님 앞으로 다시 돌아와 물었다. "온 우주의 주님, 이 세상에 이런 사람이 있다면, 토라를 이 사람을 통해 주시지 아니하고 저를 통해 주신 이유는 무엇입니까?"

더 나아가 모세는 하나님께 간구하였다. "온 우주의 주님, 제게 그의 가르침을 보여주셨으니, 이제 그가 받을 보상을 보여주십시오."
"뒤로 물러나거라." 하나님께서 또 말씀하셨다.
모세가 말씀대로 뒤로 물러나자, 그가 본 것은 랍비 아키바가 로마인들에게 사형을 당한 직후의 모습이었다. 위대한 현자의 살이 고기 파는 곳에서 무게가 재어지고 있었다. 이 광경을 본 모세가 탄식하여 소리쳤다. "이것이 토라이고, 이것이 보상이란 말입니까!"

이에 하나님께서 답하셨다. "침묵하라. 그것은 나의 생각이니라"(메나호트[Mensachos] 29b).

현자들은 여기에 더 나아가 랍비 아키바가 세상을 떠날 때, 천사들이 하나님께 같은 질문을 했다고 한다. "이게 바로 토라이며, 이게 그가 받을 보상이라는 말입니까?" 이때 하나님께서는 "그가 장차올 세상에서의 삶으로 보상을 받으리라"라고 답하셨다고 한다(베라호트[Berachos] ibid.).

랍비 아키바가 죽자, 현자들은 토라의 영광이 멈추었다(쏘타[Sotah] 49a)고 하였으며, 토라를 떠받치던 것이 사라졌다 하였고, 지혜의 샘이 메워졌다 하였다(토세프타[Tosefta] ibid. 2) 한다.

'울타리'란 무엇인가

이 구절의 주제는 울타리이다. 그렇다면 '울타리'는 대체 무엇인가. 울타리가 약탈자로부터 재산을 지켜주고 사람들이 무단으로 침입하지 못하도록 아름다운 정원을 지켜주는 것처럼, 유대인들도 위험한 것들로 영향을 받아 영적인 수준이 뒤떨어지지 않도록 해야 한다는 것이다. 쉬르 하쉬림([Shir HaShirim], 7:3)에서, 솔로몬 왕은 유대 나라를 장미꽃에 둘러싸인 것으로 묘사하고 있다. 하나님께 충성하는 유대인들에게 이 "울타리"는 불편하고 걸리적거리는 방해물이 아니라, 아름답고 향기가 가득한 장미꽃과 같아서 우리 영의 순전함을 지켜준다는 것이다.

냉소와 경박함은 사람으로 하여금 부도덕함에 익숙해지게 만든다.

랍비 아키바의 첫 말은 이전 구절과의 균형을 맞춤으로 시작한다. 이전 구절에서는 기쁨과 영의 가벼움을 찬양하고 있는 반면, 이 구절은 비록 우리가 지도자 앞에서는 '가벼워야' 하나, 지도자가 아닌 평범한 사람들 앞에서까지 머리를 비우고 가벼운 사람이 되어서는 안 된다는 것이다. 또한 우리는 이전 구절의 가르침처럼 기뻐하여야 하나, 그 기쁨이 지나쳐 웃으면 안 되는데, 이는 웃음과 머리를 비움(경박함)은 사람을 방탕함에 익숙하게 하기 때문이다. 라쉬바쯔는 주석으로 남기길 이런 행동은 필연적으로 사람으로 하여금 반복적으로 저급한 행동들을 하도록 이끈다고 했다.

적당한 웃음

어떤 이들은 말하길 웃음은 그 자체로는 좋은 것이나 생각 없는 웃음과 사소한 일과 좁은 마음에서 나오는 웃음은 부정적인 것이라고 말했다. 계명으로 인하여 기쁨을 얻을 때에라도, 웃음을 절제해야 한다. 현자들이 말한바 "입을 웃음으로 채우지 말지니라"(베라호트[Berachos] ibid.)라 함과 같다. 하지만 어느 정도의 웃음은 허용할 만하다.

어찌되었든 계명으로부터 얻는 기쁨은 절대로 약해져서는 안 된다.

토라를 배움은 부적절한 생각을 막는다.

라베이누 요나는 이 구절이 사용하는 어법으로부터 다음의 의미를 도출해내었다. 즉 만일 웃음과 경솔함이 사람을 방탕함에 길들인다면, 진

중함과 진지함은 반대로 사람을 방탕함에서 지켜준다는 것이다. 그러나 다른 이들은 이를 반대하며 지적하기를, 맨 정신에서 계속 감정이 변화하지 않고 무표정으로 있다면, 그것 역시 사람을 우울함으로 이끌 수 있다고 하였다(티페레트 이스라엘[Tiferes Yisrael]).

그러나 사람을 방탕함으로부터 지켜주는 행동들은 많이 있다. 람밤이 말하길 "순전한 생각과 옳은 관점으로 특별히 거룩한 일들을 행하도록 스스로를 길들여야만 한다…(중략)아내를 제외한 여자와 단 둘이 있지 말 것이며…(중략) 웃음과 취함과 외설적인 말들을 멀리할 것이며…(중략) 결혼하지 아니한 채로 너무 오래 있지 말라." 그의 마지막 말은 다음과 같다. "가장 중요한 것으로, 네 생각과 네 자신까지도 토라의 말씀으로 향하여 지혜에 네 마음을 담가라. 지혜가 없는 빈 마음에는 방탕한 생각이 똬리를 틀고 앉으리라"(이슈레이 비아[Issurei Biah] 22:18-21).

전승된 구전 토라는 토라 주위의 울타리이다.

"전승된 구전 토라는 토라 주위의 울타리이다"는 랍비 아키바의 금언은 특별히 토라 두루마리를 쓰는 방법을 알려주는 구전 전통을 뜻한다. 토라 두루마리를 기록할 때에는 단어의 토씨 하나라도 틀리지 않도록 기록하며, 예외가 있더라도 그대로 기록하고, 빠진 알파벳이나 알파벳이 더 추가되었을 때에도 이를 수정하지 않고 그대로 기록한다. 예를 들어 바브(1)가 들어간 단어가 있다고 하자. 다른 단어에서는 이 바브가 빠져 있을 수도 있다. 이 알파벳 바브의 유무는 발음에는 영향을 미치지 않는다. 그러나 스펠링 하나의 차이로 할라카에서의 적용이 달라질 수 있다.

이런 전통은 알파벳의 모양에도 똑같이 적용되는데, 토라의 알파벳 위에 관(crown)이 있는 경우도 있으며, 특정 알파벳이 크게 쓰이거나 작게 쓰인 경우도 있다.

토라 두루마리 기록에 있어, 이런 엄격한 전통 덕분에 토라 텍스트는 수세기 동안 여러 대륙을 거치면서도 온전하게 의심 없이 보존될 수 있었던 것이다.

십일조는 부에 대한 울타리이다

피르케이 아보트에 부유해지는 방법이 나오는 이유는 무엇인가? 넓은 의미로 보면, 랍비 아키바가 이런 부유함에 대한 금언을 말하는 이유는 또 무엇인가?

십일조가 부유함을 가져온다는 사실은 곧 하나님께서 우리에게 다른 이들을 도울 수 있도록 부유함을 허락하셨다는 것을 보여주고 있기 때문이다.

그러나 리젠스크의 랍비 엘리멜렉[R' Elimelech of Lizhensk]은 저서 '노암 엘리멜렉[Noam Elimelech], 코라흐[Korach], s.v. 브`네흐샤브[V'nechshav]에서 위 질문을 다른 관점으로 바라보고 있다. 그에 따르면, 이 구절의 의도는 십일조가 부유함을 가져다준다는 것을 가르치는 것이 아니라 악한 본성을 제어하도록 도와주는 것이다. 계명을 지킬 때에 유대인들은 악한 본성에게 방해를 받지 않는다. 그러나 이 세상의 것들, 특별히 돈에 빠지면 악한 영향력이 그를 공격하기 시작한다.

사람이 유혹에 빠져 정직하지 못한 방법으로 사업을 운영하고, 모든 것을 하늘나라를 위해 할 것이라고 그 누가 확신할 수 있겠는가? 이에 랍비 아키바는 이렇게 답하고 있다. "십일조는 부유함의 울타리요." 우리는 우리가 번 모든 돈이 거룩하므로, 그 돈으로 우리가 하는 모든 것이 거룩해야 한다는 것을 마음에 새기고 이런 태도를 유지해야 한다. 어려운 이를 돕기 위해 자선하는 것은 더 큰 일을 위해 써야 할 나머지 돈을 '지키는'(울타리가 되는) 유일한 방편이다.

맹세는 절제에 대한 울타리이다.

어떤 계명을 버릇처럼 어기는 사람이 된다면 어떻게 될 것인가? 토라는 어떤 것은 하라 하고 어떤 것은 하지 말라고 하는데, 그렇다고 해서 사람이 또 토라에서 하지 말라 하는 것을 안 하는 것은 아니다. 버릇의 힘과 욕망의 힘은 너무나 강하기 때문이다. 때문에 토라는 옳은 일을 하고자 하는 결심을 더욱 강화하기 위해 개인적으로 맹세하는 것을 허락하고 있는 것이다.

이런 절제의 맹세는 사람으로 하여금 죄로 향하려는 자기 본성을 제어하여 직접적으로 죄를 짓지 않도록 막아준다.

다음의 이야기는 이런 가르침의 의미를 잘 보여주고 있다. 한 도둑이 있었는데, 그는 어릴 때부터 도둑질을 해왔으므로 남의 것을 훔치는 것이 완전히 몸에 밴 사람이었다. 어느 날 그는 자신의 도둑 생활에 큰 회한을 느끼고, 범죄로 점철된 인생을 구원할 방법을 찾고자 랍비에게 조언을 구하였다.

그러나 랍비는 그에게 약속은 잘 지키고 거짓말을 하지 말라는, 단순한 말만을 해주었다. 회개를 위한 어려운 금식과 같은 것들을 기대했던 도둑은 실망하고 말았다. 그럼에도 불구하고 그는 랍비의 조언을 받아들이기로 결심한 채 집으로 돌아가게 되었다.

몇 달이 지나, 이웃이 여행을 떠나게 되었으므로 그에게 집을 지켜달라고 부탁하며 집 열쇠를 넘겨주었다. 이제 빈 집을 마음대로 털 수 있게 된 것이었다. 그는 충분히 집안에 있는 것들을 훔쳐 장물아비에게 팔아넘길 수 있었으나, 곧 깨달았다. "집 주인이 돌아와 내게 무슨 일이 있었냐고 물어보면 그에게 거짓말을 해야 할 텐데, 난 거짓말을 할 수 없다."

곧 그의 악한 마음은 힘을 잃고 사라졌다.

바람직하고도 금지된 절제

랍비 모세 하임 루짜토[R' Moshe Chaim Luzzatto]는 저서 메실라트 예샤림[Mesillas Yesharim]에서 금욕주의의 표면에 보이는 두 가지 모순을 지적하고 있다. 반면 토라는 우리에게 경건하게 살라고 하며, 금지된 것을 멀리함과 같이 허락된 것들도 멀리하라고 가르치고 있다. 일례로, 랍비 비느하스 벤 야이르[R' Pincahs ben yair]는 메실라트 예샤림을 구성하고 있는 유명한 말에서 절제를 영적으로 최고의 수준에 이르기 위해 반드시 필요한 것이라고 칭송하고 있다(아보다 자라[Avodah Zarah] 20b). 그러나 반대로 현자들은 지나친 절제를 비판하기도 한다. 허락된 기쁨을 누리지 않고 자제하면 심판을 받게 된다고 가르치고 있는 것이다.

람할[Ramchal]은 이 두 견해를 중재하는 견해를 내놓으며 말하길, 토라는 불필요한 것들이나 행동을 절제하는 것을 허락하고 있다고 했다. 즉 쏘노주, 삽담, 비싼 옷 따위의 것들이다. 그러나 생존을 위해 먹고 마시는 것 등 삶에서 반드시 필요한 것들까지 거부하는 것은 허락하지 않고 있다.

실제로 랍비 엘아자르[R' Elazar]는 말하길 금식하는 자는 거룩하나 스스로를 죄인이라 부른다 하였다!(타니트[Taanis] 11 a-b) 하나님을 섬길 만한 힘까지 잃지 않는 선에서 금식하는 것은 칭송을 받을 만하다. 그러나 표면상으로는 거룩해 보이는 행동이라도 하나님을 섬길 만한 힘까지 잃는 정도에 이르면, 이는 죄가 된다.

토라가 금한 것이 네게는 충분치 않더냐?

토라는 경건함을 강화하는 방편으로 맹세를 하라고 말하고 있으나, 현자들은 그 과정을 금지하고 있다. 그 이유는 두 가지가 있는데, 먼저 맹세는 스스로 위험을 자처하는 일이라는 것이다. 만일 맹세를 하고 스스로 그 맹세를 지키지 못한다면 이는 큰 죄를 지은 것이다. 둘째, 하나님의 지혜에 무언가를 더할 필요가 있는가? 현자들이 말한 바 "토라가 금한 것이 네게는 충분치 않더냐?"라 함과 같다(예루샬미 느다림[yerushalmi Nedarim] 9:1).

라베이누 요나는 이와 같은 자기모순이 다음과 같이 맹세라는 단어에서 기인하였다고 설명하고 있다. 일반적인 상황에서 사람은 위와 같은 이유로 맹세하기를 꺼려한다. 그러나 랍비 아키바는 이 구절에서 일반 사람들이 아닌, 도덕적 나약함으로 인해 반복적으로 죄를 짓는 사람에게 이 가르침을 전하고 있다. 맹세가 죄를 멀리 하는 데에 도움이 된다면, 당연히 맹세를 해야 할 것이다. 그러므로 약이 아픈 사람에게만 드는 것처럼, 맹세도 도덕적으로나 영적으로 건강하지 못한 사람에게 득이 된다는 것이다. 또한 약이 건강한 몸에는 해가 되는 것처럼, 맹세도 건강한 영혼에는 해가 된다.

라쉬바쯔는 쉬므온 하짜디크[Shimon Hatzaddik]의 이야기(느다림[Nedarim] 9b)를 인용하며 이런 주장에 힘을 싣고 있다. 쉬므온 하짜디크는 맹세를 하지 않았으며 나실인이 제사로 바친 것을 먹지도 않았는데, 이는 나실인이 되려면 반드시 맹세를 해야 했기 때문이었다!

그러나 단 한 번, 그의 규칙에도 예외가 있었다. 어느 날 쉬므온 하짜디크는 나실인이 되기로 맹세한 청년을 만나게 되었다. 그는 머리를 자른 후 나실인이 되어 길고 찰랑거리는 머리카락을 가지고 있었다. 쉬므온 그에게 그 이유가 무엇인지 물었다.

청년은 대답했다. "저는 저의 아버지의 양떼를 돌보고 있었습니다. 어느 날 물을 길러 우물로 갔는데, 우연히 우물에 비친 제 머리카락을 보게 되었습니다. 정말 아름다웠죠. 그러자 제 악한 본성이 저를 죄의 길로 유혹하려 하였습니다. 하지만 전 소리쳤죠. '참으로 악하구나! 네 것이 아닌 이 세상의 것, 벌레와 구더기가 뜯어먹을 이 육체의 것을 두고 어찌 이 그리 자만할 수 있느냐! 하늘나라를 위하여 이 머리를 다 깎아버리리라!'"
쉬므온 하짜디크는 그의 이마에 키스를 하며 말하였다.
"이스라엘에 자네와 같은 나실인들이 많아지기를."
쉬므온 하짜디크가 허락하지 아니한 다른 나실인들과 이 청년 사이에는 어떤 차이가 있는가? 다른 나실인들은 특별한 충동이 없었고, 이를 물리칠 기회도 없었다.

그러나 이 청년은 죄의 유혹을 이겨내기 위하여 충동을 물리쳤으며, 바로 이 점을 쉬므온 하짜디크는 청년에게서 발견하고 칭찬하였던 것이다.

지혜에 대한 울타리는 침묵이다.

랍비 아키바는 침묵이 토라의 지혜를 두르는 울타리라고 가르치고 있다. 그러나 다른 곳에서 현자들은 활발하게 소리 높여 토라를 나누어야 한다고 가르친다.

라베이누 요나는 이같은 모순을 해소하고 있다. 이 구절은 5장 9절에 기술된 침묵과 연결된 것에 대해 말하고 있다는 것이다. 동료를 방해하느니 차라리 침묵하는 것이 나으며, 화려한 언변으로 자기의 무지함을 숨기고 듣지 못한 것을 들었다고 말하느니 차라리 인정하고 바보가 되는 것이 낫다. 더 나아가, 이 구절은 자기보다 지혜로운 사람 앞에서는 말을 삼가야 하며, 도전하듯이 바로바로 말에 답해서는 안 된다고 가르치고 있다. 어떻게 보든 침묵은 사람이 품은 토라의 지혜를 지켜주는 울타리를 치는 것이다.

바르테누라의 랍비 오바디야는 이 구절에서 칭송하는 침묵이 토라를 배울 때에는 적용되지 않는다고 보았다. 현자들은 토라를 배울 때에 침묵하지 말라고 가르치기 때문이다. 반면 이 구절의 침묵은 해서는 안 되는 말을 하지 않는 것을 의미하는 것도 아닌데, 이는 완전히 금지된 것이기 때문이다 그러므로 이 구절에서 말하는 침묵은 일상적이고 사소한 말을 하지 않는 것이라고 보는 것이 합당하다는 것이다.

침묵의 가치

이 구절의 마지막 구의 어순만 앞의 어순과 다른 이유는 무엇인가? 이전 구절에서 '울타리'라는 단어는 원어에서 볼 때 앞에 나오고 있다. 십일조는 부유함의 울타리요, 맹세는 절제의 울타리이다. 그러나 이 구절(지혜의 울타리는 침묵이다)에서 울타리라는 단어는 뒤에 나와 어순의 앞뒤가 바뀌고 있다.

라베이누 바흐야의 해석은 다음과 같다. 이전 구에서 논리는 'X는 Y가 된다'이다. 말하자면, 십일조를 지키면 부유해지고, 맹세를 하면 절제하게 되며, 전통을 지키면 기록된 토라를 지킨다. 그러나 침묵의 경우는 다른데, 침묵은 그 자체로 지혜로 이어지지 않기 때문이다. 침묵이란 그저 바보에게 지혜의 멋을 잠시 내게 해주는 것뿐이다. 솔로몬 왕이 잠언에서 말한 것과 같다(잠 17:28).

그러므로 이 구절은 이 구에서만 어순을 바꿈으로써 침묵이 지혜를 얻는 데에 도움이 되는 좋은 도구이기는 하지만, 그 자체로는 사람을 지혜로 이끌어주지 않는다는 것을 암시하고 있다는 것이다.

하지만 하시드 야베쯔는 이 문체의 특수성을 완전히 반대로 이해하고 있다. 그는 처음 세 구의 논리를 'X는 Y에 좋다'고 해석하는데, "아스피린은 두통에 좋다"라는 문장과 같은 논리이다. 이 예에서 아스피린은 두통을 해소할 수 있는 여러 방편들 중 하나이지만, 유일한 방편은 아니다.

이와 같이 십일조는 부유해질 수 있는 좋은 방편이지만, 부를 얻는 데에는 다른 방법들도 많이 있다. 맹세는 절제를 얻는 좋은 방법이다. 그러나 역시 다른 방법들도 많이 있다. 전통을 지킴으로써 우리는 토라를 보존해왔다. 그러나 토라를 지키는 방법은 그 외에도 많이 있다.

위 어순과 반대로 '두통은 아스피린으로 낫는다.'라고 표현한다면, 이는 두통이 아스피린으로만 나을 수 있다는 것을 암시한다. 마찬가지로 이 구절에서 '지혜의 울타리는 침묵이다'라고 한다면, 이는 지혜가 침묵으로만 얻어질 수 있음을 암시한다는 것이다.

그렇다면 침묵은 어떻게 지혜로 이어질 수 있는가? 토라에 대한 논쟁에 활발히 참여하였느냐 하지 아니하였느냐 하는 점이 심판을 받는다는 현자들의 가르침(샤보트[Shabbos] 31b)을 보면, 이 질문은 특별히 해결하기 어려운 것으로 보인다.

라베이누 요나는 침묵이 권할 만한 일일뿐만 아니라, 침묵하지 않음으로써 누군가는 지혜를 얻을 기회를 놓칠 수도 있다고 말하고 있다. 5장 9절은 지혜로 이르는 일곱 가지 태도를 나열하고 있는데, 그 중 대부분은 침묵해야 할 때에 침묵하는 능력을 필요로 하는 것이다.

랍비 오바디야는 주석으로 남기기를 토라는 특별히 침묵의 대상이 되지 않는다고 하였다. 즉 토라를 배울 때에는 침묵하지 말아야 한다는 것이다.

　그러므로 이 구절은 일상적이고 경솔한 말을 삼가라는 가르침으로 이해할 수 있다. 이런 말을 하지 않고 침묵함으로써 우리는 토라를 공부할 시간을 벌 수 있는 것이다.

미쉬나 18절   משנה ג

הוּא הָיָה אוֹמֵר,
חָבִיב אָדָם שֶׁנִּבְרָא בְצֶלֶם.
חִבָּה יְתֵרָה נוֹדַעַת לוֹ שֶׁנִּבְרָא בְצֶלֶם, שֶׁנֶּאֱמַר
(בראשית ט:ו) כִּי בְּצֶלֶם אֱלֹהִים עָשָׂה אֶת הָאָדָם.
חֲבִיבִין יִשְׂרָאֵל שֶׁנִּקְרְאוּ בָנִים לַמָּקוֹם. חִבָּה יְתֵרָה
נוֹדַעַת לָהֶם שֶׁנִּקְרְאוּ בָנִים לַמָּקוֹם, שֶׁנֶּאֱמַר (דברים יד:א)
בָּנִים אַתֶּם לַה' אֱלֹהֵיכֶם.
חֲבִיבִין יִשְׂרָאֵל, שֶׁנִּתַּן לָהֶם כְּלִי חֶמְדָּה.
חִבָּה יְתֵרָה נוֹדַעַת לָהֶם שֶׁנִּתַּן לָהֶם כְּלִי חֶמְדָּה
שֶׁבּוֹ נִבְרָא הָעוֹלָם, שֶׁנֶּאֱמַר (משלי ד:ב), כִּי לֶקַח טוֹב
נָתַתִּי לָכֶם, תּוֹרָתִי אַל תַּעֲזֹבוּ:

(랍비 아키바) 그는 말하곤 했다.
  인간은 사랑받을 만하다.
  왜냐하면 성경이 말하는 바와 같이
  그는 하나님의 형상으로 창조되었기 때문이다.
  '이는 하나님이 자기 형상대로 사람을 지으셨음이니라'(창 9:6)
  이스라엘 백성들은 사랑받을 만하다.
  왜냐하면 그들은 편재하시는 하나님의 자녀로서 묘사되었기 때문이다.
  그들이 편재하시는 하나님의 자녀로서 묘사된 것은
  성경이 말하는 바와 같이
  그들에게 알려진 위대한 사랑의 표시이다.
  '너희는 너희 하나님 여호와의 자녀이니'(신 14:1).
  이스라엘 백성은 사랑 받을 만하다.
  왜냐하면 소중한 도구가 그들에게 주어졌기 때문이다.
  그들이 소중한 도구를 받은 것은 성경이 말하는 바와 같이
  그들에게 알려진 위대한 사랑의 표시이다.
  '내가 선한 도리를 너희에게 전하노니 내 법을 떠나지 말라'(잠 4:2)

미쉬나 18절

**(랍비 아카바) 그는 말하곤 했다.
인간은 사랑받을 만하다. 왜냐하면 성경이 말하는 바와 같이
그는 하나님의 형상으로 창조되었기 때문이다.**

사람은 다른 피조물들과는 달리 하나님께 특별히 선택을 받은 존재이다. 실제로 하나님께서는 사람을 섬기도록 하기 위하여 온 우주를 창조하셨다. 이런 점은 사람이 제일 마지막에 창조되었다는 점으로 미루어 알 수 있다(산헤드린[Sanhedrin] 38a). 비유하자면 손님을 초대하는 집 주인과 같다고 할 수 있다. 손님이 주인에게 정말 중요한 사람이라면, 집 주인은 집을 청소하고 요리를 식탁에 모두 준비하는 등 모든 준비가 끝난 후에야 손님을 초대할 것이다.

마찬가지로, 하나님께서는 먼저 빛과 어둠을 창조하시고, 하늘과 땅을 창조하셨으며, 그 안에 모든 살아있는 것들과 물과 바다, 과일, 채소, 그 외에 다양한 피조물들을 모두 창조하신 후에야 다음과 같이 선포하셨다. "(이제 사람을 창조할 때가 되었으니)우리의 형상을 따라 우리의 모양대로

우리가 사람을 만들고 그들로 바다의 물고기와 하늘의 새와 가축과 온 땅과 땅에 기는 모든 것을 다스리게 하자"(창 1:26).

사람은 왜 중요한 것인가? 온 세상이 사람을 위해 창조될 만큼 그리도 중요한 것인가? 사람이 그토록 중요한 이유는 바로 "하나님이 자기 형상 곧 하나님의 형상대로 사람을 창조하시되"(창 1:27)라는 구절에 나와 있다. 하나님께서는 형체가 없으시므로, 이 구절은 인간의 신체가 하나님의 형상을 따라 창조되었다는 것을 뜻하지 않으며, 오히려 인간의 영적 정체성이 하나님의 형상을 따라 창조되었음을 뜻한다.

주석가들은 인간의 영적 본성의 형상을 영혼이라고 해석한다. "여호와 하나님이 땅의 흙으로 사람을 지으시고 생기를 그 코에 불어넣으시니 사람이 생령이 되니라"(창 2:7) 또 솔로몬 왕은 말하길, "사람이 짐승보다 뛰어남이 없음은 모든 것이 헛됨이로다"(전 3:19)라고 말했다. 하시디즘의 위대한 선생들은 '하나도 없다'(nothing)라는 단어인 아인(ayin)을 '아담 예이쉬 느샤마'[adam yeish neshamah], 즉 "인간은 영을 가진다"라는 문장으로 읽으라고 가르쳤다. 바로 이 점이 인간의 특수성으로 여겨지는 것이다.

우리가 하나님의 형상으로 창조되었다는 말은 곧 우리의 영이 (말하자면)신성의 일부라는 것을 의미한다. 조하르[Zohar]의 말씀에는 하나님께서 그분의 정수(very being)으로 부터 나온 영을 우리에게 불어넣어 주셨다고 가르치고 있다.

이로 인해 '사람은 살아있는 영이 되었다.' 온켈로스[Onkelos]는 이를

'말하는 영'으로 번역하고 있다. 라쉬는 여기에 주석을 남기기를, "집짐승과 기어다니는 것들도 살아 있는 영으로 불리고 있으나(창 1:24), 사람의 영은 지식과 언어를 가지고 있으므로 짐승의 영보다 더욱 그 생명이 넘친다."라고 하였다.

다르게 표현하자면, 사람은 하나님으로부터 물리적 감각 너머에 있는 실재(reality)를 이해할 수 있는 지혜를 얻었으므로, 창조주이신 하나님과 유사한 본성을 가지고 있다는 것이다. 사람은 선과 악을 구분할 수 있으며, 둘 중 하나를 선택할 수 있다. 바로 뱀이 하와에게 "하나님과 같이 되어 선악을 알 줄 하나님이 아심이니라"(창 3:5)고 말한 이유이다.

람밤은 '우리의 형상을 따라 우리의 모양대로 우리가 사람을 만들고'(창 1:26)라는 구절이 '사람은 그 안에 정수가 있어서 추상적인 개념을 알고 또 이해할 수 있다'(예소데이 하토라[Yesodei Hatorah] 4:8)는 것을 의미한다고 해석하고 있다. 우리는 선과 악을 구분할 수 있는 능력이 있으며, 자유 의지를 가지고 있다. 인간이기에 말을 할 수 있고 생각을 할 수 있으며 우리의 행동을 스스로 선택할 수 있다. 더 나아가 우리는 행동을 선택할 능력을 가지고 있을 뿐 아니라, 우리의 본성과 기질을 변화시킬 능력도 함께 가지고 있다.

라베이누 바흐야는 말하길, "우리의 신적 형상은 의식이 있는 영혼의 내면에 있는 정수(essence)로서…(중략) 이런 의식이 없는 인간은 사람이 아니라 그저 피조물일 뿐이다"라고 하였다.

이런 점으로 인하여 우리 인간은 다른 모든 피조물들보다 더욱 뛰어나다. 이는 랍비 아키바가 '사랑받는도다, 사람이여'라고 표현한 구절에서 암시되는데, 이 문장은 그 존재 자체가 다른 존재들보다 더 사랑받는다는 것을 의미한다. 또한 마하랄[Maharal]은 여기에서 더 나아가 이 문장은 인간이 구원의 천사들보다 더 사랑받는 존재임을 뜻한다고 주장한다. 인간이 동물보다 더 우월함은 이미 분명한 사실이므로, 이 구절에서 이를 따로 언급할 필요가 없기 때문이다.

이는 하나님이 자기 형상대로 사람을 지으셨음이니라.

'인간은 사랑받을 만하다. 그는 하나님의 형상으로 창조되었기 때문이다'라고 언급한 후에, 본 구절은 '이는 하나님이 자기 형상대로 사람을 지으셨음이니라'라고 주장하고 있다. 이 문장은 어떤 의미를 더하여주는가? 하나님의 특별한 사랑은 어떻게 표현이 되고 있는가?

바르테누라의 랍비 오바디야[R' Ovadiah of Bartenura]에 따르면, 하나님께서는 사람을 특별한 존재로 창조하셨다는 것을 하나님께서 직접 말씀하심으로써, 주님께서 우리에게 주신 선물의 가치를 더욱 크게 하심과 동시에 우리를 향한 주님의 사랑을 증명하고 계신다. (이와 유사하게, 현자들은 "선물을 주는 사람은 반드시 그 사실을 알려야 한다"(샤보트[Shabbos] 10b)라고 가르치고 있다).

그렇다면 하나님께서는 이 선물을 사람에게 주셨다는 사실을 언제 알려주셨을까? 바로 대홍수가 끝나고 노아와 그의 가족들이 방주를 나왔을 때에 알려주셨다. "다른 사람의 피를 흘리면 그 사람의 피도 흘릴 것이니

이는 하나님이 자기 형상대로 사람을 지으셨음이니라"(창 9:6).

미드라쉬 슈무엘은 여기에 더하여 말하길, 이 구절에서 나타난 살인자가 받을 징계(곧 사형이다)가 인간이 특별히 중요함을 암시하기도 한다고 해석한다. 오직 하나님의 형상으로 창조된 사람만이 살인을 하므로 이토록 끔찍한 죄를 지을 수 있다는 것이다(토사포트 욤 토브[Tosafos Yom Tov]).

이 구절이 인용된 이유는 무엇인가?
하지만 여전히 질문이 남는다. 인간의 창조를 다룬 구절이 이전에 이미 있음에도, 본 구절에서 굳이 하나님께서 노아에게 말씀하신 것(사람은 하나님의 형상으로 창조되었다는 말씀)을 인용한 이유는 무엇인가?

이전 구절은 토라의 이야기로서, 하나님께서 인간에게 직접 하신 말씀이 아니다. 그러나 이 구절에 인용된 하나님의 말씀은 하나님께서 인간에게 선물로 직접 하신 말씀이다. 하나님께서 사람의 피를 흘리는 것을 금지하신다고 선언하셨을 때에야 인간이 하나님의 형상으로 창조되었다는 것을 분명히 말해줄 수 있다는 것이다. 여기서 하나님께서는 숨겨두셨던 인간을 향한 사랑을 열어 보여주시고 계신다. 그러므로 이런 하나님의 선포는 인간이 하나님의 형상으로서의 명예를 지키고 살아가야 할 의무를 우리에게 지우고 있는 것이다.

미드라쉬 슈무엘은 말하길, 이 구절의 위 반절 부분에서는 살인은 속죄할 길이 없다고 말하고 있는데, 이는 살인은 하나님의 형상을 해하는 것이기 때문이다. 이 또한 마찬가지로 인간을 향한 하나님의 특별하신 사랑을 나타내고 있다.

다른 주석가들에 따르면, 랍비 아키바의 이 구절은 하나님께서 노아와 그의 아들들에게 모든 세대에게 명하실 계명을 전해주시는 말씀을 특별히 언급하고 있는데, 이는 모든 인간이 언제나 하나님의 형상대로 창조된 존재임을 이 창세기의 구절이 말해주고 있기 때문이다. 이로써 하나님께서 직접 손으로 빚으신 아담, 다른 모든 그의 자손들보다 더 높은 차원에 올라갔던 아담에게만 '하나님의 형상'이라는 표현이 사용되었다는 것이 더욱 분명해진다.

랍비 아키바의 이 구절은 앞으로 올 모든 세대에게 전하시는 하나님의 말씀을 인용하고 있으므로, 아담과 같이 높은 차원에 올라가지 못한 사람일지라도 여전히 하나님의 형상으로 지음 받은 존재로 여겨진다는 것을 가르치고 있는 것이다.

'사람'은 누구인가?

다수의 주석가들은 이 구절에서 인용된 '그는 하나님의 형상대로 지음을 받았다'라는 구절은 유대인과 비유대인 모두, 즉 아담의 후손 모두가 하나님의 형상으로 창조되었음을 암시한다고 가르치고 있다(토사포트 욤 토브[Tosafos Yom Tov]).

그러나 다른 이들은 이 문장이 이스라엘이나 의인들에게만 적용된다고 해석한다. 그러므로 미드라쉬 슈무엘은 랍비 하임 비탈([R' Chaim Vital], '거룩한 아리'라 불리는 랍비 이삭 루리아의 수제자)을 인용하여 '인간은 사랑받을 만하다'에서 '인간'은 첫 번째 사람 아담 및 아담의 거룩함과 위대함을 함께 나누는 사람들을 의미한다고 해석한다. 또한 마하랄[Maharal] 역시 이 구절이 의인을 뜻한다고 해석하고 있다. 더 나아가 이 구절은 의인이 천사들보다도 더 하나님께 사랑을 받는다는 것을 암시하고 있는데, 이는 사람은 이미 동물보다 더 하나님께 사랑을 받고 있으므로 굳이 언급할 필요가 없기 때문이다.

다른 현자들은 랍비 쉬므온의 가르침을 따라 이 구절이 유대인 전체를 의미한다고 해석하고 있다. "오직 너희(유대인)만이 '아담'으로 불리었으나 이방인들은 '아담'이라 불리지 못하였도다"(바바 메찌아[Bava Metzia] 114b).

'인간은 사랑 받을 만하다'로부터 얻는 교훈은 무엇인가?

하지만 이런 점은 몇 가지 난제들을 일으킨다. 먼저, 랍비 쉬므온은 오직 유대인만이 '사람'(히브리어로 '아담'은 사람을 뜻한다 – 역자 주)이라고 불린다고 하였다. 그렇다면 유대인은 사람이고 이방인은 사람이 아니라는 것인가? 뿐만 아니라, 하나님께서 노아에게 하신 말씀은 노아의 모든 자손들을 향해 하신 말씀이 아니던가?

그 해답은 다음과 같다. 곧 '아담', 즉 '사람'이라는 명칭은 모든 개인에게 적용되어야만 한다. 유대인들은 토라에 충성하는 민족으로써 '사람'이라는 명칭을 얻게 되었다. 그러나 유대인이라 하더라도 토라를 지키지 않는다면 이 명칭을 얻을 자격을 잃어버린다. 반면 비유대인들은 토라의 길을 따라 살지 않는 것으로 여겨진다. 그럼에도 그들이 토라의 길을 따른다면, 그들도 '아담', 즉 사람이라는 명칭을 얻게 될 것이다.

그러므로 라쉬는 '인간은 사랑 받을 만하다, 그는 하나님의 형상으로 창조되었기 때문이다'라는 구절은 곧 사람에게는 특별한 능력뿐만 아니라 하나님의 뜻을 준행해야 하는 의무도 함께 주어진다는 것을 의미한다고 이해했다. 사람이 하나님의 뜻을 따를 때에야 '하나님의 형상'이라고 불리게 될 것이다.

하나님의 뜻을 따르지 않는 사람은 다른 피조물들과 다를 바가 없는 자이다. 첫 번째 사람은 하나님의 형상대로 창조되었으므로, 그의 모든 자손들 역시 첫 번째 사람의 수준에까지 충분히 다다를 만한 능력이 있다. "우리는 한 아버지를 가지지 아니하였느냐 한 하나님께서 지으신 바가 아니냐"(말 2:10).

하나님께 헌신함으로 인해 아브라함은 특별한 민족의 조상이 될 권리를 얻을 수 있었다. 그러나 유대인이라 하더라도, 행동이 언약을 받을 만한 자격을 결정하는 것은 사실이다. 이후에 하나님께서는 온 민족에게 토라를 받아들일 수 있는 기회를 주셨다. 그러나 오직 한 민족만이 "우리가 행하고 듣겠습니다"라고 선포하였으니, 바로 유대인이다(아보다 자라 [Avodah Zarah] 2b). 그럼에도 불구하고, 유대인이나 비유대인이나 상관없이 모든 인류는 하나님의 형상이 될 수 있는 기회를 가지고 있다. 그 어떤 사람이라도, 언제든지, "제가 행하고 듣겠습니다"라고 부름에 답할 수 있는 것이다. 하나님께서 결국 유대인과 언약을 맺으신 것은 사실이지만, 토라를 지키고 또 계명을 지키는 데에 스스로를 바쳐 헌신할 수 있는 기회는 유대인이나 비유대인에게나 모두에게 있는 이유가 바로 이것이다.

때문에 살인은 금지된다. 모든 사람은 그 안에 하나님의 형상이 숨겨져 있을 수 있다. 하나님의 형상이 드러나지 않을 때에도, 그의 안에 하나님의 형상이 있을 수도 있다는 것이다. 내키는 대로 자기의 저급한 욕망을 따를지, 천사들의 차원으로 올라갈지는 스스로의 선택이다. '아담', 즉 '사람'이라는 단어에는 두 가지 의미가 담겨져 있다. 바로 '아다마'[adamah], 즉 '땅'과 '딤욘', 즉 '같은'이라는 뜻이 있다. 곧 '가장 높은 구름에 올라가 지극히 높은 이와 같아지리라'(사 14:14)고 함과 같다. 사람은 아래로 떨어질 수도, 위로 올라가 '하나님의 형상'을 나타낼 수도 있는 것이다.

> **이스라엘 백성들은 사랑받을 만하다.**
> **왜냐하면 그들은 편재하시는 하나님의 자녀로서 묘사되었기 때문이다.**
> **그들이 편재하시는 하나님의 자녀로서 묘사된 것은**
> **성경이 말하는 바와 같이**
> **그들에게 알려진 위대한 사랑의 표시이다.**
> **'너희는 너희 하나님 여호와의 자녀이니'**(신 14:1).

랍비 아키바는 유대인이 '하나님의 자녀'라고 말하고 있다. 그가 말하고 있는 것은 정확히 무엇인가?

유대인이 '온 민족들보다 더욱 사랑받는' 민족이며, '하나님을 섬기는 제사장 나라'이고 또 '거룩한 민족'이라는 것은 토라에 이미 언급된 사실이다(출 19:6). 그러나 이런 지위도 행동이 없다면 유명무실해진다. "너희가 내 말을 잘 듣고 내 언약을 지키면…"(출 19:5).

하지만 랍비 아키바는 하나님의 음성에 귀를 기울이지 않더라도, 그분의 언약을 지키지 않더라도, 유대인은 여전히 하나님의 자녀로 남아 있다고 주장한다. 하나님께서는 "내가 자식을 양육하였거늘 그들이 나를 거역하였도다…(중략) 슬프다! 범죄한 나라요!"(사 1:2-4) 아무리 타락했더라도, 하나님께서는 여전히 유대인을 '자식'이라고 부르신다. 마치 자녀가 실망스러운 모습을 보인다 하더라도 사랑을 잃지 않는 부모님과 같이 말이다. 자식이 부모를 실망시키더라도 부모는 여전히 부모이고, 자식은 여전히 자식이다(키두쉰[Kiddushin] 36a).

선택받은 민족으로서의 특별한 사명을 완수할 수 있도록, 하나님께서는 유대인에게 특별한 것을 주셨다. 바로 랍비 예후다 할레비[R' Yehudah Halevi]가 '거룩한 것'(쿠자리[Kuzari] 2:2)이라고 말한 그것이다. 따라서 예후다는 이 세상을 다섯 개의 계(界)로 나누었으니, 바로 무생물계, 식물계, 동물계, 인간계, 그리고 이스라엘이다.

하지만 우리가 높은 지위를 하나님으로부터 받았다고 하여 유대인이 아닌 자들을 내리 깔아볼 권리가 있는 것은 아니다. 비유대인 역시도 그 안에 하나님의 형상을 담고 있기 때문이다. 오히려 우리는 하나님의 선택을 받은 민족으로서, 이 지위의 가치를 유지하고 높은 수준의 행동을 보임으로써 하늘나라의 영광을 지켜야 하는 의무를 지닌다.

마지막으로, 모든 인류는 토라의 언약에 참여하고 하나님의 선택받은 민족이 될 권리가 있음을 잊어서는 안 될 것이다.

행복하다, 너 이스라엘이여

현자들은 라반 요하난 벤 자카이의 이야기를 전해 주고 있다. 라반 요하난은 그의 당나귀를 타고 제자들과 함께 예루살렘에서 오던 중, 동물의 분변에서 보리알을 골라 모으던 한 여인을 보게 되었다. 이 여인은 라반 요하난을 보자 머리에 천을 쓰고 그에게 구걸을 하였다.

"딸아, 그대는 누구인가?" 라반 요하난이 물었다. 이에 여인이 대답했다.

"저는 낙키 벤 구리온의 딸입니다." 낙키 벤 구리온은 성전이 파괴되기 전, 예루살렘에서 가장 부유한 큰 손으로 세 손가락 안에 꼽히던 사람이었다.

라반 요하난이 말하였다. "딸아. 네 아버지의 재산에 무슨 일이 있었던 것이냐?"

이에 그녀가 답했다. "부를 잃는 것이 바로 부를 지키는 법이라고 배워 오지 않았겠습니까?" (돈을 벌고자 한다면 오히려 일부를 떼어 가난한 자를 도와야 한다. 잃음으로써 계속 가질 수 있는 것이다 (라쉬[Rashi])).

"시아버지는 어떻게 되었느냐?"

"아버지의 재산과 시아버지의 재산을 합쳤으나, 결국 모두 잃고 말았습니다." 그녀는 이어 말하였다. "선생이여, 제 케투바(결혼증서)에 서명을 해주셨던 것을 기억하십니까?"

이에 라반 요하난은 그를 따라온 제자들에게 말하였다. "내가 서명한 증서에는 수백만 데나리온의 금이 그녀의 아버지의 곳간에 있었고, 시댁에도 돈이 부족함이 없었다."

그리고는 울며 이렇게 외쳤다. "오, 이스라엘 사람이여, 복되도다. 네가 하나님의 뜻을 따랐을 때엔 그 어느 민족도 너를 다스리지 못하였으나, 주님의 뜻을 무시하자 타락한 민족의 손에 넘겨졌도다. 이제 너를 붙잡은 민족뿐만 아니라, 그들의 짐승에게까지 자비를 구하는구나"(케투보트[Kesubos] 66b).

라반 요하난은 이 상황에서 어떻게 그녀에게 "오, 이스라엘 사람이여, 복되도다"라고 외칠 수 있었는가?

마하르샤[maharsha]는 위의 이야기의 여자가 받은 고통이 하나님과 유대인 사이의 특별한 관계의 증거가 된다고 설명한다.

미르의 랍비 예루함 레보비쯔[R' Yerucham Levovitz of Mir]는 추가적인 해석을 보여 주고 있다. 어떤 것이 식물인지, 무생물인지는 어떻게 알 수 있는가? 단지 자라지 않으면 무생물이라고 할 수 있는가? 식물과 무생물을 구분하는 방법은 바로 식물이 살기 위해 반드시 필요한 것을 끊어버리는 것이다. 물이든, 땅이든, 뽑아보는 것이다. 물이나 흙이 없어도 변하지 않는다면 이는 무생물이요, 시들어 죽어버리면 이는 식물이다.

유대인들에게도 같은 원리가 적용된다. 유대인이 하나님의 뜻을 따랐으므로 번성하더라도, 유대 민족이 다른 민족들과는 본질적으로 다르다는 것을 증명할 길은 없다. 선택을 받았다는 것 하나 빼고는 그저 다른 민족들과 똑같은 그냥 민족일 뿐이다. 그러나 잘못을 범하여 하나님의 분노를 사면, 유대 민속은 밑바닥까지 떨어져서 다른 민속들보다 더 낮아지고 말 것이다. 마치 동물의 배설물에서 음식을 찾을 정도로 밑바닥까지 떨어져버린 여인과 같이 말이다. 이것이 바로 다른 민족들과의 차이점이다. 그러므로 이처럼 극단적인 상황에서도 우리는 "오, 이스라엘 사람이여, 복되도다!"라고 선포할 수 있는 것이다.

이스라엘 백성은 사랑받을 만하다.
왜냐하면 소중한 도구가 그들에게 주어졌기 때문이다.

하나님께서는 유대 민족에게 토라를 주셨다. 주님께서 온 우주를 창조하실 때에 도구로 사용하셨던 그 토라를 주신 것이다. 야베쯔[Yaavetz]는 이것을 다음의 이야기로 비유한다. 한 부자가 죽기 전에 자기 재산을 아들들에게 나누어주게 되었다. 먼저 그는 자신이 제일 아끼는 아들을 곁에 불러놓고 말했다. "네게 가장 중요한 것을 물려주겠다. 바로 내가 이 재산을 벌 때에 썼던 도구란다." 겉으로 보기에는 집이나 재산, 돈과 같은 것들을 물려받은 다른 형제들이 더 귀한 것을 받은 것처럼 보였다. 하지만 정작 가장 귀한 것을 받은 사람은 바로 이 아들이었는데, 이는 그가 다른 형제들이 받은 재산보다 더 큰 돈을 모으는 방법을 받았기 때문이다.

그렇다면 하나님께서 유대인들에게 주신 그 사랑받는 도구의 특별한 점은 무엇인가? 현자들은 하나님께서 이스라엘에게 토라를 주시는 것을 마치 아버지가 이제 막 장성한 아들에게 선물을 주는 것과 같다고 했다(예루샬미 로쉬 하샤나[Yerushalmi Rosh Hashana). 랍비 레위[R' Levi]는 이를 왕이 아들에게 시계를 주는 것에 비유했다. 즉 하나님께서는 유대인들에게 날짜와 월과 절기를 구분하고 결정할 능력을 주셨다는 것이다(코르반 하'에다[Korban Ha'edah] 참고).

랍비 요싸 바르 하난야[R' Yossa bar Chaninah]는 또 이를 가리켜 왕이 자기 아들에게 감시자의 장막을 준 것과 같다고 말했다. 그럼으로써 하나님께서는 유대인들에게 우주를 관찰하고 '수레바퀴의 신비'(메르카바, 유대교 신비주의에서 수레바퀴의 운행을 뜻함 - 역자 주)를 볼 수 있는 능력을 주셨다는 것이다.

랍비 아카[R' Acha]는 하나님께서 토라를 주신 것을 가리켜 왕이 아들에게 인장반지를 준 것과 같다고 말했다. 이와 같이 하나님께서는 그분의 거룩한 이름을 그들의 이름에 포함되게 허락하신 것이다. 실제로 이스라엘이라는 이름에는 하나님의 이름인 '엘'[El]이 들어가 있다.

랍비 히야 바르 바[R' Chiya bar Ba]는 말하길, 하나님께서 토라를 주신 것은 마치 목수가 아들에게 자기 연장을 준 것과 같다고 했다. 즉 하나님께서는 이 세상을 창조하실 때에 사용하신 도구인 토라를 유대인들에게 주신 것이다.

랍비 이쯔하크[R' Yitzchak]는 말하길, 하나님께서 토라를 주신 것은 마치 왕이 자기 보물을 아들에게 준 것과 같다고 했다. 즉 하나님께서는 유대인들에게 비가 오는 보물이 가득한 집 열쇠를 주시고, 기도로 그 문을 열 수 있도록 하신 것이다.

더 나아가 랍비들은 말하실, 하나님께서 토라를 주신 것은 마치 의사가 아들에게 약을 준 것과 같다고 했다. 즉 하나님께서는 유대인들에게 토라를 주셔서, 그들이 죽은 자를 살릴 수 있도록 하셨다는 것이다.

그들이 소중한 도구를 받은 것은 성경이 말하는 바와 같이 그들에게 알려진 위대한 사랑의 표시이다.

이 구절에서 토라는 사랑받는 도구로 불리고 있다. 그렇다면 토라를 사랑하는 주체는 누구인가?

먼저 유대인들에게 토라를 주신 하나님께서 토라를 사랑하신다. 하나님과 토라는 뗄 수 없는 관계이다. 기록된 바 "내가 네게 토라를 주었으니, 곧 토라와 함께 나도 준 것이다."(쉐모트 라바[Shemos Rabbah] 33:1)라고 말한 것과 같다.

미드라쉬 슈무엘은 천사들 역시도 토라를 사랑한다고 말하고 있다. 하나님께서 땅의 인간에게 토라를 주실 때에 천사들이 이를 반대하였기 때문이다. '주의 영광이 하늘을 덮었나이다'(히브리어 성경 시 8:2, 한글성경 시 8:1)라고 기록된 것과 같다. 더 나아가, 토라를 배우는 사람들 역시도 토라를 사랑하는데, 이는 토라를 배우는 자는 '그 사랑 안에서 언제나 취함이 깊으리라.'라고 했기 때문이다(에이루빈[Eiruvin] 54b 참고).

약속의 땅을 우상으로 가득 채웠던 악한 왕 아합조차도 토라를 경외했다. 아람의 왕 벤 하닷이 아합의 북이스라엘을 침공하여 사람들을 학살하자, 아합은 아람과 평화 협정을 맺고자 했다. 벤 하닷은 이에 그의 모든 금과 은, 더 나아가 아합 왕의 아내들과 자식들을 요구했다. 아합은 이에 동의했다. 하지만 이에 만족하지 못한 벤 하닷은 '네 눈에 좋아 보이는 모든 것들'을 가져가겠다고 하였고, 이는 아합에게도 너무 무리한 요구였다. 이에 아합은 벤 하닷의 대군이 성문 앞에 쳐들어올 것임에도 이를 거부했다. 그가 아내와 자식, 금과 은보다 더 귀하게 여긴 것은 바로 무엇이었을까? 현자들은 바로 토라 책이라고 말한다(왕상 20장, 산헤드린[Sanhedrin] 102b, 쉐모트 라바[Shemos Rabbah] 3:8).

내가 선한 도리를 너희에게 전하노니 내 법을 떠나지 말라(잠 4:2).

"내가 선한 도리를 너희에게 전하니, 너희는 내 토라를 저버리지 말아라". 바르테누라의 랍비 오바디야는 이 세상이 '선한 것'으로 불리었으며('하나님이 보시기에 좋았더라'라 하였다), '도리'라 불리는 토라를 위해 창조되었다('내 교훈은 비처럼 내리고'라고 함과 같다[신 32:2]).

토사포스 욤 토브[Tosafos Yom Tov]에서 라쉬바쯔는 '가르침'이라는 뜻의 단어 레카흐[lekach]의 문자 그대로의 의미는 '가져감'이라고 기록했다. 하나님께서는 선한 것, 즉 토라를 가져가셔서 그것으로 이 세상을 창조하셨다는 것이다. 토라가 '선한' 가르침으로 불리는 이유는 바로 하나님께서 이 토라를 좋은 것으로, 기쁜 영으로 주셨기 때문이다(베라호트[Berachos]5a).

현자들은 '선한 것을 얻고 선한 것을 위하여 선을 베풀어라'(Menachos 53b)는 수수께끼를 전하고 있다. '선한 것을 얻으라'는 것은 토라를 뜻하는데, 이는 이 구절에서 '내가 선한 도리를 전하니'라고 기록되어 있기 때문이다. '선한 것으로부터'는 바로 거룩하신 그분, 축복의 주님을 의미하는데, 이는 '여호와께서는 모든 것을 선대하시며'(시 145:9)라 기록되어 있기 때문이다.

'선한 것을 위하여'는 유대인을 뜻하는데, 이는 다윗 왕이 이스라엘을 대언하여 '여호와여 선한 자들과 마음이 정직한 자들에게 선대하소서'(시 125:4)라 기도했기 때문이다.

아카비아인가 랍비 아키바인가?

랍비 이쯔하크 아바르바넬[R' Yitzchak Abarbanel]은 이 구절이 이 장의 시작을 여는 아카브야 벤 마할렐의 교훈과의 균형을 이루고 있는 것으로 보고 있다.

아카브야 벤 마할렐은 우리가 냄새가 진동하는 물방울로부터 온 것을 기억해야 한다고 경고하는 반면, 랍비 아키바는 말하길 우리가 우리 몸의 연약함에 집중하면 스스로를 그저 물질적인 존재로만 보아 악한 본성의 욕망에 삼켜지고 말 것이므로, 몸의 연약함을 보지 말라고 했다. 대신 "인간은 사랑받을 만하다. 그는 하나님의 형상으로 창조되었기 때문이다"라는 말을 기억해야 한다고 가르쳤다. 즉 우리는 하나님의 형상 안에 거룩한 영을 가지고 있으며, 악한 것으로부터 이를 지켜야 한다는 것이다.

아카브야는 우리가 벌레가 가득한 곳으로 간다고 가르치는 반면, 랍비 아키바는 좌절하지 말고, 사람의 마지막이 결국 죽음이라는 것을 생각하지 말라고 가르친다. '당신들은 주 당신들의 하나님의 백성이니', '온 이스라엘이 장차 올 세상에서 자리가 있으므로' 곧 영생을 보장받았기 때문이다.

마지막으로, 아카브야 벤 마할렐은 우리가 하나님 앞에서 심판과 판단을 받게 된다고 가르치는 반면, 랍비 아키바는 '이스라엘 백성은 사랑받을 만하다. 왜냐하면 소중한 도구가 그들에게 주어졌기 때문이다.'라고 가르치고 있다. 토라는 이것을 받은 이들의 영혼을 바로잡는 것이다.

라베이누 요나는 가르치기를, 가장 이상적인 것은 이 두 가르침을 모두 받아들이는 것이라고 했다. 한편으로는 '우리의 능력은 작고 또 거룩함에 다다를 수 없으므로, 하나님과 가까이 함으로 지나치게 자만하지 말아야한다. 그러나 다른 한 편으로는 '하나님은 우리 유대인이 특별히 사랑받는 백성이라고 말씀하셨으므로, 하나님께서 우리를 완전히 떠나신다고 생각해서는 안 된다. 그러므로 스스로를 순전히 악한 사람으로도, 순전히 의로운 사람으로도 보아서는 안 된다.'

미쉬나 19절　　　　　　　　משנה יט

הַכֹּל צָפוּי, וְהָרְשׁוּת נְתוּנָה, וּבְטוֹב הָעוֹלָם נִדּוֹן.
וְהַכֹּל לְפִי רֹב הַמַּעֲשֶׂה:

모든 것이 예견되었다.
그러나 선택의 자유가 주어졌다.
세계는 선량함으로 심판받았고, 모든 것이 선한 행동의 풍부함에 의존하고 있다.

미쉬나 19절

모든 것이 예견되었다

"여호와의 눈은 어디서든지 악인과 선인을 감찰하시느니라."(잠 15:3) 솔로몬 왕의 말이다. 하나님께서는 마음 아주 깊은 곳에 숨겨진 비밀까지도 모두 보고 계신다. "여호와여 주께서 나를 살펴 보셨으므로 나를 아시나이다 주께서 내가 앉고 일어섬을 아시고 멀리서도 나의 생각을 밝히 아시오며"(시 139:1-2), 더 나아가 선지자 예레미야는 "사람이 내게 보이지 아니하려고 누가 자신을 은밀한 곳에 숨길 수 있겠느냐 여호와가 말하노라 나는 천지에 충만하지 아니하냐"(렘 23:24)라고 전한다.

'모든 것은 예견되었다'라는 구절은 피르케이 아보트의 2장 앞부분에서 랍비 예후다 하나시가 전한 가르침과 동일한 가르침을 전해주고 있는 것으로 보인다.

'너희의 위에 있는 것이 무엇인지 알라 주의 깊은 한 눈과 경청하는 한 귀와 너의 모든 행동을 기록한 책' 그러나 '예견되다'라는 뜻의 단어인 쪼페[tzofeh]는 새롭고 중요한 의미를 함축하고 있다.

쪼페의 문자적 의미는 높은 곳에서 '내려다보다'는 뜻이다. 즉 작은 것이든지 큰 것이든지, 멀리 있는 것이든지 가까이 있는 것이든지, 폭넓게 본다는 것이다.

하시드 야베쯔는 사람이 감시탑에 올라 앞에 놓인 드넓은 경치를 바라보며 가장 멀리 있는 경계선부터 가장 작은 것들까지 속속들이 감시하듯, 하나님께서도 이 세상의 가장 큰 업적과 위대한 인물들뿐만 아니라 아주 작고 사소한 행실들과 낮고 낮은 사람들까지도 모두 보고 계신다고 말하고 있다. 현자들은 말하길 "거룩하신 주님의 위대함이 있는 곳에는 주님의 겸손함도 있으리라"(메길라[Megillah] 31a)라고 전하고 있다. 기록된 바 "여호와께서는 높이 계셔도 낮은 자를 굽어 살피시며 멀리서도 교만한 자를 아심이니이다"라고 함과 같다(시 138:6, 라베이누 요셉 벤 슈샨[Rabbeinu Yosef ben Shushan] 참고).

판단은 개인에 따라

모든 사람은 자기의 길을 선택할 자유가 있으나, 모두가 같은 기준에 따라 판단을 받는 것은 아니다. 의롭고 선하며 토라 학자의 집안에서 자란 사람은 그 환경과 훈육 방식에 따라 살 것으로 기대를 받는다. 즉 그의 부모를 따라 평범한 사람들이 능히 다다르지 못할 정도로 의롭고, 선하며, 좋은 교육을 받을 것으로 기대를 받게 되는 것이다. 반면 토라를 적대하고 정욕과 욕망에 굴복하는 환경에서 나고 자란 사람은 다른 기준으로 판단을 받게 된다. 이런 사람 역시도 스스로 선과 악을, 덕과 이기심 등의 갈림길에서 자기의 길을 선택할 능력이 있을 것이다. 다르게 표현하자면, 모든 사람은 그가 받은 교육, 그가 자라온 환경, 능력, 어려움 등을 기준으로 하여 공정하게 판단을 받는다는 것이다.

그러나 선택의 자유가 주어졌다

하나님께서는 순간순간마다 이 세상을 계속 재창조하고 계시므로, 모든 것을 다 보고 계신다. 이런 점을 생각해 볼 때, 우리는 하나님의 선하심에 놀라움을 금치 못한다. 즉 하나님께서 모든 것을 다 보고 또 알고 계시므로, 주님께서는 우리가 죄를 짓는 것조차도 허락하고 계신다는 것이며, 우리가 죄를 지음에도 불구하고 삶을 허락해 주셨다는 것이다.

랍비 모세 코르도베로[R' Moshe Cordovero]는 티메르 드보라[Timer Devorah]에서 하나님의 열세 가지 자비 중 첫 번째 자비를 다음과 같이 표현하고 있다. "거룩하신 주님, 복되신 분이여, 당신은 우리가 감히 이해할 수 없을 정도로 모욕을 인내하고 계신 왕이시다. 그 어떤 생각도 모든 것을 아시는 그분의 전지(全知)하심 앞에서 숨을 수 없습니다. 그분께서 이 세상을 유지하시는 단 한 순간이라도 모든 것을 아시는 그분의 전지하심 앞에서 숨을 수 없으며, 인간은 죄를 범하나 하나님께서는 그의 생명을 거두어가지 않으십니다. 주님께서는 여로보암에게 하셨던 것처럼, 죄인의 손과 발을 마비시키실 수 있으심에도(왕상 13:4) 그 모욕을 감내하십니다."

경이로운 조화

야베쯔는 하나님께서 모든 것, 즉 멀리 있는 것이나 가까이 있는 것이나, 중요한 것이나 사소한 것이나 모두를 분명히 보고 계신다는 점을 강조하고 있다. 주님께서는 모든 사람들의 행동을 동시에, 하나하나 세밀히 감찰하고 계시는 동시에 온 세상을 전체적으로 감찰하신다. 이 두 종류의 감찰은 서로 모순되는 것이 아니며, 반대로 경이로운 조화를 이루며 상호 협력하고 있다.

더 나아가 '쪼페'[tzofeh]라는 단어는 하나님께서 가능한 모든 결과를 염두에 두시고 인간의 행위를 판단하신나는 점을 암시하고 있다.

모든 것은 예견되었다.
람밤 및 다른 주석가들은 이 첫 번째 구절을 '모든 것은 예견되었다'라고 번역하고 있다. 즉 하나님께서는 미래를 보신다는 것이다.

그러나 이런 사실은 하나님의 전지하심이 인간의 자유의지와 서로 상충되지 않느냐는 고전적인 질문에 도전을 받게 된다. 하나님께서 사람이 앞으로 무엇을 할지 모두 아신다면, 인간에게 자유의지가 있다고 말할 수 있겠는가?

람밤은 심오한 철학적 용어들을 통해 이 문제를 다루고 있다. 그러나 마지막에 그는 이런 패러독스가 인간의 지식으로는 해결될 수 없다고 결론을 내리며, 이 문제를 믿음의 영역으로 남겨두고 있다. 이에 대해 라바드[ravad]는 격한 반론을 제시한다. "저자는 이 문제에 지혜롭게 대처하지 못하였다. 결론을 맺을 수 없다는 걸 알고 있었더라면, 시작조차 하지 말았어야 한다. 어려운 난제를 던진 후에 이를 남겨두며 독자의 믿음에 의존할 뿐이다. 경건한 자들의 마음에 난제를 던져두고 결론을 맺지 못한 채 떠나느니, 차라리 아예 시작을 하지 않은 편이 나았을 것이다."

이 패러독스는 하나님의 지식이 하나님의 역사로 이어진다는 전제 하에서 나오는 것이다. 즉, 우리는 하나님의 앞으로 일어날 '사건을 미리 아시는 것'과 '사건 자체'를 구분 지을 수 없다는 것이다.

하나님께서는 일어날 일은 반드시 알고 계시기 때문이다. 그러나 하나님께서 앞으로 일어날 것들을 미리 아시지만, 그분의 미리 아시는 것이 사선을 결정짓는 것은 아니며, 오히려 사선이 미리 아시는 것에 선행한다고 설명할 수는 있다.

이는 미드라쉬 슈무엘이 제시한 해결책이다(토사포트 욤 토브[Tosafos Yom Tov] 인용). 묘사해 보자면, 감시자는 탑에 올라서 다른 사람들이 바로 다음 순간에 어떤 일을 하게 될지 볼 수 있다. 그러나 볼 수만 있으며, 이에 영향을 끼칠 수는 없다. 마찬가지로 하나님께서는 감시자와 같이 미래를 아시지만, 인간의 자유의지를 그대로 두어 사람이 자기의 의지대로 행동하도록 허락하신다는 것이다(랍비 사아디아 가온[R' Saadia gaon] 역시 그의 저서 '하'데므노트 버'하데이오스'에서 같은 주장을 하고 있다. [Ha'emunos V'hadeios 4:4]).

당연히 이는 완벽한 분석이 아니다. 위의 묘사에서 감시자는 자기가 보고 있는 광경 바로 앞에 어떤 일이 일어날지를 추측할 수 있을 뿐이다. 저 멀리 문을 향해 가는 마차가 문을 지날 것이라는 것들과 같은 일들 말이다. 반면, 하나님께서는 미래의 사건을 마치 지금 일어나고 있는 사건처럼 알고 계신다.

하나님께서는 시간을 초월하시므로, 우리는 하나님께는 '과거'도 없고 '미래'도 없다고 말해야만 할 것이다(미드라쉬 슈무엘[Midrash Shmuel]). 따라서 이 모든 질문은 하나님께 적용되지 않는다. 하나님께는 과거와 현재, 미래가 모두 하나이기 때문이다.

본 구절에서는 "모든 것은 알게 된다"가 아닌, "모든 것은 예견되었다"는 표현을 통해 이런 개념을 암시하고 있다. '앎'은 과거와 미래에 적용되는 반면, '예견'은 현재형이기 때문이다. 즉 하나님께서는 바로 지금 일어나고 있는 것처럼 과거와 미래를 보신다는 것이다. 하나님께선 과거와 현재, 미래 모두를 바로 지금 일어나는 것처럼 보고 또 아신다. 시간은 공간과 함께 하나님께서 창조하신 피조물이므로, 인간은 시간의 측면에서 사고한다. 하나님께서 키와 몸무게를 가지고 계신다고 말할 수 없는 것처럼, 하나님께서는 시간의 차원 속에 제한되지 않으신다고도 말할 수 없을 것이다. 시간은 주님에게 있어 아무런 의미가 없으므로, 하나님께는 오직 현재만이 있을 뿐이다(티페레트 이스라엘[Tiferes Yisrael]).

세계는 선량함으로 심판받았고

미드라쉬 슈무엘에서 랍비 슈무엘 디 오지다[(R' Shmuel Di Ozida)는 앞의 구절인 '선택의 자유가 주어졌다'를 교훈적으로 해석하고 있다. 즉 '자유'라는 뜻의 히브리어 '레슈트'(r'shus)는 '라슈트'(rashus)로 모음화 될 수 있다는 것인데, '라슈트'는 정부, 위정자라는 뜻을 가지고 있다. 유대인들이 타국에서 고통을 받은 이유는 모두 압제자, 바로 위정자들 때문이었다. 그리고 하나님께서는 이 위정자들이 유대인들을 박해할 것을 미리 알고 계셨다. 그렇다면 하나님께서 우리 유대인을 그들의 손에 넘기신 이유는 무엇인가?

바로 세상은 선함으로 심판을 받기 때문이다. 하나님께서는 우리의 조상 아브라함과 언약을 맺으실 때, "만일 네 자손들이 죄를 범하고 징계를 받게 된다면, 다른 민족들에게 먼저 정복을 당하고 장차 올 세상에서 자유를 얻는 편이 좋겠느냐? 아니면 이 세상에서 평화와 평강을 누리고 세힌놈에서 그 죄값을 받는 편이 낫겠느냐?"라고 물어보셨다. 심각한 고민을 거친 아브라함은 전자를 선택하였다(버레이쉬트 라바[Bereishis Rabbah] 44:21).

그러므로 '세계는 선량함으로 심판받았고'라는 구절에서 '세계'는 곧 이스라엘 민족, 이 세상의 창조 목적인 이 민족을 뜻하는 것이다.

심판 속의 선

하나님께서는 세상을 창조하실 때 자비와 공의를 하나로 만드셨다. 인간의 모든 행실이 엄격한 법의 기준에서 심판을 받게 되면 인간이 결코 살아남을 수 없다는 것을 알고 계셨기 때문이었다. 그러므로 이스라엘이 금송아지의 죄를 저지른 후 모세가 이스라엘을 위해 기도할 때, 하나님께서는 모세에게 열세 가지 자비를 가르치시고 또 이를 어떻게 사용하는지 알려주셨던 것이다.

개인의 죄가 심판을 받을 때도 마찬가지이다. 하나님께서는 사람이 지은 죄의 가혹함에 따라 징계를 내리지 않으시고, 도리어 자비를 보이시고 인내하시며 사람에게 회개할 시간과 기회를 주시는 것이다.

모든 것이 선한 행동의 풍부함에 의존하고 있다.

다수의 주석가들은 "모든 것이 선한 행동의 풍부함에 의존하고 있다"라는 구절은 의인이나 악인이나 그 행위의 우세에 따라 심판을 받는다는 것을 의미한다고 해석하고 있다(키두쉰[Kiddushin] 40b).

람밤은 이 구절이 행위의 수가 심판에 있어 결정적인 요인이라고 가르치고 있다고 이해한다. 즉 선행을 한 일이 악행을 한 일보다 많으면 하나님의 자비를 받게 된다는 것이다. 위의 원리에서 한 걸음 더 나아가보면, 선행을 많이 할수록 사람을 변화시킨다고도 이해할 수 있는 것이다. 예를 들면, 한 명의 불우이웃에게 100만원을 주는 것보다 100명의 불우이웃에게 만 원을 주는 것이 더 낫다는 것이다. 이는 '계명은 오직 사람을 새롭게 하기 위하여 주어진 것'이기 때문이다(버레이쉬트 라바[Bereishis Rabbah] 44:1). 자선을 하는 사람은 곧 자신의 자비의 영을 개발하는 것이다. 그러므로 적은 돈이라도 백 번을 자선한 사람은, 자선을 할수록 그 선행이 자기의 인격에 선한 영향을 준다는 것이다.

또한 람밤은 기록하기를, 하나님께서는 행위의 중요성도 함께 보신다 하였다. 예를 들어 만일 다른 사람을 구하기 위해 스스로 위험을 무릅쓰고 용기를 내어 뛰어든 사람이 있다고 하자. 그의 이 선행은 다른 선행들보다 더 크게 여겨진다. 이 반대의 경우도 성립한다. 무관심이나 악한 마음으로 다른 사람을 죽음에 이르게 하였다면, 열 번의 작은 선행을 하였다 하더라도 그 죄를 다 덮을 수 없을 것이다.

그러나 하시드 야베쯔는 '행실의 양'이 행실의 위대함을 뜻한다고 해석한다(에 5:11).

   그의 설명에 따르면, 선행의 보상은 그가 한 노력에 비례한다. 그러므로 만일 원래 인색하였던 사람이 자선을 베풀었다면, 원래 자비로웠던 사람이 자선을 베푼 것보다 더 많은 보상을 받을 것이다. '여호와는 지식의 하나님이시라 행동을 달아 보시느니라'(삼상 2:3). 오직 하나님만이 인간의 행실을 정확하게 판단하실 수 있으시다.

미쉬나 20절   משנה כ

הוּא הָיָה אוֹמֵר,
הַכֹּל נָתוּן בָּעֵרָבוֹן, וּמְצוּדָה פְרוּסָה עַל כָּל הַחַיִּים.
הַחֲנוּת פְּתוּחָה, וְהַחֶנְוָנִי מַקִּיף, וְהַפִּנְקָס פָּתוּחַ,
וְהַיָּד כּוֹתֶבֶת, וְכָל הָרוֹצֶה לִלְווֹת יָבוֹא וְיִלְוֶה,
וְהַגַּבָּאִים מַחֲזִירִים תָּדִיר בְּכָל יוֹם, וְנִפְרָעִין מִן
הָאָדָם מִדַּעְתּוֹ וְשֶׁלֹּא מִדַּעְתּוֹ,
וְיֵשׁ לָהֶם עַל מַה שֶּׁיִּסְמֹכוּ, וְהַדִּין דִּין אֱמֶת, וְהַכֹּל
מְתֻקָּן לַסְּעוּדָה:

[랍비 아키바] 그는 말하곤 했다.

모든 것이 담보물로 주어지고

그물이 모든 살아 있는 생명체 위에 펼쳐진다.

상점이 열린다.

상인이 신용장을 연장한다.

원부가 펼쳐진다.

손이 쓴다.

누구든지 빌리고자 하는 자가 와서 빌리도록 하라.

징수원이 항상, 매일 순시를 하고 그가 그것을 깨닫든지 않든지 간에 사람들로부터 납부금을 모은다.

그들은 의지할 증거를 가지고 있다.

심판은 진실한 심판이다.

모든 것이 [마지막] 연회를 위해서 준비되어 있다.

미쉬나 20절

**[랍비 아키바]그는 말하곤 하였다.
모든 것이 담보물로 주어지고**

하나님께서는 우리에게 이 세상에서 필요한 모든 것을 주셨다. 우리를 만들기 전부터 벌써 예비해 주셨던 것으로, 마치 아기가 세상에 태어나 첫 숨을 들이마시는 것만으로도 그 모든 필요가 채워지는 것과 같다. 그러므로 우리는 계명을 실천함으로 하나님께 은혜를 갚는 것이다. 그러나 정작 하나님께서는 그 어떤 것도 부족하신 것이 없으시므로, 우리가 하나님께 어떤 것을 드리든 하나님께는 그 어떤 도움도 되지 않는다. '그대가 의로운들 하나님께 무엇을 드리겠으며 그가 그대의 손에서 무엇을 받으시겠느냐'(욥 35:7)라고 한 것과 같다.

미드라쉬 슈무엘은 '모든 것이 담보물로 주어지고'라는 구절이 경고임과 동시에 격려이기도 하다고 이해한다. 토라에서 약속된 축복과 직면한 저주를 함께 읽어본다면 낙담에 빠지게 되고 말 것이다. 이 구절들은 조건부로 시작되고 있기 때문이다. '너희가 내 규례와 계명을 준행하면'(레

26:3) 이렇게 해야만 '내가 너희에게 철따라 비를 주리니 땅은 그 산물을 내고 밭의 나무는 열매를 맺으리라'(레 26:4). 먼저 우리가 이 조건들을 지켜야 선한 것을 받을 수 있으며, 이 조건들을 지키지 않는다면 비도 없을 것이고 먹을 것도 없을 것이라는 뜻이다. 복을 받기 위해서는 지키기 힘든 기준, 즉 토라의 모든 계명을 지키라는 기준을 맞추어야 한다는 것을 보면 좌절하고 말게 될지도 모른다.

그러므로 이 구절은 '모든 것이 담보물로 주어지고'라고 말하고 있는 것이다. 즉 우리가 지켜야 하는 모든 의무는 그 종류에 상관없이 우리에게 미리 주어진 것이라는 말이다.

또한 미드라쉬 슈무엘은 말하길, 만일 하나의 가장 작은 계명일지라도 미리 행하면, 약속된 모든 축복을 받을 자격이 있다고 말하고 있다. '한 계명은 다른 계명으로 이어진다'(욥 4:2)라 함과 같다. 그러므로 계명을 하나 실천하였다고 하여 그 하나만 판단을 받는 것이 아니라, 그 계명의 실천을 삶의 옳은 길을 가기 시작한 것으로 간주하는 것이다.

그물이 모든 살아있는 생명체 위에 펼쳐진다.

이 구절은 '모든 것이 담보물로 주어지고'라고 시작하므로, 우리가 이 세상에서 가지는 모든 것은 결국 빚을 갚기 위한 것이라고 볼 수 있다. 따라서 "그물이 모든 살아있는 생명체 위에 펼쳐진다"라는 구절은 그 누구도 판단을 피할 길이 없으며, 필연적으로 이 땅에서 행한 행실에 대하여 보상, 아니면 징계를 받을 수밖에 없음을 의미한다(하시드 야베쯔[Chasid

Yaavetz] 참고).

'네가 만일 지혜로우면 그 지혜가 네게 유익할 것이나 네가 만일 거만하면 너 홀로 해를 당하리라'(잠 9:12). 그불에 걸린 물고기와 같이 사람은 심판을 피할 수 없다. 하나님께서 담보로 주신 것을 갚기를 원하신다면, 사람은 자기도 모르게 그물로 들어가고 마는 것이다.

"그물이 모든 살아있는 생명체 위에 펼쳐진다"라고 말함으로써 이 구절은 그물이 모든 것을 덮으므로 그 누구도 그 운명을 피할 수 없음을 강조하고 있다. 이 세상의 모든 것은 사람을 잡아 얽는 그물이 될 수 있으며, 사람은 고통의 형태로, 심지어 죽음이라는 것으로 그 죄의 값을 치른다. 가혹한 현실처럼 보이더라도, 사실 이는 선한 것으로 볼 수 있다. 고통과 죽음은 우리의 죄를 속죄하는 길로 주어진 것이기 때문이다.

악한 마음의 그물이 던져지다

레이쉬 라키쉬[Reish Lakish]는 위의 전도서 구절을 '그물'이 아닌 '낚시 바늘'로 해석했다(산헤드린[Sanhedrin] 81b). 즉 '물고기가 악한 낚시 바늘에 걸리고...'라고 번역하고 있다.

미드라쉬 슈무엘을 포함한 다수의 주석가들은 이 낚시 바늘을 미끼로 사람을 유혹하는 악한 마음의 메타포로 이해한다. 악한 마음은 그날 하루를 어떻게 지냈는지를 보고, 이를 반영하여 최대한 먹음직스럽고 아름다워보이는 것으로 포장된 미끼로 우리를 유혹한다.

젊은이는 젊은 날의 유혹과 씨름하고, 노인은 노년의 유혹과 씨름한다. 부유함은 시험이며, 가난함 역시 시험이다. 매 순간 사람은 새로운 도전을 마주함으로, 우리는 한 순간도 빠짐없이 이를 경계해야 한다. '죄가 문에 엎드려 있느니라'(창 4:7)는 것을, 즉 '아이가 태어나기 전, 어머니가 산통을 느끼는 순간부터'(버레이쉬트 라바[Bereishis Rabbah] 34:10) 우리를 지배하는 악한 마음(베라호트[Berachos] 61a, 산헤드린[Sanhedrin] 91b)이 우리를 노리고 있음을 언제나 기억해야 한다. 이는 '사람의 마음이 계획하는 바가 어려서부터 악함이라'(창 8:21)고 함과 같다.

바로 악한 마음이 '늙고 둔하여 경고를 더 받을 줄 모르는 왕'(전 4:13)이라고 불리는 이유이다. 모든 사람들이 섬기므로 왕이며, 어릴 때부터 함께 하며 사람이 늙을 때까지 같이 있으므로 나이가 많다. 또한 그 사람을 악한 길로 가도록 가르치므로 어리석다(코헬레트 라바[Koheles Rabbah] ibid.). 두 눈을 감은 사람을 어리석은 길로 이끌며, 악한 길을 따르도록 하는 사람들을 좇으므로, "더 이상 스스로를 지킬 수 없다"(ibid.). 이런 사람은 곧 악한 마음이 놓은 함정에 빠지고 만 것이며, 결국 슬픔과 파멸이 그를 찾아올 것이다.

상점이 열린다.
상인이 신용장을 연장한다.

우리의 생명과 우리가 필요한 모든 것은 모두 하나님께서 빌려준 것이다. 더 나아가 우리는 이 땅에 살며 끊임없이 우리가 원하는 것들을 하나님으로부터 빌린다. 그럼에도 하나님께서는 우리에게 이를 갚으라고 말씀하지 않는다.

'손을 펴사 모든 생물의 소원을 만족하게 하시나이다.'(시 145:16) 하나님께서는 지혜로운 사람이든 어리석은 사람이든 사람의 소원은 이루어주신다. 미드라쉬 슈무엘은 이 구절에서, 사람이 자기의 소원을 겉으로 표현하지 않더라도 하나님께서는 사람의 '뜻'을 이루어주신다는 것을 암시한다고 말하고 있다.

'열린 상점'은 곧 자유의지의 세계를 나타낸다. 삶은 큰 상점으로, 사람이 그 안에서 모든 것을 얻을 수 있다. 건강을 위해 필요한 것들, 생필품부터 적당한 사치품은 물론, 건강에 해가 되는 것들까지 말이다. 예를 들면, 이 땅에서 얻는 기쁨은 인생의 최우선 가치로 두지 않는다면 분명히 좋은 것이다. 그러나 지나친 기쁨, 지나친 부, 지나친 사치는 겉모습만 인간인 짐승의 수준으로 사람을 끌어내리고 말 것이다.

손님은 이 가게에 자유롭게 드나들며 원하는 것은 무엇이든지 장바구니에 담는다. 하나님께서는 누구든지 자기가 원하는 것을 취하는 것을 막지 않으신다. '자기를 낮추러 오는 자에게는 그 문이 열리리라.'(샤보트[Shabbos] 104b) 이 상점은 모두에게 열려 있으며, '빌리고자 하는 자는 누구든지 와서 빌린다.' 그러나 이 모든 것들은 공짜가 아니다. '상인이 신용장을 연장한다.' 즉 가게 주인은 이를 '빌려줄 준비'를 모두 마쳤다는 것이며, 결국 그가 이 모든 것들을 다시 받게 될 것을 알고 있다. 사람들이 가게에서 가져가는 모든 것들은 처음부터 '보증으로 주어진 것'(라쉬바쯔[Rashbatz]이기 때문이다.

상점의 주인이 모두에게 빌려주는 것은 아니다

상점 주인의 융자는 하나님의 연민을 뜻한다. 하나님께서는 악한 자들의 행실을 오래 참으시며 심지어 그들에게 필요한 것들과 귀한 것들까지 공급해 주신다. 물론 이 악인들이 하나님께 그 무엇도 돌려드리지 않는다 할지라도 말이다. 매일 이 악인들은 하나님의 가게로 찾아가 원하는 것들은 제멋대로 자기 손에 쥐어들고 가면서도 가게 주인의 말에는 순종하지 않는다. 그럼에도 불구하고 상점은 언제나 열려 있으며, 상점의 주인은 계속 융자를 늘린다.

그러나 가게 주인의 인내에도 끝은 있다. 빚을 지고 있음에도 끊임없이 상점의 보석 진열장으로 들어가 값진 보석들을 장바구니에 담기를 반복하면, 가게 주인은 결국 이 오만한 자에게 가게를 떠나라 할 것이며, 그가 빚을 다 갚을 때까지는 그 얼굴을 쳐다보지도 않을 것이다. 이것이 바로 악인이 마지막에 맞이할 운명이다.

하시드 야베쯔는 더 나아가 상점의 주인이 그 융자를 늘리지 않는 사람이 또 있다고 말한다. 바로 가게에 가끔 찾아와 빵이나 우유 따위의 값싼 것들만 골라가는 사람들이다. 상점의 주인은 이런 사소하고 작은 것들을 장부에 기록하는 것을 내켜하지 않으며, 이런 사람에게는 가게에서 가져가는 것을 빌려가지 말고, 즉시 그 값을 지불하라 요구할 것이다. 마찬가지로, 하나님께서는 의인에게는 바로바로 징계를 내리신다. 의인들은 하나님께 진 빚이 적으므로, 하나님께서는 그들에게 융자를 늘리시지 않으시며 그 빚이 더 늘어나기를 기다리지도 않으시므로, 즉시 그들이 진 빚을 갚도록 하시는 것이다.

원부가 펼쳐진다.
손이 쓴다.

라베이누 요나는 "원부가 펼쳐진다. 손이 쓴다."라는 구절이 현재형으로 표현되고 있는 것에 주목하여, 삶의 매 순간마다 하나님의 원부가 열리고 있으며 그 모든 것이 즉시 그 장부에 기록되고 있다는 것을 이 구절이 암시한다고 설명한다.

상점에서 고객은 상품을 다시 제자리에 내려놓을 수 있고, 가게 주인은 이를 기록하지 않는다. 그러나 하나님의 장부 책에는 사람의 모든 행실이 기록된다. 뿐만 아니라 회개하여 그의 악한 행실이 하늘나라의 책에서 지워질지라도, 그 기록은 여전히 남는다. 그러므로 현자들은 비록 깊이 회개한 사람일지라도 죄를 한 번도 범하지 아니한 사람에게는 비할 수 없다고 가르치고 있는 것이다(베라호트[Berachos] 34b 참고).

마지막으로 현자들은 가르치기를, 사람의 행실은 그의 영혼이 기록한다고 하였다. 그러므로 사람은 하늘나라의 기록 보관소에 적힌 자신의 삶의 기록들을 절대로 부정할 수 없는 것이다.

누구든지 빌리고자 하는 자가 와서 빌리도록 하라.

다수의 주석가들은 융자를 늘리는 상점의 주인을 악한 마음이라고 해석한다. 이 마음은 사람들이 찾아오기를 기다리지 않는다. 도리어 스스로 사람들을 찾아다니며 자기 상점의 타락한 것들을 사러 오라고 광고하고 다닌다.

이 악한 마음은 "누구든지 빌리고자 하는 자가 와서 빌리도록 하라"라고 소리치며, 갚을 돈이 없어 두려워하는 자를 지원해주기까지 한다. 안타깝게도 어리석은 자들은 이 악한 마음에게 빌리면 빌릴수록 결국 그 빚을 갚기는 힘들어지며, 결국에는 우리 영의 적이 놓은 함정에 걸리고 말 것임을 깨닫지 못한다(미드라쉬 슈무엘[Midrash Shmuel], 야베쯔[Yaavetz], 티페레트 이스라엘[Tiferes Yisrael]).

징수원이 항상 매일 순시를 하고

이전 구절에서 '세계는 선량함으로 심판받았고'라 말한 대로, 이토록 상점 주인에게서 필요한 모든 것을 빌린 결과 중 하나는 바로 '징수원이 항상 매일 순시'를 하는 것이다. 즉 하나님께서는 사람이 도덕적으로 파산하기까지 기다리지 않으시며, 매일 그 빚의 일부를 돌려받도록 그분의 천사들을 보내신다는 것이다. 결국 빚진 자들은 불편, 불운, 고통으로 매일 그 빚을 되갚아야 한다. 친구에게 돈을 빌리고 매일 조금씩, 더 많이 그 빚을 갚아나가는 사람에 이를 비유할 수 있을 것이다(아보다 자라[Avodah Zarah] 4a).

이토록 빚을 갚는 것(고통)은 그 자체로 은혜이다. 이 고통은 사람으로 하여금 하나님의 존재와 그분의 심판을 깨닫도록 하기 때문이다. 하나님께서는 고통 주기를 원치 않으신다. 선지자 에스겔이 말한 바, 하나님께서는 죄인의 죽음을 원치 않으시며, 죄인이 회개하고 살아가기를 원하신다. 고통은 죄에서 돌이켜 토라로 돌아오라는 하나님의 메시지인 것이다.

사람은 살면서 하나님께 조금이라도 빚을 질 수밖에 없다. 하나님께서는 이토록 빚을 진 사람에게 '사랑의 고통'을 겪도록 하신다. 이 고통은 아프지만, 매일 하나님을 섬기고 순종하는 능력에 해를 입히지는 않을 정도의 고통이다(베라호트[Berachos] 5a). 예를 들면 지갑에 들어있는 돈을 모두 꺼내려는 사람은 여러 번 어려움에 도달하게 된다(아라힌[Arachin] 16b). 즉 좌절스럽고, 지갑은 얇아지는, 그런 경험일 것이다.

그가 그것을 깨닫든지 않든지 간에
사람들로부터 납부금을 모은다

고통에는 두 가지 목적이 있다. 먼저 고통은 그 죄를 속죄할 기회를 주며, 둘째로 악한 길에서 벗어나는 계기가 된다. 그러나 이는 고통을 받는 사람이 자기가 받는 고통의 신호와 의미를 이해하고, 그 고통을 계기로 자기 행실을 되돌아보며 자기 행실을 개선해야 한다는 것을 깨달아야 한다는 것을 전제로 한다.

자기도 모르는 이유로 징계를 받을 때에 사람은 그 고통에 저항하는데, 이는 고난을 겪어야만 하는 이유를 이해하지 못하기 때문이다. 이런 사람은 자기 행실을 개선하려 하기 보다는 이 세상을 저주하고 세상을 지으신 창조주의 공의를 왜곡한다.

그러므로 '사람이 미련하므로 자기 길을 굽게 하고 마음으로 여호와를 원망하느니라'(잠 19:3)고 하였다. 바로 사람은 '어리석음의 영이 그 마음에 들어왔을 때'(쏘타[Sotah] 3a)만이 죄를 짓기 때문이다.

현자들은 가르치기를(베라호트[Berachos] 5a), 고통을 받을 때에는 하나님께서 메시지를 보내는 것이라고 생각하여 자기 행실이 잘못되지는 아니하였는지 살펴야 한다고 했다. 징계를 받을 만한 죄를 찾지 못하였거든 토라를 제대로 바르게 배우지 않았거나, 충분한 시간을 토라를 배움에 쏟지 않았거나, 배움에 집중하지 않았으므로 징계를 받는 것이라고 여길 것이며, 하루의 반을 토라를 공부하는 데에 쓰고 또 하루의 반을 낭비했더라도, 이 또한 나쁜 일이다.

그들은 의지할 증거를 가지고 있다.
심판은 진실한 심판이다.

이 구절에서 "심판은 진실한 심판이다"라고 특별히 언급하고 있는 이유는 무엇인가?

바로 하나님의 심판이 인간의 심판과 같지 않음을 말하기 위함이다. 주님께서는 사람의 행실이 미래에 끼칠 영향과 사람의 내면의 생각을 포함한 모든 것들을 상황에 맞게 모두 고려하실 뿐만 아니라, 하나님께서 내리시는 징계가 그 징계를 당하는 악한 사람과 그 징계의 영향이 일으키는 순환 속에 있는 사람들까지도 모두 고려하셔서 심판을 내리신다.

그러므로 '심판은 진실한 심판이다'라 함은 먼저 그 행실 자체에 '심판'이 있음을, 더 나아가 그 심판의 부수적인 것까지도 추가적인 '심판'이 있다는 것을 말하는 것이다.

모든 것이 [마지막] 연회를 위해서 준비되어 있다.

하나님께서 행하시는 모든 것은 연회, 바로 장차 올 세상으로 이어진다. 주님께서는 의인이 받을 보상을 늘리시고 악인은 그 선함을 빼앗기도록 하실 것인데, 이는 그들이 물질의 세계에서 자기 보상을 얻기를 원했음으로, 자신의 타락한 행실을 증명했기 때문이다. 토라의 지식을 얻고 영적인 성숙함을 목표로 하는 사람들은 쾌락이나 요란스러운 오락으로 보상을 얻지 못한다. 이런 사람에게 물질적 쾌락은 징벌과 다름없는 것이다. 반대로 쾌락주의자들은 가끔 계명을 지키고, 그 보상으로 하루 종일 학당에서 공부를 하게 됨을 고문을 당하는 것처럼 느낄 것이다.

많은 준비는 연회로 이어진다. 때로 우리의 노력은 과장된 것처럼 보일 것이며 가치가 없는 것처럼 보이기까지 할 것이다. 그러나 마지막 날에 우리는 우리가 이 세상에서 연회를 준비하기 위해 수고하고 고생한 만큼 그 연회의 기쁨도 더 커지는 것임을 깨닫게 될 것이다(라쉬바쯔 [Rashbatz]). "한 주간 수고한 자는 안식일에 먹을 것을 얻을 것이다. 한 주간 수고하지 않은 사람이 안식일 날 먹을 것이 있겠는가?"(아보다 자라 [Avodah Zarah] 3a).

미쉬나 21절 משנה כא

רַבִּי אֶלְעָזָר בֶּן עֲזַרְיָה אוֹמֵר,
אִם אֵין תּוֹרָה, אֵין דֶּרֶךְ אֶרֶץ. אִם אֵין דֶּרֶךְ אֶרֶץ, אֵין תּוֹרָה.
אִם אֵין חָכְמָה, אֵין יִרְאָה. אִם אֵין יִרְאָה, אֵין חָכְמָה.
אִם אֵין בִּינָה, אֵין דַּעַת. אִם אֵין דַּעַת, אֵין בִּינָה.
אִם אֵין קֶמַח, אֵין תּוֹרָה. אִם אֵין תּוֹרָה, אֵין קֶמַח.

랍비 엘아자르 벤 아자르야는 말한다.
만약 토라가 없다면, 그곳에는 세상적인 직업이 없다.
만약 세상적인 직업이 없다면, 그곳에는 토라가 없다.
만약 지혜가 없다면, 그곳에는 하나님에 대한 두려움이 없다.
만약 하나님에 대한 두려움이 없다면, 그곳에는 지혜가 없다.
만약 지식이 없다면, 그곳에는 이해함이 없다.
만약 이해함이 없다면, 그곳에는 지식이 없다.
만약 밀가루가 없다면, 그곳에는 토라가 없다.
만약 토라가 없다면, 그곳에는 밀가루가 없다.

미쉬나 21절

랍비 엘아자르 벤 아자르야는 말한다.

랍비 엘아자르 벤 아자르야[R' Elazar ben Azariah]는 탄나임의 세 번째 세대 사람이다. 라반 감리엘, 랍비 여호수아, 그리고 랍비 엘아자르와 같은 탄나임 둘째 세대 인물들의 권위를 빌려 말하는 담화에서 그의 이름을 찾을 수 있으며(쑤카[Succah] 41b), 동시대의 인물들인 랍비 아키바와 랍비 이슈마엘과는 견해가 달랐다고 전해진다(산헤드린[Sanhedrin] 38b, 야다임 [Yadayim] 4:3).

유월절 학가다에서는 랍비 엘아자르가 랍비 엘리에제르, 랍비 예호수아, 랍비 아키바, 그리고 랍비 타르폰과 교제했다고 한다. 그는 에스라의 자손이었다. 정확히는 에스라의 10대 직계 자손이었으므로 당시 제사장이었다(예바모트[Yevamos] 16a, 예루샬미[Yerushalmi] ibid. 1:6).

랍비 엘아자르의 아버지인 아자리아는 사업에 종사하였기 때문에, 자기 형제인 쉬므온이 토라를 배울 수 있도록 지원해줄 수 있었다(람밤 [Rambam], 본 구절의 주석 도입부). 쉬므온은 탈무드에서 '쉬므온, 아자리아의 형제'라고 불리고 있다(제바힘[Zevachim] 1:2, 8:7, 쏘타[Sotah] 21a, 라쉬[Rashi]). 이는 아자리아가 유명한 사람이었음을 나타낸다. 랍비 도사[R' Dosa] 역시 그를 가리켜 '우리의 동료 아자리아'라고 언급하였으며, 그를 '의롭다'고 말하기도 하였다(에바모트[Yevamos] ibid.).

아자리아는 큰 재산을 모았으며, 그 재산을 아들에게 물려주었는데, 그의 아들 역시 자수성가하여 매년 만 이천 마리의 암소를 제사로 드렸다고 한다(샤보트[Shabbos] 54b). 그러므로 현자들은 랍비 엘아자르를 가리켜 부의 상징이라고 표현했으며(키두쉰[Kiddushin] 49b), 만약 꿈에서 랍비 엘아자르 벤 아자르야를 본다면 부유함을 얻을 것이라 기대하리라고 말했다(베라호트[Berachos] 57b). 그의 사후, 현자들은 '현자들의 관(crown)은 바로 부유함이었으나, 이제 그 관이 멈추었도다.'라고 하였다 한다(토세프타 쏘타[Tosefta Sotah] 15:2).

그의 지혜

현자들은 가르치기를(ibid.) 랍비 엘아자르는 보따리를 지고 마을로 들어가는 행상인과 같았다고 한다. 사람들이 행상인에게 "좋은 기름이 있습니까? 송진은 있나요? 발삼나무 향유는 있습니까?"라고 물어볼 때마다 행상인이 막힘없이 그 물건을 꺼내어 주듯이, 랍비 엘아자르 역시도 현자들이 토라, 미쉬나, 미드라쉬, 할라카나 아가다 등 다양한 것을 물어볼 때마다 막힘없이 답을 해주었을 뿐 아니라 상대방이 생각하지 못한 것들까지도 설명해 주었다는 것이다. 그러므로 이시 벤 예후다[Issi ben Yehudah]는 랍비 엘아자르를 일컬어 '향신료가 가득한 보따리'라 했으며(기틴[Gittin] 67a), 랍비 예후다는 그를 가리켜 '행상인의 보따리'라고 표현했다(아보트 데랍비 노쏜[Avos deRabbi Nosson] 18:1).

그가 남긴 어록 중 다수가 할라카와 윤리 등의 분야에서 기본으로 기록됐다. 그 예로는 '생명을 구하는 것이 안식일을 대신한다'(샤보트[Shabbos] 132a), '토라는 인간의 언어로 말한다'(키두쉰[Kiddushin] 17b), '대속죄일은 하나님과 사람 사이의 죄를 속죄하지만, 사람과 사람 사이의 죄는 피해자에게 용서를 구한 후에야 대속죄일에 속죄가 된다.'(요마[Yoma] 85b), '상대방이 함께 있을 때엔 칭찬을 반만 하며, 자리에 없을 때에야 크게 칭찬한다'(시프레이[Sifrei], 바미드바르[bamidbar] 102)로 기록됐다.

나시(Nasi)로의 임명

랍비 엘아자르 벤 아자르야는 18세에 나시(nasi, 산헤드린 공의회의 의장)로 임명됐다(16세에 임명을 받았다는 주장도 있다. 예루샬미 타니트[Yerushalmi Taanis] 4:1 참고).

현자들은 말하길(베라호트[Berachos] 27b-28a), 그가 나시로 재임한 후에 라반 감리엘이 랍비 예호슈아 벤 하난야를 세 번 모욕했고 이에 여론은 감리엘이 자리에서 내려와야 한다는 쪽으로 기울었다. 비록 라반 감리엘의 의도는 로마가 약화시켰던 리더쉽을 강화하는 것이었으나, 그의 동료를 포함한 많은 사람들은 감리엘이 랍비 예호슈아에게 너무 심하게 대했다고 생각하였다. 이 문제에 대해 심사숙고한 결과, 현자들은 라반 감리엘을 대체할 새로운 나시를 임명하기로 결의하였다. 이에 랍비 엘아자르 벤 아자르야가 차기 나시로 임명되었는데, 이는 그의 세 가지 덕목, 즉 지혜로웠으며, 부유하였고, 에스라의 자손이라는 것을 갖추었기 때문이었다. 실제로 그는 이 덕목을 갖추었으므로 걸출한 조상의 기업을 힘입어 로마의 통치에 맞서 유대인들의 주장을 바로 할 수 있었다.

나시로 임명을 받은 랍비 엘아자르는 그의 아내와 의논하기를, 그의 머리가 하얗게 세지 않았으므로 사람들에게서 존경을 받지 못할 것 같다고 했다. 그러자 열여덟 살이었던 그의 수염이 희게 변하는 기적이 일어났고, 이를 본 그의 아내는 그가 충분히 나시의 자리에 임명될 수 있으리라 확신하게 되었다.

말빔은 랍비 엘아자르가 나시로 임명될 때, 그의 아내는 어린 남편이 논쟁에서 자기 주장에 타당함을 제대로 설득하지 못할까 걱정했다고 한다. 실제로 그의 머리는 하얗게 변하였으나, 랍비 엘아자르는 다른 토라의 대학자들과의 논쟁에서 권위를 세우는 데에 어려움을 겪어야 했다.

랍비 엘아자르가 나시로 임명되던 날, 학당의 문들은 모두를 향해 열렸으며(당시에는 매우 혁명적인 변화였다, 베라호트[Berachos] 28a), 이에 무려 700개의 줄 의자가 학당에 추가로 들어왔다고 한다. 결과적으로 해결되지 못하였던 모든 할라카의 논제들이 해결되었고, 에두요트[Eduyos]에 기록된 모든 내용들이 그날 하루 만에 가르쳐졌다.

이후, 라반 감리엘은 랍비 예호슈아에게 용서를 구했다. 현자들은 라반 감리엘이 다시 나시의 자리로 돌아오기를 원하였으나, 이미 나시가 된 랍비 엘아자르를 물러나게 할 수는 없는 일이었다. 결국 타협안으로 라반 감리엘이 3주간(혹자는 2주라 한다) 학생들을 가르치고, 랍비 엘아자르는 한 주간 학생들을 가르치게 되었다. 다른 전승에 따르면 랍비 엘아자르 벤 아자르야는 아브 베이스 딘, 즉 부의장으로 섬기게 되었으며 라반 감리엘은 나시로 섬겼다고도 한다(예루샬미 타니트[Yerushalmi Taanis] ibid.).

네 쌍의 문장

이 구절은 네 개의 쌍의 문장으로 이루어져있는데, 모든 문장이 모순으로 보인다. 각 문장은 x를 얻기 위해서는 y가 필요하고, 동시에 y를 얻기 위해서는 x가 필요하다고 말하고 있다.

대부분의 주석가들은 이런 자기모순으로 보이는 어법이 바로 정확히 본 구절의 포인트라고 말하고 있다. 즉 이 문장들은 자기모순이 아니라 상호의존적인 관계로, 사람은 이 구절에 언급된 덕목들을 개별적으로, 동시에 각각의 덕목들을 조화롭게 얻어야 한다고 가르치고 있다는 것이다.

만약 토라가 없다면, 그곳에는 세상적인 직업이 없다.

세상의 길(데레크 에레쯔)은 일반적으로 예절과 사회 윤리의 준수를 뜻한다. 그러나 현자들은 '세상의 길'을 올바른 행실과 연단된 인성으로 묘사하고 있다. 데레크[derech]의 문자 그대로의 의미는 목표로 향하는 '길'이다. 데레크 에레쯔, 즉 세상의 길을 가진 사람은 자기 생각과 행동, 더 나아가 자기 삶 전체를 하나의 목표에 바친다.

자기 인생의 목표를 알고 이를 향한 올바른 길을 가기 위해 필요한 것은 바로 이정표이다. 그러나 올바른 길을 나타내는 '토라가 없으면', '세상적인 직업' 즉 목표로 향하는 올바른 길을 찾지 못한다. 이처럼 올바른 길을 찾지 못한 사람은 자기 길을 스스로 만들어야 할 것이며, 자신만의 도덕 법도와 윤리를 세워야 할 것이다. 이 자기만의 법도와 윤리들은 사회 전체를 밑바닥으로 끌어내리는 저해요소가 될 만한 위험한 것이다. 만일 기본적인 세상의 길의 기준을 고수하는 사람이라 하더라도, 그에게 토라가 없다면 이 세상의 길이 개인의 욕망과 동기와 충돌하게 되면 그 길을 잃을 가능성이 다분하다.

이런 문제를 막기 위해 하나님께서는 유대인들에게 유대 민족의 목표인 토라를 주시고, '그들에게 율례와 법도를 가르쳐서 마땅히 갈 길과 할 일'(출 18:20)을 가르쳐 주셨다. 솔로몬 왕은 하나님께 "그들이 마땅히 행할 선한 길을 가르쳐 주시오며"(왕상 8:36)라고 간청했다.

토라에는 우리가 나서서 지켜야 할 다수의 율법들과 우리가 하지 말아야 할 금지법이 포함되어 있는데, 이 모든 것들은 사람의 인격에 영향을 끼친다. 이 모든 율법의 목표는 사람의 안색과 영혼, 그리고 건강한 양심을 지키는 것이다. 뿐만 아니라 구전 토라에는 다수의 명령과 수백 가지의 금언들, 미드라쉬와 격언들을 가르치고 있는데, 이들은 바로 데레크 에레쯔, 즉 세상의 길에 대하여 다루고 있다. 이 세상의 길에 대해서만 다루고 있는 논문도 있으니, 바로 데레크 에레쯔 랍바[Derech Eretz Rabbah]와 데레크 에레쯔 주타[Derech Eretz Zuta]이다.

할라카를 통해 옳은 행실을 배울 수 있으므로, 옳은 행실과 할라카가 모두 하나의 자료에서 나온 것은 우연의 일치가 아니다. 우리가 할라카를 배우는 '토라가 없으면,' 곧 우리 인생을 어떻게 살아갈지 진정으로 깨달을 수 없으므로 '세상적인 직업이 없다.' 토라가 없다면 귀한 것을 천하다 할 것이요, 피상적이고 천한 것을 귀하다 할 것이다.

만약 세상적인 직업이 없다면, 그곳에는 토라가 없다.

가장 높은 수준의 세상적인 직업을 이루는 길은 바로 토라이다. 그러나 토라를 숙달하고자 하는 사람이라면 최소한 타인을 대하는 기본 매너인 세상적인 직업도 토라와 마찬가지로 숙달해야 한다. 세상의 길, 즉 매너가 부족한 사람의 마음 중심에는 토라가 들어올 수 없다. 세상적인 직업과 토라의 길이 일치하지 않는 자의 마음에 토라는 오래 남아있을 수 없다.

사람이 인성에서 선한 면이 부족하다면, 사람이 선한 행동을 실천하지 않는다면, 토라를 절대로 받아들이지 못한다는 것을 깨닫게 될 것이다. 예를 들어, 일말의 자비심도 없는 사람이 어려운 이에게 자선을 베풀라는 법을 어떻게 배울 수 있겠는가? 독재적인 자아를 가지고 있는 사람이 어떻게 '네 이웃을 네 몸과 같이 사랑하라'는 계명을 제대로 배울 수 있겠는가? 세상적인 직업은 토라를 받아들일 수 있는 사람에게만 허락된 그릇인 것이다.

토라를 배우면서도, 마땅히 받아들여야 할 세상적인 직업의 수준이 배움과 일치하지 않는다면, 결국 배움으로 얻은 지식은 증발해버리고 말 것이다. 배움의 목적은 올바른 행동이다. 이 올바른 행동이 없다면 토라를 받을 자격이 없다.

실제로 토라를 배우는 목적이 할라카, 즉 도덕을 올바르게 실천하는 것이므로, 토라를 배우기 전이라 할지라도 당연히 토라를 지키리라는 결심을 품어야 한다. 바로 유대인들이 토라를 받은 이유이다. 유대인들은 실제로 돌판에 무엇이 적혀있는지도 모르는 상태에서 율법의 짐을 받아들였다(샤보트[Shabbos] 88a).

주석가들은 더 나아가, 토라를 배우면서도 세상적인 직업을 제대로 실천하지 않는 사람은 곧 하나님의 이름을 더럽히는 것이라고 말하고 있다. 이런 사람은 주위 사람들에게 "토라를 배운 사람이여, 슬프도다. 네게 토라를 가르친 네 아버지와 네 선생이여, 슬프도다. 그의 행실이 얼마나 무너졌는지, 그의 은혜로운 길이 얼마나 무너졌는지 보라!"(요마[Yoma] 86a)라는 말을 듣게 될 것이다. 토라가 더 이상 길거리에서 망신을 당하지 않도록, 하늘나라에서는 그가 배운 것을 금방 잊게 해버리고 말 것이다.

랍비 슐로모의 아들 라베이누 이쯔하크[Rabbeinu Yitzchak ben R'Shlomo]는 말하길 "토라를 배웠으나 다른 사람을 옳게 대하지 않는 자는, 다른 사람의 영이 그로 인해 기뻐하지 아니하므로, 그의 토라가 완전하지 않다. 그러므로 그가 배운 토라는 오래 가지 못할 것이다". 미드라쉬 슈무엘에는 또 기록된 바 "세상의 길을 실천하지 아니하는 자가 있느냐, 이런 자는 토라의 사람이 아님이 틀림없다. 토라와 선한 인격은 반드시 엮여 있기 때문이다"라고 했다.

세상의 길에 대한 다른 해석들

다른 주석가들은 '세상적인 직업'을 다르게 해석하고 있다. 문자 그대로 '세상적인 직업', 즉 자연의 운행 방식뿐만 아니라 농부나 건축가와 같은 사회의 일원으로서의 사람이라고 해석하고 있는 것이다. 이 해석에 따르면, 이 구절은 이 세상에 참여하지 않고서는 토라도 있을 수 없으며,

반대로 토라가 없다면 이 세상에 참여할 수 없다는 것을 가르치고 있다.

이 세상은 토라를 지키기 위해 창조되었다. 그러므로 토라가 없다면 이 세상이 존재할 이유도 없는 것이다. 반면 이 세상적인 직업이 없더라도, 토라는 남아 있을 수 있다. 이 세상에서 우리가 토라의 말씀을 유지할 수 있는 것은 바로 우리의 행실이기 때문이다. 하나님께서 토라를 주실 때에 천사들이 사람은 이를 받을 만한 가치가 없다며 반대하자, 모세는 천사들에게 이렇게 말하였다. "너희 천사들은 존경해야 할 부모가 있는가? 너희 천사들은 물건을 훔치고자 하는 유혹이나, 다른 계명을 범하고자 하는 유혹이 있는가?" 토라는 약점을 가진 인간을 위한 것이었음이 분명하다.

미드라쉬 슈무엘은 이 구절에 다른 방식으로 접근하고 있다. 세상적인 직업은 생계를 유지하는 것을 일컫는다는 것이다. 이 해석을 적용하면, 토라와 생계는 서로 뗄 수 없는 것으로, 토라는 생계를, 생계는 토라를 필요로 하는 필수불가분의 관계라고 할 수 있다.

만약 지혜가 없다면 그곳에는 하나님에 대한 두려움이 없다.
만약 하나님에 대한 두려움이 없다면 그곳에는 지혜가 없다.

"만약 지혜가 없다면 그곳에는 하나님에 대한 두려움이 없다." 왕이 원하는 것이 무엇인지 모르는 사람이 왕에게 경외와 공경을 표현할 수 있겠는가? 게다가 왕이 어떤 사람인지도 모른다면, 왕을 경외할 수나 있겠는가? 불가능한 일이다. 힐렐이 "천한 자는 죄를 두려워할 줄 모른

다"(2:5)라 함과 같다.

반면, "하나님에 대한 두려움이 없다면 그곳에는 지혜가 없다." 즉 "여호와를 경외함이 지혜의 근본이라"(시 111:10). 지혜의 기본은 바로 하나님을 경외하는 것이다.

그러므로 우리가 토라를 공부하는 목적은 바로 이 하나님을 경외하는 마음을 얻는 데 있어야 한다. 이런 마음으로 배움에 임한다면, 하나님을 공경하는 우리의 마음을 배양하여 온전히 그 마음을 표현할 수 있을 것이다. 그러나 토라를 배우고도 이를 하늘나라를 경외하는 데에 사용하지 않는다면, (랍비 슐로모의 아들 라베이누 이쯔하크의 말과 같이) "지혜를 온전히 거부하고 깎아내리며, 결국 완전히 지워버리고 말 것이다." 결국 지혜는 더 이상 그의 마음에 남아 있지 못할 것이다.

이 2행에서 각 구는 각자 다른 경외를 나타내고 있다. 경외심에는 두 종류가 있다는 것인데, 높은 수준의 경외심, 즉 가장 바람직한 경외의 태도는 바로 하나님을 경외하고 공경하는 것이며, 낮은 수준의 경외심은 징벌을 두려워하는 것이다. 그러므로 "지혜가 없으면 [높은 수준의]경외함도 없으며", 즉 토라의 지혜를 얻지 못한 사람은 높은 수준의 경외함, 곧 하나님을 경외할 수 없다는 것이다. 하나님의 놀라운 위대하심을 공경할 수 없으며, 왕이신 주님의 말씀을 두렵고 떨리는 마음으로 지킬 수 없다는 것이다. 그러나 토라의 지혜를 얻기 위해서 하나님의 징계를 두려워하는 마음(천한 자도 얻을 수 있는 태도)으로 배움을 시작해야 하는 것 또한 사실이다. "[징계를]두려워함이 없다면 지혜도 없느니라"라고 함과 같다(미드라쉬 슈무엘[Midrash Shmuel]에서 인용).

하나님께서 우리에게 원하시는 것이 무엇인지 깨닫고 그분의 뜻을 거스르지 아니하도록 지혜를 얻고자 하는 뜨거운 마음으로, 하나님을 경외하는 마음으로 토라를 배워야만 한다. 그렇게 세월이 흐르면, 영적으로 성숙해질 것이며, 말로 다 할 수 없는 하나님의 위대하심을 깨닫고 징계를 두려워하는 마음이 하나님을 사랑하고 공경하는 마음으로 변할 것이다. 그렇게 하나님과 가까워지고, 그분의 뜻을 기꺼이 따르며, 죄를 두려워하게 되는 것이다.

이런 점에서 현자들은 말하길, "지혜의 목적은 회개와 선행이며, 이를 통해 성경과 미쉬나를 배운 후에 부모님과 선생, 그 자신보다 더 나이가 많고 지혜로운 자들을 거역하지 않도록 하기 위함이다. 기록된 바 여호와를 경외하는 것이 지혜의 시작이라 하였으니, 이 길을 가는 자는 반드시 지혜의 길을 따를지라(즉 모든 일을 하늘나라를 위하여 하라)"(베라호트 [Berachos] 17a).

지혜의 시작은 바로 경외함에 달려 있으며, 이 경외는 모든 사람이 얻을 수 있는 기본 중의 기본이다. 하나님을 경외하는 마음을 가진 후에야 지혜가 회개와 선행으로 이끌 것이다. 이 선행은 하나님의 뜻을 실천하고자 하는 마음, 그 마음의 깊은 소망에서 우러나오는 진실한 공경에서 나오는 선행이다. 이것을 두고 경외가 사람으로 하여금 하늘나라를 위하여 모든 것을 행하게 한다고 할 수 있는 것이다.

하시드 야베쯔는 또 말하길 만일 사람이 지혜를 가졌으나 경외함이 없다면, 그의 지혜는 선행과 생각으로 나타나지 않는다고 했다. 뿐만 아니라 할라카와 자기 욕망 사이에서 갈등을 겪게 되거나, 할라카와 다른 사람들이 자기를 어떻게 생각할지 두려워하는 마음 사이에서 갈등이 일어나게 될 것이며, 배움보다 타인의 시선에 더 치중하게 될 경우 그의 지혜는 곧 소멸하고 말 것이다. 하나님을 공경하는 마음만이 사람을 지키고, 그의 지혜를 살아 숨 쉬게 하는 것이며, 그 지혜가 마음속에 깊이 새겨지게 하는 것이다.

만약 지식이 없다면, 그곳에는 이해함이 없다.
만약 이해함이 없다면 그곳에는 지식이 없다.

유대교 전통에서 지혜(호크마)와 이해(비나), 지식(다아트)의 특성은 삼두마차와 같이 서로 연결되어 있다. 앞 구절에서 지혜를 언급하였으므로, 이제 이해와 지식에 대하여 언급하는 것은 바로 이 때문이다.

그렇다면 위 세 단어의 정확한 의미는 무엇인가?

라베이누 요나[Rabbeinu Yonah]는 지혜, 즉 호크마가 교사나 책 등의 것으로 얻어진 지식을 뜻한다고 하였다.

지혜의 다음 단계인 '비나', 즉 이해는 지혜를 갈고 닦을 때에 이미 얻은 지혜로부터 추론한 가르침을 이끌어낸다. 그러므로 히브리어로 '이해'인 비나[binah]는 '짓다'라는 뜻의 히브리어 '빈얀'[binyan]의 연관 단어인데, 정보의 핵심(지혜)을 개념의 틀 안에 '세우는 것', 즉 '짓는 것'이 바로 '이해'이기 때문이다. 비나는 베이나임[beinayim], 즉 '중개'라는 단어와 연관 단어이기도 하는데, 이는 이해가 서로 떨어진 지혜를 서로 연결하고 관련을 지어(라베이누 요세프 벤 슈샨[Rabbeinu Yosef ben Shushan]) 배운 것을 명료하게 하고 새로운 시각을 만들어내기 때문이다.

마지막으로 지식, 즉 '다아트'는 사람이 날 때부터 가지는 핵심 지식으로, 지식과 감정, 영적 존재, 이 모든 것의 총합으로서, 사람이 얻은 지혜와 또 사람이 개발, 통합한 이해가 이 모든 것들을 통해 축적된다. 그러므로 사람은 정보(지혜)를 모아 조립, 확장시키며(이해), 이것들을 본래부터 가지고 있던 지적 능력을 통해 지식으로 환원함으로써 자기의 것으로 만드는 것이다. 이 지식과 이해는 개인의 인격으로, 관점으로, 더 나아가 세상을 해석하는 방식으로 통합된다.

이해와 지식

이 구절은 "지식이 없다면 이해도 없느니라"라고 가르치고 있다. 만일 사람이 태어날 때부터 지혜의 말에 숨겨져 있는 근거를 이해할 만한 지적 능력이 부족하다면, 지혜를 기반으로 새로운 시각을 발전시킬 능력도 부족할 것이라고 생각할 수 있을 것이다.

그러나 이런 결론은 이 구절을 반절만 이해한 것이다. 위의 가르침대로, '이해가 없다면 지식도 없다.' 지식은 선천적인 것이나, 이를 개발하지 않는다면 이 지식은 죽은 지식이다. 사람은 능히 이해를 통하여 지식을 발전시키고 또 그 범위를 넓힐 능력이 있다.

이런 관점에서 우리는 '무지한 자가 나이가 들면 그 지식(다아트)이 썩는다.'(킨님[Kinim] 3:6)라는 가르침을 이해할 수 있게 된다. 사람이 머릿속에 정보를 축적한다 하더라도 지혜와 이해가 이를 틀로 만들지 않고 그

의미를 부여하지 않는다면, 그의 지식은 불완전한 것일 수밖에 없을 것이다.

반면 '토라 학자는 나이가 들면 그 지식이 더욱 자리를 잡느니라.'(ibid.)라고 했다. 토라 학자의 지혜와 이해는 그 지식을 더욱 풍성케 하며, 보호하고, 그 미묘한 차이를 구분하는 능력(예로, 할라카의 정한 것과 부정한 것)을 더욱 날카롭게 한다.

만일 그렇다면 지식은 이해의 핵심이며 동시에 이해는 지식을 강하게 하므로, 선순환이 끊임없이 반복될 것이다. 자기 지식과 이해를 사용할 때에 지식은 하늘의 지식에 다다를 때까지 높이 솟아오른다. '그가 내 이름을 안즉 내가 그를 높이리라 그가 네게 간구하리니 내가 그에게 응답하리라'(시 91:14-15).

만약 밀가루가 없다면, 그곳에는 토라가 없다.

'밀가루가 없다면 토라도 없다.' 이 구절에서 '밀가루'는 사람의 주식(主食)으로, 토라를 배우기 위하여 최소한의 생계를 유지하여야 함을 암시하고 있다. 이 생계가 충족된 경우에만 토라를 배워야 한다는 의무가 지워진다. 생계를 유지할 수 있는 자가 토라를 배우지 않으며 여기에 변명을 내세울 수는 없는 일이다.

미드라쉬 슈무엘과 마하랄[Maharal]은 (데레크 하하임[Derech Hachaim]에서) 이 구절을 면밀히 살핀 후, '밀'이나 '빵'이 아닌 '밀가루'라는 단어를 사용하였다는 점을 발견하고 이런 견해를 발전시키고 있다. 밀은 한 해 동안 창고에 모아놓을 수 있는 반면, 빵은 며칠만 놓아두어도 금방 상해버리고 만다. 밀가루는 빵보다는 더 오래 보관할 수 있으나, 밀보다는 오래 보관하지 못한다. 그러므로 만일 이 구절이 '밀이 없으면 토라도 없으며'라고 가르쳤다면, 밀(혹은 이에 상당한 돈)을 먼저 얻어놓고 한 해 동안 먹고 살 정도가 된 후에야 토라를 배울 수 있다는 의미를 암시하였을 것이다. 반면 이 구절이 '빵이 없으면 토라도 없으며'라고 가르쳤다면, 그 의미는 빵을 사서 몇 끼니를 때울 정도가 되면 토라를 바로 배우라는 의미를 암시하였을 것이다.

그러나 이 구절은 '밀가루가 없으면 토라도 없다.'라고 가르치고 있다. 즉 이 구절은 몇 주간 충분히 생계를 유지할 정도가 된 후에는 토라를 배우라는 가르침을 주고 있다는 것이다. 극도로 궁핍한 사람은 토라를 배우지 못하더라도 문제를 삼지 못한다. 랍비 요하난이 "목에 연자맷돌을 걸고 있는 사람도 토라를 배워야만 하는가?"라고 한 바와 같다.

밀가루와 사람

메이리(메이리[Meiri], 미드라쉬 슈무엘[Midrash Shmuel] 또한 라쉬밤[Rashbam]과 마할랄[Maharal])을 인용하여 같은 주장을 하였다)는 말하길 '밀가루'가 사람의 특별한 성질을 암시한다고 했다. 다른 피조물들과 달리 사람은 밀을 그대로 먹지 않으며, 이것을 하나님께 제사로 바쳐야 한다. 사람은 동물보다 더욱 높은 영적 차원에 있으므로 음식을 날것, 즉 물질적인 상태에서 영적인 것으로 높이는 것이다.

사람은 밀 알맹이를 그대로 먹을 수 없다. 반드시 알곡을 곱게 갈아 밀가루로 만들어 먹어야 한다. 사람이라면 이 의미를 반드시 이해하고 있어야 한다. 즉 사람은 창조의 면류관[crown], 즉 핵심이므로, 이 세상, 물질세계를 발전시키고 높이는 것이 바로 사람의 의무이며, 이 물리적 공간은 거룩함을 이 세상으로 이끄는 영적 부름의 상징이라는 것을 알고 있어야 한다. 동물의 본성으로 돌아간다면 사람은 밀가루를 얻을 수 없을 것이요, 토라를 받기에 적합하지 못하므로 토라도 없을 것이다.

만약 토라가 없다면, 그곳에는 밀가루가 없다.

일부 주석가들은 이 2행의 두 번째 구인 '만약 토라가 없다면, 그곳에는 밀가루가 없다'라는 구절이 곧 토라를 배우지 않고 또 지키지 않으면 삶의 목적을 이룰 수 없을 것이요, 하나님께서 그에게 밀가루와 같은 주식(主食)을 공급해주실 이유도 없다는 가르침을 주고 있다고 해석한다.

그러나 토라에 충성하지 않으면서도 밀가루(생계)에 부족함이 없이 사는 사람이 많다는 것은 불변의 진리이므로, 위의 해석에는 의문의 여지가 생기게 된다. 그러므로 다른 주석가들은 이 구절을 '토라가 없다면 의미도, 가치도, 밀가루도 없다'라고 해석하려는 모습을 보인다. 영적인 목표를 성취하기 위해 살지 않는 사람은 꿀을 먹는 짐승과 다를 바가 없기 때문이다. 영적인 사람은 물질적인 음식만으로 배를 채울 수 없다. 영을 채우기 위해 사람은 반드시 토라를 배우고 계명을 지켜야 한다.

'(토라는)물과 빵이니, 사람이 먹을 것 없이는 살 수 없듯 토라 없이도 살 수 없다'(탄나 드베이 엘리야후 주타[Tanna Devei Eliyahu Zuta] 13)는 가르침과 같이 토라는 물과 빵에 비유된다는 것을 마음에 새기고 살아야 한다.

밀가루가 없다면 토라가 없다는 것으로 알라

야림 모세[Yarim Moshe]에서 랍비 모세 알쉬크[R' Moshe Alshich](미드라쉬 슈무엘[Midrash Shmuel] 인용)는 토라를 배우지 않는 변명으로, 많은 사람들이 먹고 사느라 바쁘다는 이유를 핑계로 삼고 있다고 말했다.

다르게 표현하자면, '밀가루가 없다면 토라도 있을 수 없다', 즉 토라를 배우기 전에 먼저 밀가루를 얻어야 한다고 변명하고 있다는 것이다. 그러나 '토라가 없다면 밀가루도 없다'는 말 또한 참이다. 토라를 배우라는 계명을 무시한다면 가난이 찾아올 것이다. 토라를 배운다고 하여 부유해진다는 것은 아니지만 말이다.

마찬가지로, 오르 하하임[Ohr Hachaim]은 '내 교훈은 비처럼 내리고'(신 32:2)라는 구절에서 '교훈', 즉 토라를 배움이 육체의 삶을 지탱하는 양분의 상징인 비와 공존하는 관계라고 하였다. 유대인들이 토라를 선택했을 때, 하나님께서는 그들이 토라를 배우기도 전에 비를 내려주셨다. 그러나 '밀가루가 없으면' 토라를 배우고자 하는 마음도 없어질 것이므로, '토라도 없다'고 말할 수 있는 것이다.

우리의 조상 아브라함의 밀가루와 모세의 토라

마하람 시프[maharam Schif](리쿠테이 바사르 리쿠테이[Likutei Basar Likutei] 인용)는 교훈적인 의미에서 이 구절을 시내산에서 토라를 받는 사건과 연결시키고 있다.

미드라쉬는 시내산에서 천사들이 모세를 해하고자 하였다고 기록하고 있는데(쉐모트 라바[Shemos Rabbah] 28:1), 이는 피와 살로 이루어진 피조물이 토라를 받는다는 사실을 견디기 힘들어했기 때문이었다(샤보트[Shabbos] 88b-89a). 그러므로 하나님께서는 모세를 아브라함의 모습으로 변모시키신 후, 천사들에게 말씀하셨다. "이 사람 앞에서 한 점 부끄럼이 없느냐? 너희는 누구의 집에 내려가 누구의 집에서 밥을 먹었더냐? 이 사람이 너희를 위하여 수고하였음에도 너희는 이 사람을 해하려 하느냐? 감사할 줄 모르는 것이냐?" 이 말을 들은 천사들은 아무 말도 할 수 없었다.

그리고 하나님께서는 모세에게 말씀하셨다. "아브라함의 기업으로 네게 토라를 주노라."

'만약 밀가루가 없다면, 그곳에는 토라도 없다'라는 이 구절에서, 밀가루는 곧 아브라함이 요리하고 천사들을 먹인 그 밀가루라는 것이다(베레이쉬트[Bereishis] 18:6). 그러므로 이 밀가루가 없었더라면, 이 땅에 토라도 없었을 것이라는 말이다.

반대로 '만약 토라가 없다면, 그곳에는 밀가루가 없다'라는 말도 성립한다. 만일 토라의 말씀을 실천하지 않았더라면(요마[Yoma] 28b), 아브라함은 천사들을 자기 장막으로 불러들이는 위대하고도 육체적으로 어려운 일을 굳이 하지 않았을 것이며, 손님을 기쁨으로 맞이하라는 계명을 따라 밀가루를 대접하지도 않았을 것이기 때문이다.

משנה כב   미쉬나 22절

הוּא הָיָה אוֹמֵר,
כֹּל שֶׁחָכְמָתוֹ מְרֻבָּה מִמַּעֲשָׂיו, לְמָה הוּא דוֹמֶה,
לְאִילָן שֶׁעֲנָפָיו מְרֻבִּין וְשָׁרָשָׁיו מֻעָטִין, וְהָרוּחַ בָּאָה
וְעוֹקַרְתּוֹ וְהוֹפַכְתּוֹ עַל פָּנָיו, שֶׁנֶּאֱמַר (ירמיה יז:ו), וְהָיָה
כְּעַרְעָר בָּעֲרָבָה וְלֹא יִרְאֶה כִּי יָבוֹא טוֹב וְשָׁכַן חֲרֵרִים
בַּמִּדְבָּר אֶרֶץ מְלֵחָה וְלֹא תֵשֵׁב.
אֲבָל כֹּל שֶׁמַּעֲשָׂיו מְרֻבִּין מֵחָכְמָתוֹ, לְמָה הוּא דוֹמֶה,
לְאִילָן שֶׁעֲנָפָיו מֻעָטִין וְשָׁרָשָׁיו מְרֻבִּין, שֶׁאֲפִלּוּ כָּל
הָרוּחוֹת שֶׁבָּעוֹלָם בָּאוֹת וְנוֹשְׁבוֹת בּוֹ אֵין מְזִיזִין אוֹתוֹ
מִמְּקוֹמוֹ, שֶׁנֶּאֱמַר (שם:ח), וְהָיָה כְּעֵץ שָׁתוּל עַל מַיִם וְעַל
יוּבַל יְשַׁלַּח שָׁרָשָׁיו וְלֹא יִרְאֶה כִּי יָבֹא חֹם, וְהָיָה עָלֵהוּ
רַעֲנָן, וּבִשְׁנַת בַּצֹּרֶת לֹא יִדְאָג, וְלֹא יָמִישׁ מֵעֲשׂוֹת פֶּרִי:

[랍비 엘아자르 벤 아자르야]그는 말하곤 하였다.
  그의 지혜가 그의 선한 행동보다 뛰어난 자는 무엇과 같은가?
가지가 무성하지만 뿌리는 빈약한 나무와 같다.
성경이 말하는 바와 같이 그 후에 바람이 불어와 나무 뿌리를 뽑고 나무를
쓰러지게 만든다.
'그는 사막의 떨기나무 같아서 좋은 일이 오는 것을 보지 못하고
광야 간조한 곳, 건건한 땅, 사람이 살지 않는 땅에 살리라'(렘 17:6)
그러나 그의 선한 행동이 그의 지혜보다 뛰어난 자는 무엇과 같은가?
가지가 빈약하지만 뿌리는 무성한 나무와 같다.
성경이 말하는 바와 같이 세상의 모든 바람이 나무에 불어올지라도
그들이 이 나무를 옮길 수 없다.
'그는 물 가에 심어진 나무가 그 뿌리를 강변에 뻗치고
더위가 올지라도 두려워하지 아니하며
그 잎이 청청하며 가무는 해에도 걱정이 없고
결실이 그치지 아니함 같으리라(렘 17:8)'.

미쉬나 22절

[랍비 엘아자르 벤 아자르야]그는 말하곤 하였다.

이 구절은 실질적으로 이전에 나온 "사람의 행함이 그의 지혜보다 앞서는 사람은 그 지혜가 오래도록 남을 것이라…"(3:9)는 랍비 하니나 벤 도사의 가르침과 다르지 않은 것으로 보인다. 차이가 있다면, 이 구절은 랍비 하니나 벤 도사의 가르침보다 더 확장된 비유라는 장치를 사용하고 있다는 것뿐이다. 그렇다고 해서 이 가르침이 불필요한 가르침이라고 할 수 있는가?

실제로 람밤과 라베이누 요나 모두 주석에서 랍비 하니나 벤 도사의 구절만으로 이런 가르침을 설명하기에는 충분하다고 말하고 있으며, 바르테누라의 랍비 오바디야는 이 구절을 주석에서 언급하지도 않는데, 이는 이 구절에 전혀 새로운 가르침이 없다는 것을 암시한다(토사포트 욤 토브[Tosafos Yom tov]).

그러나 랍비 예후다 하나시가 이 구절을 이 자리에 배치했음으로 이 구절 역시 고유의 가르침을 내포하고 있는 것이 확실하다. 이 구절에서 발견할 수 있는 새로운 요소는 두 가지이다. 첫째, 이 구절은 사람을 나무에 비유하고 있는데, 특별히 두 부류의 사람을 두 부류의 나무로 비유한다. 둘째, 이 구절은 주장을 뒷받침하기 위해 성경 구절을 인용하고 있다.

뿐만 아니라, 이 구절을 더욱 면밀히 살펴보면 흥미로운 요소들을 몇 가지 발견할 수 있는데, 특히 현자들이 그 날카로운 통찰력으로 스스로를 표현하면서 동시에 이 단어 하나하나에 숨어있는 심오한 의미를 발견해내던, 잘 알려진 방식과 밀접한 관련이 있는 요소들이다.

먼저, 이 구절이 사람을 나무에 비유한 이유는 무엇인가? 또 행실이 뿌리에 비유되고, 지혜는 가지에 비유되는 이유는 무엇인가? 이 구절에서 바람이 불어 그 얼굴이 엎드러진다는 내용을, 의미가 없어 보이는 묘사들로 자세하면서도 다채롭게 설명하고 있는 이유는 무엇인가?

이 구절에서 인용하고 있는 구절들도 의문을 제기하기에 충분하다. 인용된 예레미야의 구절들은 이 구절의 주제를 뒷받침하기에는 부족한 것으로 보이기 때문이다. 뿌리를 뽑을 만큼 맹렬한 바람은 두 번째 구절에서만 나타난다. 뿐만 아니라 인용된 두 구절들을 문맥에 비추어 살펴보면, 사람의 행실이 많고 적은 것에 대해 말하는 구절이 아님을 알 수 있다. 마지막으로, 이 구절에 본래의 가르침이 있다고 한다면, 람밤과 다른 주석가들은 어떻게 이 구절에서 새로운 가르침을 발견하지 못하였는가?

먼저 마지막 의문에 대해 살펴보면, 라쉬는 이 구절을 인용할 때 이 구절의 판본(version)을 인용했는데, 이를 통해 이 의문이 해소될 수 있을 것이다. 라쉬가 인용한 이 구절에서는 성경을 인용하지 않는다. 람밤과 라베이누 요나, 바르테누라의 랍비 오바디야도 라쉬가 인용한, 다른 판본의 구절을 보았을 것이다. 예레미야의 말씀이 인용되지 않는다면 이 구절은 랍비 하나 벤 도사의 이전 구절과의 차이점이 크게 줄어들 것이므로, 주석가들은 이 두 구절 사이에서 의미있는 차이점을 발견하지 못했을 것이다.

사람은 들판의 나무인가?

모세오경에서도 사람을 나무에 비유하고 있는 것을 확인할 수 있다. "들의 수목이 사람이냐.."(신 20:19). 그러나 구절 전체를 읽으면서 이 구절이 정확히 반대적인 의미를 지닌 수사학적인 질문이라는 것을 보여준다. 그러나 이 구절 전체를 읽어보면, 이 구가 정반대적인 의미를 함축하고 있는 수사적인 의문문이라는 것을 발견할 수 있다.

따라서 타르굼 온켈로스[Targum Onkelos]는 이 구를 '들판의 나무는 사람과 같지 않으니…'라고 번역하고 있다. 그러나 다수의 예에서 현자들은 교훈적 의미에서 이 구절을 사람과 나무 비유의 기본으로 사용하고 있다.

다음의 예를 보자. "이 구절은 '수목이 사람이냐'라고 말하고 있으며, '이는 너희의 먹을 것이 될 것임이니 찍지 말라.', 더 나아가 '과목이 아닌 수목은 찍어내어'(20절)라고 말하고 있다. 이 구절을 통해 우리는 토라 학자에게 그만한 가치가 있다면 그의 '과일을 따서 먹고'(그에게서 배우고), 그만한 가치가 없다면 '찍어서 없애버리라'(즉 그에게서 등을 돌리라)는 가르침을 얻을 수 있다(라쉬[Rashi])"(타니트[Taanis] 7, 산헤드린[Sanhedrin] 7b와 라쉬[Rashi], 콜 헤이쯔[Kol HaEitz], 베레이쉬트 라바[Bereishis Rabbah] 26:6 등을 참고하라)

마하랄은 이 구절이 위의 단순한 교훈적 의미와 반대되지 않는다고 설명한다. 오히려 이 구절은 사람이 나무에 비유될 수는 있으나, 사람의 모든 변덕이나 필요를 채우기 위하여 나무를 벨 수는 없다는 가르침을 제시하고 있다는 것이다.

그의 지혜가 그의 선한 행동보다 뛰어난 자는 무엇과 같은가? 가지가 무성하지만 뿌리는 빈약한 나무와 같다.

이 구절은 사람과 나무 사이의 두 가지 비유를 제시한다. 첫 번째는 나무가 그 뿌리를 숨겨두고 가지는 내보이는 것과 같이, 사람은 그 행실을 숨기고 지혜는 내보인다는 것이다. 둘째, 사람과 나무 모두 자기와 같은 열매를 낸다는 것이다.

나무의 가지는 뿌리로부터 양분을 공급받는다. 이를 생각해 본다면 이 구절의 비유는 어색해 보인다. 즉 사람의 행실(뿌리)이 지혜(가지)에게 양분을 공급한다는 해석이 가능해진다. 정반대로, '배움이 행동으로 이끈다.'(키두쉰[Kiddushin] 40b) 즉 올바른 지혜를 얻은 자만이 올바른 행실을 할 수 있다는 것이다.

그러나 이 비유가 전혀 틀린 말을 하고 있는 것은 아니다. 랍비 하니나 벤 도사의 구절과 마찬가지로, 이 구절은 사람의 행실이 그의 지혜보다 커야 한다는 것을 가르친다. 사람의 뿌리는 올바른 행실이어야 한다. 나무가 자라기 전에, 사람의 지혜가 그 꽃을 피우기 전에, 지혜의 목표가 미리 잡혀 있어야 한다. 그리고 그 목표는 바로 올바른 행실이어야 한다.

'일의 끝이 시작보다 낫고'(전 7:8) 바람직한 결실을 맺기 위해서는, 화살을 과녁에 맞추기 위해서는 활을 쏘기 전부터 미리 그 궤적을 올바르게 맞추어야 한다. 결실을 내어 사람을 먹이는 나무는 반드시 그 뿌리가 견고하고 튼튼하며, 건강해야 한다.

마음은 행실을 따른다

마하랄은 사람의 몸이 나무의 뿌리와 같으며, 영은 가지와 같다고 말했다. 뿌리와 가지는 모두 물, 즉 토라를 공급받아야 살 수 있다. 랍비 메이어 레흐만[R' Meir Lehman]은 저서 메이어 네시브[Meir Nesiv]에서 사람과 나무 사이의 또 다른 평행을 제시하고 있다. 즉 습관이 바라는 것보다 더 크다는 것이다.

이처럼 행동에 관한 주제는 세페르 하키누[Sefer Hachinuch]에서 반복적으로 나타나고 있다. 곧 순전한 행실을 행함으로 자신의 생각을 정화한다는 것이다. 다수의 구절에서 이집트로부터의 출애굽을 예로 상기하고 있는 이유가 바로 이것이다. 행실은 사람의 생각과 기분을 형성한다. '마음은 행실을 따른다.' 선행을 실천함으로써 우리는 더 나은 사람이 되는 것이다. 그러므로 하나님께서는 우리에게 수많은 계명을 주셔서 우리의 생각에 긍정적인 영향을 끼치게 하시고, 인격을 함양하도록 하신 것이다.

사람의 행실은 곧 나무의 뿌리와 같다. 뿌리는 생각에 양분을 공급하고 형성하며, 나무의 가지에 비유되는 인격에 영향을 끼친다.

지혜의 불균형

이 구절이 단순히 행실이 부족하지 않아야 한다는 가르침을 주기 위한 의도였다면, 뿌리가 적은 나무를 비유로 든 것만으로도 충분했을 것이다. 하지만 이 구절에서는 가지가 많은 나무의 비유를 함께 제시하고 있다. 그 이유는 무엇인가?

곧 이 구절은 사람의 지혜가 아무리 깊고 뛰어나다 하더라도, 선행이 뒷받침되지 않으면 어려움이 닥쳐왔을 때 견디기 쉽지 않다는 것을 가르치고 있다고 이해할 수 있다.

이 점에서 하시드 야베쯔는 이 구절이 위와 같은 사람을 '지혜가 행실보다 더 크다'고 표현하는 대신, 선행이 지혜보다 뒤떨어지는 사람으로 표현하며 이를 더욱 설득력 있게 묘사하고 있다고 말하고 있다. 즉 이 구절의 의도는 충분한 선행이 부족한 사람에 대한 가르침이라는 것을 발견할 수 있다는 것이다.

지혜의 불균형이 결국 사람을 약화시키고 더 나아가 사람을 몰락시키는 원인이 된다는 것을 가르치기 위해 이 구절에서 위와 같은 표현이 사용되었다고 결론을 내려야 할 것이다.

그 후에 바람이 불어와 나무 뿌리를 뽑고 나무를 쓰러지게 만든다.

주석가들은 나무를 넘어뜨리는 바람이 무엇을 나타내는지에 대해 다양한 견해를 제시하고 있다.

'바람'은 친구의 좋지 않은 영향이라고 볼 수도 있으며, 이와 달리 자기 자신의 악한 본성으로부터 오는 영향이라고 볼 수도 있다. 바람은 개인의 만연한 사고방식에서 올 수도 있으며, 반대로 그날 하루 느낀 세상을 보는 사고방식에서 올 수도 있다. 또는 이 바람이 전쟁, 질병, 굶주림 등의 재앙일 수도 있다. 또한 이 바람은 고난, 분노, 절망, 좌절과 같은 감정의 바람으로 볼 수도 있다.

어려움과 불운이라는 이름의 바람이 불어올 때, 인격이라는 이름의 힘, 사람이 가진 진정한 힘이 수면 위로 올라온다. 한 가지 예로 스페인의 유대인 강제추방 시기에 유대인들은 개종과 죽음 둘 중 하나를 선택해야 했다.

라베이누 요세프 야베쯔[Rabbeinu Yosef Yaavetz]는 이 세대의 사람이었는데, 그의 저서 '오르 하하임'[Ohr Hachaim]에서 여성을 포함한 일반 사람들, 즉 지혜보다 행실이 더 큰 사람들이 유대교를 저버리지 않았다고 기록하고 있다. 그들에게 있어 토라와 율법을 지키는 삶은 제2의 천성이었다. 이 의인들은 뛰어난 지식이 아니라 단순한 믿음으로 인해 그런 선택을 했던 것이다. 반면 계명 속에서 논리를 찾고 토라의 비밀을 탐구하였으나 정작 이 시험에는 실패한 사람들도 있었다고 한다.

나무를 쓰러지게 만든다.

미드라시 슈무엘은 지혜가 행실보다 더 큰 사람은 결국에는 넘어질 것이요, 그 얼굴이 엎드러지므로 그의 부끄러움과 흠이 만인에게 밝히 드러날 것이라고 설명한다.

대체로 우리는 다른 사람을 행실이 아닌 지혜로 판단하곤 한다. 말이나 글을 통해 사람들에게 잘 알려진 개인의 모습으로 사람을 판단하는 것이다. 그러나 정작 그 개인의 삶은 거의 알지 못한다. 지혜는 나무의 가지와 같이 밝히 드러나는 반면, 그 행실은 나무의 뿌리와 같이 땅 아래에 숨겨져 있다. 그러므로 이런 사람은 넘어질 때에 나무가 쓰러져 그 뿌리가 드러남과 같이 넘어져서 그 행실(뿌리)의 부족함이 만인에게 밝히 드러나고 마는 것이다.

이단의 영이라는 이름의 바람을 맞으면 이 구절에서 '나무를 쓰러지게 만든다'라는 표현을 사용하는 이유를 더욱 깊이 이해할 수 있을 것이다. 지혜와 행실이 균형을 이루지 못하면, 즉 지혜가 행실보다 지나치게 크면 자기가 믿고 있는 교리를 부정하게 되며, 이로 인해 이전에 자기가 실천하였던 선행들을 후회하게 되므로 그의 적은 행실이 뿌리째 뽑히게 되는 것이며, 마침내 이전에 얻었던 모든 것을 파괴해 버리고 마는 것이다 (티페레트 이스라엘[Tiferes Yisrael]).

람밤이 "자기가 실천하였던 계명들을 후회할 때, 자기가 받은 기업을 믿지 않고 '이렇게 하여 내가 얻는 것이 무엇인가? 차라리 하지 않았으면 더 나았으리라'라고 생각할 때, 모든 것을 잃을 것이며, 이 세상에서 그 어떤 기업도 지키지 못하리라"라고 말한 것과 같다(테슈바[Teshuvah] 3:3).

**이 구절은 말한다. '그는 사막의 떨기나무 같아서
좋은 일이 오는 것을 보지 못하고
광야 간조한 곳, 건건한 땅,
사람이 살지 않는 땅에 살리라'**(렘 17:6)

이 미쉬나는 주장을 뒷받침하고자 예레미야서에서 두 구절을 인용하고 있다. 그러나 첫 번째 구절에서는 뿌리에 대한 내용을 찾을 수 없다. 두 번째 구절에서는 뿌리가 언급되고 있기는 하지만, 그 뿌리의 많고 적음에 대해서 말하고 있는 것은 아니다. 또한 두 구절 모두 가지에 대해서나 나무에 부는 바람에 대해서는 일절 언급이 없다.

그러므로 마하랄은 여기에서 인용된 두 구절이 순전히 사람과 들판에 선 나무 사이의 관계를 묘사하는 것이라고 해석하고 있다. 사람을 나무에 연결시키는 '그는 사막의 떨기나무 같아서'라는 텍스트가 주 텍스트의 문맥에서는 그 의미가 반대가 되기 때문에, 이런 묘사가 반드시 필요하다는 것이다.

그러나 미드라쉬 슈무엘 및 다른 주석가들은 이 두 구절이 이 구절의 단어들을 지지하는 증거로 제시되고 있다는 것을 보여준다. 첫 번째 구절(렘 17:6)은 그 가지가 많으나 뿌리는 적은 사람과 관계된다. 이런 사람은 "그는 사막의 떨기나무 같아서 좋은 일이 오는 것을 보지 못하고 광야 간조한 곳, 건건한 땅, 사람이 살지 않는 땅"에 살게 된다.

'홀로 자라는 나무'라는 뜻으로 사용된 히브리어 단어 아라르[arar]는 아리리[ariri], 즉 '홀로'라는 뜻의 히브리어 단어와 연관된 단어이며, '사막'

은 나무뿌리를 뽑을 만큼 세찬 돌풍이 부는 지역을 뜻한다(이 구절이 나무 가지가 무성하여 세찬 바람에 무너진다는 의미는 아니다).

이보다 더 심각한 것은, 이 나무는 '좋은 일이 오는 것을 보지 못한다'는 것인데, 이는 이 나무가 '간조한 곳, 건건한 땅, 사람이 살지 않는 땅'에 살기 때문이다. 자양분이 부족할 뿐 아니라 물에는 소금기가 가득하므로, 나무는 점점 시들다 결국 그저 그런 바람이 불어도 뿌리째 넘어져 버리고 말 것이다.

그러나 그의 선한 행동이 그의 지혜보다
뛰어난 자는 무엇과 같은가?
가지가 빈약하지만 뿌리는 무성한 나무와 같다.
성경이 말하는 바와 같이
세상의 모든 바람이 나무에 불어 올지라도
그들이 이 나무를 옮길 수 없다.
'그는 물가에 심기진 나무가 그 뿌리를 강변에 뻗치고
더위가 올지라도 두려워하지 아니하며
그 잎이 청청하며 가무는 해에도 걱정이 없고
결실이 그치지 아니함 같으리라(렘 17:8)'

반면 이 구절에서 언급되는 가지가 빈약하지만 뿌리가 무성한 나무는 두 번째 구절과 분명한 평행을 이루고 있다. 이런 나무는 '그는 물 가에 심어진 나무가 그 뿌리를 강변에 뻗치고 더위가 올지라도 두려워하지 아

니하며 그 잎이 청청하며 가무는 해에도 걱정이 없고 결실이 그치지 아니함같으며' 이런 나무는 강가(8절), 즉 '토라의 물'이 계속 공급되는 강가에 심겨진 것이다.

또한 이 구절은 처음부터 이 나무가 '물가'에 심겨져 있다고 말하고 후에는 그 뿌리를 '강변'으로 뻗는다고 말하고 있다. 이는 토라로부터 조금씩 영감을 얻고 힘을 얻는 것을 시작으로 나중에는 토라의 영향이 강과 같이 크게 넘쳐 흐르는 것을 암시하고 있다(미드라쉬 슈무엘[Midrash Shmuel]).

하나님을 신뢰함

이 두 구절에서 예레미야 선지자는 하나님을 신뢰하라는 의무에 대해 말하고 있다. 그렇다면 하나님을 신뢰함과 이 구절의 주제는 어떤 연관이 있는가?

미드라쉬 슈무엘 등의 주석가들은 지혜가 행실보다 더 큰 사람이 토라를 단순히 실용적으로, 개인적인 동기를 가지고 배운다고 지적한다. 이런 사람들은 타인의 인정을 바라고 또 좌지우지되며, 하나님을 크게 신뢰하지 아니하고 오히려 '사람을 신뢰'한다. 그러나 행실이 지혜보다 더 큰 사람은 오직 하늘나라를 위하여 토라를 배우므로, 하나님께로 그 얼굴을 돌려 그분을 신뢰한다.

안타깝게도 이런 사람은 사람들로부터 항상 칭송받지는 않는다. 반대로 그의 모범적인 행동은 타인의 양심을 찌르므로, 그 열심이 너무 지나치다며 비판을 당하기까지 할 것이다. 이로 인해 나약해지지 않도록, 이런 사람은 하나님을 향한 신뢰를 더욱 키워나가야 하며, 타인의 인정과 호의가 굳이 필요치 않다는 것을 깨달아야 할 것이다.

믿음의 주춧돌

이전 세대로부터 내려온 단순한 믿음에 스스로 만족할 것인가, 아니면 말씀의 숨은 의미를 찾고 하나님께서 주님의 세계를 어떻게 이끄시는지 파고들 것인가? 수 세대를 걸쳐 랍비 지도자들 사이에서 오랫동안 제기된 논쟁이다.

그러나 전자를 지지하든 후자를 지지하든, 단순한 믿음이 반드시 있어야 할 기본이라는 사실에는 모든 권위자들이 동의하고 있다. 이 단순한 믿음이 인간의 영적 구조의 주춧돌이기 때문이다.

그러므로 사람의 행실(즉 계명)은 그의 지혜보다 더욱 커야 한다. 비록 이해하지 못할지라도 그 계명을 실천해야 하며, 지적인 의문이 해소되기 전일지라도 실천해야 한다. 반면, 자기가 만족할 때까지 의문을 해소하기 전에는 계명을 실천하지 않는 사람은 곧 '그 지혜가 그 행실보다 더 큰' 사람이다. 이런 사람은 새롭고 매력적인 사고의 바람이 불어오면 쉽사리 넘어질 수 있다. 이런 사람에게는 해결되지 않은 의문을 그대로 남겨두는 충격적인 경험이 될 수도 있는 것이다.

그러나 행실에 의지하는 사람은 '주님을 신뢰한다.' 이런 사람은 '물가에 심은 나무와 같다.' 그러므로 '세상의 모든 바람이 몰아쳐 불어도', 즉 시험과 위기 앞에서도 믿음 위에 굳게 설 것이다. 이런 사람은 그 믿음을 다음 세대에 전하며, '언제나 열매를 맺을 것이다'(돈 이쯔하크 아바르바넬[Don Yitzchak Abarbanet].

미쉬나 23절   משנה כג

רַבִּי אֶלְעָזָר בֶּן חִסְמָא אוֹמֵר,
קִנִּין וּפִתְחֵי נִדָּה, הֵן הֵן גּוּפֵי הֲלָכוֹת.
תְּקוּפוֹת וְגִמַטְרִיָאוֹת, פַּרְפְּרָאוֹת לַחָכְמָה:

랍비 엘리에제르 벤 히스마는 말한다.
 조류를 제물로 드리는 것과 남녀 간의 관계에 대한 계명
이 계명들은 필수적인 계명들이다.
천문학과 수학은 지혜의 조미료와 같다.

미쉬나 23절

랍비 엘리에제르 벤 히스마는 말한다

랍비 엘리에제르 히스마는 탄나임의 세 번째 세대 사람이다. 야브네의 현자로서, 그는 랍비 여호수아 벤 하나니야의 제자였으며, 랍비 아키바와(바이크라 라바[Vaykra Rabbah] 23:4, 그러나 너가임[Negaim] 7:2는 이를 부정한다) 라반 감리엘(호라요트[Horayos] 10a)에게 배웠다.

랍비 엘리에제르의 아버지는 히스마였다. 그러나 다음의 일이 있은 후로 랍비 엘리에제르에게도 히스마의 이름이 돌아가게 되었다(리션 레쯔븐[Rishon Letzbn], 바이크라 라바[Vaykra Rabbah] ibid., 탈굼[Talgum]에서).

어느 날, 사람들 앞에서 축복 기도문과 슈마 암송을 인도하는 자리에 랍비 엘리에제르가 초대되었다. 그러나 그는 할라카의 절차에 익숙하지 않았으므로 이를 할 수 없다고 초대를 거부했다. 이에 사람들은 그에게 슈모네 에스레이[Shemoneh Esrei] 기도문 암송을 인도하는 기도자로 섬겨 달라고 했으나, 랍비 엘리에제르는 이번에도 이에 능숙하지 못하다는 것을 이유로 이를 거부했다.

"이게 바로 세상에 지식을 연 우 랍비 엘리에제르, 당신이란 말이오? 당신이 '랍비'[rebbe]로 부름을 받은 이유를 도무지 모르겠소!" 사람들이 소리쳤다.

부끄러움으로 인해 랍비 엘리에제르의 얼굴이 붉어졌다. 이 일이 있고난 후에도 얼굴이 계속 아픈 것처럼 보이자, 그는 랍비 아키바를 찾아가 무엇이 잘못된 것인지 물었다.

랍비 엘리에제르가 그에게 일어난 일을 말하자, 랍비 아키바가 말하였다. "내게 가르침을 얻기를 원하느냐?"

"그렇습니다." 랍비 엘리에제르가 대답했다. 그러자 랍비 아키바는 그의 지식이 충만해질 때까지 그를 가르쳤다.

얼마 후, 랍비 엘리에제르는 같은 곳에 방문하게 되었다. 이번에도 사람들은 그를 슈마 암송을 인도하는 자리에 초대하였고, 그는 이를 성공적으로 수행했다. 그러자 사람들은 말하였다. "랍비 엘리에제르가 힘(아람어로는 '이하샴')을 얻었도다." 그 날 이후로 사람들은 그를 랍비 엘리에제르 히스마, 즉 힘의 사람 랍비 엘리에제르로 불렀다.

미드라쉬 슈무엘은 히스마가 '하삼'[chasam], 즉 '침묵' 혹은 '입마개'와도 연관된 단어임을 들어 '히스마'라는 이름이 그가 침묵함으로 모욕을 당하였던 사실을 상기하는 것이라고 설명한다. "침묵보다 더 나은 것을 찾지 못하였노라. 기록된 바 '내가 잠잠하여 선한 말도 하지 아니하니 나의 근심이 더 심하도다'(시 39:2)라고 함과 같으니라"(1:17).

더 나아가 랍비 엘리에제르의 말을 들은 사람은 그의 지혜로운 말을 마시느라 입을 닫고 침묵하였으므로, 그가 히스마로 불리게 되었다고도 한다.

랍비 엘리에제르는 다양한 방식의 자기훈련을 숙달한 사람이었다(토사포트 욤 토브[Tosafos Yom Tov]). 다음의 이야기에서 그의 놀라운 능력을 확인할 수 있다.

어느 날(호라요트[Horayos] 10a), 람반 감리엘과 랍비 여호수아가 배를 타기로 하였다. 람반 감리엘은 항해를 위해 빵을 준비한 반면, 랍비 여호수아는 빵과 밀가루를 함께 준비해왔다. 생각보다 항해가 길어졌으므로 빵은 곧 바닥이 났고, 이내 랍비 여호수아가 가져온 밀가루를 먹으며 버틸 수밖에 없게 되었다.

람반 감리엘이 랍비 여호수아에게 물었다. "바다에서 이토록 많은 시간을 보낼 줄 어찌 알고 계셨습니까?"
"매해 7년째에 하늘에 별이 나타나 항해자들을 잘못된 곳으로 이끄는 경우가 있기에, 이번 항해에서 저 별이 문제가 될 것 같았습니다." 랍비 여호수아가 답하였다.

이 말을 들은 람반 감리엘이 외쳤다. "지혜가 넘치시는 분입니다. 그러나 선생도 먹고 살기 위해 배를 탈 수밖에 없지 않았소!"

랍비 여호수아가 답하였다. "저를 보고 감탄하기 전에 먼저 당신의 두 제자에게 감탄해야 할 것입니다. 바로 랍비 엘리에제르 히스마와 랍비 요하난 굿가다입니다. 이 학생들은 큰 바다에 떨어지는 물방울을 셀 수 있으나, 먹을 빵과 입을 옷이 없습니다." 이 말을 들은 람반 감리엘은 이 두 학생들에게 요직을 주어 생계를 이을 수 있게 하기로 결심하였다.

배가 해안에 다시 돌아오자, 람반 감리엘은 두 학생을 불렀다. 그러나 이 학생들은 그가 무슨 말을 하려는지 미리 알아챈 상태였다. 자기 지혜로 먹고 입을 것을 구하는 것을 원치 않았으므로, 그들은 람반 감리엘의 부름에 응하지 않다가 두 번이나 불러서야 그의 앞으로 나아왔다.

감리엘은 말하였다. "왕이 만일 오늘 이 백성을 섬기는 자가 되어 그들을 섬기고 좋은 말로 대답하여 이르시면 그들이 영원히 왕의 종이 되리이다(왕상 12:7)".

정수와 향료

대부분의 주석가들은 '파르파라오트'(parparaos), 즉 '향료'를 입을 즐겁게 하여 식사를 마치는 '향신료 맛'이 강한 후식으로 번역하고 있다.

즉 토라라는 음식의 메인 요리는 바로 탈무드의 할라카를 배우고 그 안에 숨겨진 추론을 이해하며, 이에 대해 아주 미세한 부분일지라도 자세히 논할 수 있는 수준에까지 이르는 것이다. 이 메인 요리를 완전히 먹은 후에야 다른 음식을 먹을 수 있을 것이다.

그러나 라쉬와 미드라쉬 슈무엘, 토사포스 욤 토브[Tosafos Yom Tov]와 같은 다른 주석가들은 '파르파라오트'를 입맛을 돋우기 위해 메인 요리 앞에서 맛보는 '전채요리'로 해석하고 있다.

마지막으로, 이 단어를 몸을 아름답게 장식할 수는 있으나 정작 그 자체로는 중요하지 않은 '보석'으로 해석하는 주석도 있다.

조류를 제물로 드리는 것과 남녀 간의 관계에 대한 계명
이 계명들은 필수적인 계명들이다

새 제사로 번역된 '키닌'(문자 그대로의 의미는 '둥지')은 출산을 하고 '지바'[zivah]라 불리는 분비물을 흘리는 여성의 정결 예식을 위해 한 쌍의 멧비둘기나 어린 비둘기를 제사로 드리는 것을 뜻한다. 한 마리는 '올라', 즉 번제로 드리며 다른 한 마리는 '하타트', 즉 속제죄로 드린다.

이 부분은 할라카에서도 어렵고 복잡한 부분이다. 예를 들어 둘 중에 어느 새를 번제로 드리고 어떤 새를 속죄제로 드릴지 정하지 않았다면 어쩔 것인가? 어떤 새를 번제로 드릴지 정하였으나 나중에 어떤 새가 번제로 드릴 새인지 구분하지 못하겠다면 어쩔 것인가?

정결의 법(피스'케이 닛다[pls'chei niddah]) 역시도 매우 신중하게 접근하여야 한다. 의식적 정결함에 관한 법이 시행되어 '자바'[zvah]와 '닛다'[niddah], 즉 부정한 것과 정한 것을 구분해야 할 때에 이 할라카가 주로 관련이 된다. 이와 같은 정함과 부정함은 여성의 월경 주기 중 월경의 시기에 따라 달라진다. 만일 월경 주기를 잊어버렸다면 계산은 더욱 더 복잡해진다.

~~내년 미들은 정검이 법에는~~ 여성의 의식적인 정함과 부정함을 구분하기 위해 피의 색감을 구분하는 능력도 포함되어 있다고 말하고 있다.

천문학과 수학은 지혜의 조미료와 같다.

테쿠포트[Tekufos]는 천문학을 뜻한다. 여기에는 태양과 달의 운행을 계산하고 이 천체들이 지구에 미치는 영향을 알아내는 것도 포함된다. 천문학은 '테쿠파'[tekufah]라고 불리는데, '하카파', 즉 '둘러싸다'라는 뜻의 단어와 연관되어 있다. 하늘이 지구를 둘러싸고 있기 때문이다. 라쉬바쯔는 다윗 왕 시대의 현자였던 아히도벨이 스스로 목숨을 끊기 전 자기 아들들에게 물려준 세 번째 지식이 바로 이 학문이었다고 전한다(바바 바스라[Bava Basra] 147a).

다수의 주석가들은 테쿠포트에 한 해의 계절을 정하는 방법도 포함된다고 주장하고 있다. 예로 니산월과 유월절이 봄에 위치할 수 있도록, 윤년에 아달월을 어떻게 넣어 계산할지를 결정하는 것이 있다.

그러나 라쉬바쯔는 이에 동의하지 않고 있는데(토사포트 욤 토브[Tosafos Yom Tov] 또한 위 주장에 동의하지 않는다), 이는 계절을 정하는 것이 할라카의 매우 중요한 정수 중 일부이므로 향료라고만 할 수는 없기 때문이다.

어떤 이들은 테쿠포트가 천문 계산의 기초인 수학을 뜻한다고도 해석하고 있다(막기드 미쉬나[Maggid Mishnah], 토사포트 욤 토브[Tosafos Yom Tov]는 이 주장에 반대한다).

라쉬는 게마트리아를 '히브리어 알파벳과 두문자어의 수'를 뜻한다고 하였다. 예를 들면, 야곱은 아들들에게 "너희는 그리로(애굽) 가서(라두, r'du)"(창 42:2)라고 하였다. '내려가다'라는 뜻의 단어 '라두'의 수는 총 210인데, 이스라엘 백성들이 이집트에서 노예 생활을 한 햇수가 바로 210년이다(버레이쉬트 라바[Bereishis Rabbah] 91:2).

이런 게마트리아는 할라카에 관해서도 인용이 되고 있으나, 확정적인 가치를 제시하기보다는 학생의 정신을 날카롭게 하는 데에만 사용되고 있다. 다른 주석가들은 게마트리아가 할라카 일부에서 요구되는 지식인 기하학을 뜻한다고 주장한다(토사포트 욤 토브[Tosafos Yom Tov], 막기드 미쉬나[Maggid Mishnah] 인용. 티페레트 이스라엘[Tiferes Yisrael] 참고).

이런 해석은 '파르파라오트'를 전체 요리로 정의해야 한다는 주장에 힘을 싣는다. 토라는 어떤 작물은 섞어서 놓는 것을 금하고 있는데, 이를 킬라임[kilayim]이라 한다. 때문에 작물을 쌓을 때에는 다른 사람의 작물과 충분히 거리를 두어야 하는데, 얼마나 거리를 두어야 하는지를 할라카를 통해 결정한다. 즉 할라카의 결정을 내리기 전에 먼저 기하학을 숙달해야 한다는 뜻이다. 마찬가지로, 초승달이 언제 뜨는지를 계산하는 것 등을 계산하기 위해서는 먼저 천문학에 대한 지식이 필수적이다. 새 제사와 정결의 법에서는 확률 계산을 위해 수학적 지식이 먼저 필요하다(비우어 하그라[Biur Hagra]).

조류 제사와 정결의 법이 특별히 언급되는 이유

다수의 주석가들의 의견에 따르면, 이 구절은 새 제사와 정결의 법을 언급하고 있으나 이 두 율법이 특별한 것이라고 가르치는 것은 아니며, 단지 할라카의 예를 들기 위하여 대표적으로 이 율법들을 선택한 것이라고 한다.

그러나 일부는 이 의견을 부정한다. 그러므로 메이리[Meiri]는 새 제사가 '정한 것들(카다쉼, [Kadashim])의 순서'라는 논고에서 제일 마지막에 위치하고 있으며, 정결 역시 토호로트[Tohoros]라는 논고에서 제일 마지막에 위치하고 있다. 그러므로 이 구절은 파르파라오트를 배우기 전 먼저 탈무드 문학을 모두 숙달하여야 함을 암시하고 있다는 것이다.

다른 설명에 따르면 이 구절은 새 제사와 정결의 법을 특별히 언급함으로써 지금은 적용되지 않는 할라카뿐 아니라 모든 개인에게 적용되지 아니하는 할라카들까지도 모두 핵심적인 것들이라고 가르치고 있다고 할 수 있다.

마하랄은 또 다른 이유를 인용하고 있다. 즉 이 할라카들은 애매한 경우, 즉 다수의 불확실한 문제들을 다루고 있다. 즉 이처럼 어떻게 지켜야 하는지 분명히, 확실하게 규정되지 않은 할라카들도 토라의 핵심이라고 가르치고 있다는 것이다.

관련된 주석에서 토사포스 욤 토브[Tosafos Yom Tov]는 이 구절이 '토라의 정수'(하기가[Chagigah] 10a)라는 자주 사용되는 표현이 아닌 '할라카의 정수'라는 특정 용어를 사용하고 있음을 지적하고 있다. 이는 토라에서는 명확히 규정되지 아니한 사례들을 다루고 있기 때문이다.

라베이누 요세프 벤 슈산[Rabbeinu Yosef ben Shushan]은 할라카에서 이 두 영역이 다른 할라카의 영역과는 구별된다고 하고 있는데, 이는 이 할라카들은 사람을 정결케 하여 거룩의 영이 그 안에 임재하도록 하기 때문이다.

즉 사람이 토라의 모든 말씀을 받아들이고 흡수할 수 있도록 그 마음을 이끄는, 정결을 다루는 법이 바로 할라카의 정수라는 것이다.

에필로그   לאחר הלימוד

다음은 피르케이 아보트의 각 장을 마치고 낭독한다.
(마코트 3:16)

רַבִּי חֲנַנְיָא בֶּן עֲקַשְׁיָא אוֹמֵר:
רָצָה הַקָּדוֹשׁ בָּרוּךְ הוּא
לְזַכּוֹת אֶת יִשְׂרָאֵל,
לְפִיכָךְ הִרְבָּה לָהֶם תּוֹרָה וּמִצְוֹת,
שֶׁנֶּאֱמַר:
יְיָ חָפֵץ לְמַעַן צִדְקוֹ, יַגְדִּיל תּוֹרָה וְיַאְדִּיר.

랍비 하나니아 벤 아카시아가 이르기를:
  거룩하시고 복되신 하나님은 이스라엘에 가치 있는 것을
  베푸시기를 원하셨다.
  그래서 백성들에게 토라와 풍성한 계명을 주신 것이다.
  성경에 기록된 바와 같이
  "여호와께서 그[이스라엘]의 의로 말미암아
  기쁨으로 교훈을 크게 하며 존귀하게 하려 하셨으나"(사 42:21).